中国矿业大学新世纪教材建设工程资助教材

社会工作理论和方法

Theory and Method of Social Work

焦金波　编著

中国矿业大学出版社

内 容 提 要

　　本书是作者多年来教学与科研的所得,结合国外社会工作理论研究和实践经验的最新成果,从我国社会工作实际出发,主要阐述了社会工作基本知识、基本理论和基本方法等内容,并附录了中外社会工作相关标准与规定。

　　本书作为高校社会工作专业的本科教材,也可供实务社会工作者及爱好者参考。

图书在版编目(C I P)数据

社会工作理论和方法/焦金波编著 . —徐州:中国矿业
大学出版社,2008.12
ISBN 978 - 7 - 5646 - 0143 - 0

Ⅰ. 社… Ⅱ. 焦… Ⅲ. 社会工作—教材　Ⅳ. C916

中国版本图书馆 CIP 数据核字(2008)第 192945 号

书　　　名	社会工作的理论和方法
编 著 者	焦金波
责 任 编 辑	周　丽　王德福
责 任 校 对	孙　景
出 版 发 行	中国矿业大学出版社
	(江苏省徐州市中国矿业大学内　邮政编码 221008)
网　　　址	http://www.cumtp.com　E-mail:cumtpvip@cumtp.com
排　　　版	中国矿业大学出版社排版中心
印　　　刷	徐州中矿大印发科技有限公司
经　　　销	新华书店
开　　　本	787×960 1/16　印张 18.5　字数 342 千字
版 次 印 次	2008 年 12 月第 1 版　2008 年 12 月第 1 次印刷
定　　　价	24.00 元

(图书出现印装质量问题,本社负责调换)

前 言

党的十七大报告指出,社会和谐是中国特色社会主义的本质属性,构建社会主义和谐社会是贯穿中国特色社会主义事业全过程的长期历史任务,是在发展的基础上正确处理各种社会矛盾的历史过程和社会结果。而社会工作人才是现代社会管理与公共服务的重要力量,是社会公共领域的主要维系人群,在解决社会问题、化解社会矛盾、维持社会秩序与稳定、促进社会和谐等方面发挥着重要作用。因此,在构建社会主义和谐社会的历史进程中,必须高度重视社会工作人才队伍建设,充分发挥社会工作人才的专业作用,努力提升社会工作职业的聚才能力。

作为高校从事社会工作人才培养的教育工作者,深知肩上历史使命之重大。在不断探索人才培养模式和教学方法的同时,也意识到了专业性教材建设对人才培养的必要性和重要性。

《社会工作理论和方法》作为高校社会工作专业的本科教材能够被中国矿业大学教材建设立项并出版,从中可以看出中国矿业大学对社会工作专业人才培育的重视,对我国高校社会工作专业教材建设的支持与推动。

本教材分为三编,共十六章。第一编为"概论——社会工作基本知识",共有"什么是社会工作"、"社会工作的历史发展"、"社会工作价值与专业伦理"三章;第二编为"社会工作基本理论",共有"关于社会工作理论的一般知识"、"社会工作的人生发展阶段理论"、"心理动力理论之精神分析取向"、"心理动力理论之客体关系取向"、"社会工作的认知行为理论"、"社会工作的系统生态理论"、"社会工作的社会支持理论"、"社会工作的存在主义理论"、"社会工作的增能理论"等九章;第三编为"社会工作基本方法",共有"个案工作及其案例举要"、"小组工作及其案例举要"、"社区工作及其案例举要"、"社会工作行政及其案例举要"四章。

就目前来看,国内这类教材都重在突出介绍社会工作方法及各个领域的社会工作实务,而在社会工作理论方面是不大设专章阐述的。尽管国外这类教材,如法利、史密斯和博伊尔合著的《社会工作概论(第九版)》(中国人民大学出版社 2005 年版)也对社会工作理论没有设专章阐述,但是,国外社会工作学科分类较细,学校有独立的"社会工作理论"课程专门讲授。鉴于目前国内社会工作学科尚未细化,也没有专门开设讲授"社会工作理论"课程的现状,我认为社会工作概论课程应该增加社会工作理论方面的内容。因此,在编写这本教材时不仅力图兼顾社会工作理论,而且把社会工作理论与方法这两个方面的内容作为一个完整的系统来构架教材的体系。基于这样的考虑,本教材取名为《社会工作理论和方法》。

本教材借鉴和吸收了国内外相关教材的框架,在"社会工作基本理论"这一编中,结合我国社会工作实际,对社会工作基本理论的阐述力求全面、合理,追求系统性和科学性的有机统一。在"社会工作基本方法"这一编中,把"实务"融入"方法"的案例举要当中,探索运用案例分享的方式再现方法,凸显方法的可操作性,努力做到理论性和实践性的有机统一。另外,教材中附录了"中外社会工作相关标准与规定",目的是方便学生或其他社会工作爱好者查阅。

我真诚希望这本教材能为学生所喜欢、能令读者满意!

焦金波
2008 年 10 月 10 日

目　录

第三编　社会工作基本方法

附录　中外社会工作相关标准与规定

第一编　概论——社会工作基本知识

　　社会工作是现代社会的产物，是一种具有鲜明价值理念和强调专业方法并以助人为目的的职业。虽然作为一种助人活动，特别是针对社会弱势人群的助人活动或助人事业，社会工作存在于各国，且自古就有；但作为一门学科，作为一种专业助人的职业，则是在现代社会才出现的，在西方已有百年历史。国家层面上对社会工作这个职业的称谓，因各国历史与文化的差异而有所不同，如有的国家称之为社会福利，有的称之为社会服务，有的称之为公共福利，也有的称之为社会救助等。比较而言，更多的国家称之为"社会工作"，我国也采用这一称谓。

　　关于社会工作的含义及其职业（专业）特点、社会工作者的专业角色、社会工作的一般过程等将在第一章"什么是社会工作"中阐述；关于中国和西方社会工作各自历史发展的脉络及其特点等将在第二章"社会工作的历史发展"中叙述；关于社会工作价值、社会工作职业伦理及伦理抉择方法等将在第三章"社会工作价值与专业伦理"中论述。

第一章　什么是社会工作

　　党的十六届六中全会通过的《中共中央关于构建社会主义和谐社会若干重大问题的决定》中做出了建设宏大的社会工作人才队伍的重大决策。胡锦涛在党的十七大报告中强调要加快推进以改善民生为重点的社会建设,强调要统筹抓好以高层次人才和高技能人才为重点的各类人才队伍建设。这为社会工作人才队伍建设创造了难得的发展机遇,也提出了更高的要求。国家劳动保障部于2004年6月15日颁布了《社会工作者国家职业标准》,并在上海首先试点。2006年7月20日,人事部、民政部联合发布了《社会工作者职业水平评价暂行规定》和《助理社会工作师、社会工作师职业水平考试实施办法》。2007年12月21日,由民政部正式发布《全国助理社会工作师、社会工作师职业水平考试大纲》。2008年6月,首次全国社会工作者职业水平考试开考。这一切表明我国已从国家制度上将社会工作者纳入专业技术人员范畴,为进一步提高社会工作人才队伍的专业化水平提供了制度保障。

　　与此同时,全国司法系统积极探索在司法矫正和对服刑人员的改造工作中引入社会工作;妇联在反对家庭暴力、维护妇女权益方面引入社会工作;共青团中央、中央社会治安综合治理委员会预防青少年违法犯罪工作领导小组等部门还联合开展了青少年事务社会工作者试点工作,旨在做好预防青少年违法犯罪和未成年人保护工作,逐步实现青少年工作和专业化社会工作的有机结合,等等。社会工作正在我国迅速发展起来。

案例 1-1①:乔与社会工作者

　　乔在州立医院住了19年,一直待在病房里,病情没有丝毫进展。医护人员无法动员他参加任何形式的与工作人员或病友的交往。然而,事情有了转机。医院制定了一个有社会工作者参加的治疗新方案:规定社会工作者每天与乔见

---

① 参见[美]O.威廉姆·法利、拉里·L.史密斯、斯科特·W.博伊尔著,隋玉杰等译:《社会工作概论》(第九版),中国人民大学出版社2005年版,第4页。

面 30 分钟,旨在鼓励他更积极地配合治疗。社会工作者开始与乔见面,告知乔自己每天会定时来见他,并在交谈中流露出对乔的真诚与真心。在开始的两个星期里,乔没有对社会工作者说一个字。但在两周后的一天,乔突然对社会工作者说:"我喜欢你。"在接下来的时间里,乔与社会工作者开始有了沟通,社会工作者对乔拥有了同理心,并予以真心的关注,热情、友好地接纳乔。乔慢慢开始回应社会工作者所做出的努力。6 个月后,乔出院了。他在社区精神健康中心社会工作者的继续帮助下,可以单独生活,并在接下来的几年里,生活质量有了巨大的改善。

当一位朋友问乔究竟是什么使他的生活变得如此不同时,乔热切而又非常严肃地说:"那位社会工作者就像一块磁铁,把我从蜷缩的壳里拽了出来。我无法抗拒。"

"社会工作"一词是从英语 social work 直译而来的,在欧美国家已经发展成为一门较为成熟的社会科学学科和一种助人的专业与职业。本章将全面、细致地介绍社会工作的学科特性、专业性质、职业特点等社会工作基本知识。

第一节　社会工作的定义及特点

社会工作自 20 世纪初在美国逐渐专业化和职业化以来,学界对其界定也在不断趋于完善。尽管目前国际上关于社会工作的界定还存在些许差别,但对其内涵已基本上达成一致。

一、社会工作的定义

1. 美国关于社会工作定义的完善

(1) 在美国存在一个经常被人们使用的历史性的社会工作定义,即 1959 年由美国社会工作教育委员会资助的课程研究中提出的定义:"社会工作以个人与其环境互动所形成的社会关系为入手点开展工作,寻求增强个人的社会功能——既包括单独的个人,也包括群体中的个人的社会功能。社会工作实践的作用可以划分为三种,即:① 恢复受损的能力;② 提供个人资源和社会资源;③ 预防社会功能失调。"[①]

(2) 1992 年美国社会工作教育委员会的课程政策说明中指出:"社会工作投身增强人的福祉和减轻贫困与压迫。社会工作专业有公众和私人捐助者的认

---

① Wilbur J. Cohen, *The New Public Welfare Legislation*, News Release, U. S. Department of Health, Education, and Welfare, September 24, 1962.

可,是提供社会服务的主要专业。"①

（3）1995 年版的美国《社会工作辞典》中认为:"社会工作是一门应用科学,用来帮助人们获得有效的心理和社会功能,并促成社会变革以增强所有人的福祉。"②

2. 我国学者关于社会工作的定义

（1）我国台湾学者廖荣利在 1996 年出版的《社会工作概要》中对社会工作所下的定义是:"社会工作是现代社会中一种独特的专业领域,它运用社会的和心理的科学原则,以解决社区生活中的特殊问题,并减除个人的生活逆境和压力。"③

（2）大陆学者陈良瑾等在《中国社会工作百科全书》中认为:社会工作是一种不以营利为目的、助人自助的专业性社会服务工作,也是一门独立的学科和专门的职业。社会工作是为帮助人们满足那些仅凭个人努力无法满足的需求而采取的各种有组织的做法;它视受助者为积极能动的主体,而不只是被动消极的客体;它提供必要的条件和运用专业的方法使受助者发挥潜能以自己解决自己的问题;它是一门以现代科学所提供的知识为基础的应用性社会科学。④

（3）朱眉华、文军在《社会工作实务手册》中,根据我国职业标准对社会工作者的定义,推导出:"社会工作是在遵循助人自助的价值理念指导下,运用个案、小组、社区、行政等专业方法,以帮助机构和他人发挥自身潜能,协调社会关系,解决和预防社会问题,促进社会公正为职业的一项专业性工作。"⑤

2006 年 10 月党的十六届六中全会通过《中共中央关于构建社会主义和谐社会若干重大问题的决定》,按照《决定》精神,结合国内外经验,有关部门给社会工作下了如下的定义:社会工作是社会建设的重要组成部分,它是一种体现社会主义核心价值理念,遵循专业伦理规范,坚持"助人自助"宗旨,在社会服务、社会管理领域,综合运用专业知识、技能和方法,帮助有需要的个人、家庭、群体、组织和社区,整合社会资源,协调社会关系,预防和解决社会问题,恢复和发展社会功能,促进社会和谐的职业活动。⑥

---

① Martha N. Ozawa, *The 1983 Amendments to the Social Security Act: The Issue of Intergenerational Equity*, Social Work, 29(March/April 1984), 131.

② 同①。

③ 徐震、林万亿著:《当代社会工作》,台北五南图书出版公司 1986 年版,第 4～6 页。

④ 陈良瑾主编:《中国社会工作百科全书》（总论）,中国社会出版社 1994 年版,第 1～2 页。

⑤ 朱眉华、文军主编:《社会工作实务手册》,社会科学文献出版社 2006 年版,第 3 页。

⑥ 王思斌主编:《社会工作综合能力》（中级）,中国社会出版社 2007 年版,第 4 页。

二、社会工作的特点

社会工作区别于人们之间的互助和一般的慈善活动，或偶尔在社会上所做的一些公益活动，也区别于以管理人、控制人为特点的行政活动，它是充分考虑到受助人的需要及其主体性，运用尽可能有效的方法帮助和协助受助对象满足其需要、摆脱困境的活动过程。社会工作是与其他职业有着明显区别的专业性活动，是一种特殊的职业。为了进一步加深对社会工作的认识，需要了解以下社会工作的独特性[①]：

（1）社会工作注重个人的整体性和完整性，包括个人、环境和行为方面的因素，强调整体环境中完整的人。

（2）社会工作强调家庭在塑造和影响人的行为中的重要作用。社会工作者努力了解家庭互动背后的规则，把家庭作为改善社会功能的基本单位来开展工作，认为大多数社会问题的根源在于家庭关系不当或是不平衡。

（3）社会工作强调运用社区资源帮助人们解决问题。社会工作者对社区资源有广泛的了解，能把资源用于满足工作对象的需要。同时，社会工作者也要通过把自身的技巧运用到规划和组织工作中去，帮助政府或私人组织机构运转得更有效。

（4）社会工作运用督导方法为没有经验的工作者提供指导，也让有经验的人不断成长。督导是定期的，主要是增加社会工作者对与人打交道的工作的了解并掌握相关技巧，有利于其在专业上的成长，跟上新知识和新技巧的发展步伐。目前督导的方式在不断发展，参与性督导、自我督导和同伴督导正得到广泛运用。

（5）社会工作拥有独特的教育方案，方案中既有课堂教学，也有实践活动，往往两者融合在一起。

（6）社会工作强调三个基本方法，即个案工作方法、小组工作方法和社区组织方法。个案工作方法是同人们一道解决问题时，主要采用以一对一为基础的、亲密的、面对面的方式。小组工作方法把小组作为工具，让受困扰的人在社会功能方面有个人向往的改变。社区组织方法是在群体间开展工作，用来直面和解决社会病态问题，它的目的是增进对社区需求的了解，并帮助满足这些需求。社会工作者常常充当倡导者，协助增强和改善社区资源，并带来所期盼的社会变化。

（7）社会工作有自身的专业组织——全国社会工作者协会和社会工作教育委员会。

---

① 参见［美］O. 威廉姆·法利、拉里·L. 史密斯、斯科特·W. 博伊尔著，隋玉杰等译：《社会工作概论》（第九版），中国人民大学出版社 2005 年版，第 11～12 页。

（8）在社会工作中,关系是核心。尽管与服务对象有关的任何环节都很重要,但对社会工作者而言,工作者与服务对象之间的感觉尤为重要。工作者努力营造一种在情感上具有支持性的关系,通过分享知识、理解和接纳,使服务对象能够面对和处理个人的问题。

（9）社会工作有用精神病学概念的取向,并把相当多的精力放到了解人上,服务对象对自己的看法、与他人的关系等是社会工作者特别感兴趣的内容。社会工作者对精神病学和动力心理学的基本知识和概念有相当多的了解,这些能够帮助他们处理服务对象的行为。

（10）社会工作所强调的是社会互动和由此而来的社会发挥功能或功能失调。来自社会学、社会心理学以及群体动力学的重要原理被编织到社会工作艺术素材中,用于了解人们的关系,帮助解决冲突。

（11）社会工作者认识到,人类的社会设置本身在相当大的程度上酿成了社会问题,塑造了人类行为。要了解社会问题和人类行为,必须了解人类的社会设置。减少社会问题的方法可以是改变人的性格特质,也可以是改变社会设置。例如,对于某个男孩,一方面可以通过个人治疗来帮助他摒弃越轨行为;另一方面,社会工作者也认识到,或许可以通过政治经济体制方面有良好感染力的变革,来防范无数的越轨行为。

（12）社会工作的基本目标是助人自助或帮助社区自助。社会工作者开展工作的前提假设是,当人们找出了问题,并明白了问题所在时,大多数人本身就有了解决问题的力量。有些专业工作主要关心病态性问题,而社会工作注重和运用的是力量,是个人和社区的力量,并以此带来人心中向往的改变。

（13）由于大多数社会工作者都是机构的雇员,有固定的薪水,所以服务收费只是用于更好地开展机构的工作,而不是给工作人员加薪。

第二节　社会工作者及其专业角色

一、社会工作者的界定

国家劳动保障部于 2004 年 6 月 15 日颁布的《社会工作者国家职业标准》中对社会工作者有明确的界定:社会工作者是"遵循助人自助的价值理念,运用个案、小组、社区、行政等专业方法,以帮助机构和他人发挥自身潜能,协调社会关系,解决和预防社会问题,促进社会公正为职业的专业工作者"[①]。

在助人过程中,社会工作者是提供服务的一方,他们依据助人价值观去设计

---

① 朱眉华、文军主编:《社会工作实务手册》,社会科学文献出版社 2006 年版,第 273 页。

和实施助人的活动,并积极吸引服务对象主动参与这一行动过程,相互配合与协调,从而达到助人的目的。在这个过程中,社会工作者是助人行动的主体,向服务对象提供物质的或精神的服务与支持。社会工作者的素质直接影响着服务活动的效果,这里的素质不但包括社会工作者的学识,而且包括他的价值观、对服务方法的掌握程度、对他人行为意义的理解,以及他们所具有的服务资源和准确地表达个人意愿的能力等。换言之,作为专业化、职业化的社会工作者,不但需要具备专业的价值理念,还要具备专业的知识与技能。目前在我国,社会工作者正在向专业化与职业化的方向努力。

二、社会工作者的一般特征

(1) 社会工作者认同并遵循社会工作的价值准则。如为有困难的人群提供服务,并促进社会公正等。

(2) 社会工作者是从事社会福利服务的人员,而不是行政官僚。从事社会服务是社会工作者的职业活动,服务是这种职业活动的本质,这与以控制和管理服务对象为主的行为有本质的区别。社会工作者不是靠权力控制和支配他人的行政官僚。

(3) 社会工作者是掌握一定社会工作专业方法的人。这些专业方法可能是由国际通则所确定的,也可能是根据本地经验发展起来的。但是一般而言,这些专业方法是通过专业教育和培训获得的,是人类社会工作活动的结晶。

(4) 社会工作者是在一定的组织框架内开展职业性的助人活动的人。社会工作是一种现代职业,具有较为严格的专业规范和组织约束。一般而言,社会工作者要在某种社会服务机构或社会行政部门工作,即使独立工作,也应该受专业组织的监督。

(5) 社会工作者是特别擅长建立团队和运用团队工作的方法,擅长协调各种服务和活动的人。许多专业团队的人都把社会工作者当做催化剂,认为社会工作者有能力、有责任帮助专业团队齐心协力,发挥最佳作用。社会工作者常常充当专业团队工作中的协调员和整合剂。

三、社会工作者与志愿者的关系

志愿者是自愿贡献自己的时间、精力、财富和智慧,为社会和弱者提供服务而不求回报的人员。这些活动一般是社会认可的、以利他为目的的。在许多国家和地区,志愿者的活动是制度化和有一定组织性的,即志愿者在一定的组织中登记、接受培训并接受考核和监督。志愿者的活动是对社会的奉献,志愿服务是公益服务和社会服务的组成部分。志愿服务的普及和发达程度是一个社会进步程度的重要表征。做志愿者工作是美国人的一种生活方式,从少年到老年的人群中都有志愿者,他们以个人的身份,通过各种不同的社会工作和福利机构帮助他人。目前在美国 13 岁以上的人群中,每 4 人中就有 1 个志愿者①。

尽管在提供服务方面志愿者与社会工作者的活动有相似之处,社会工作者与志愿者还是存在着如下明显区别:

(1) 二者的活动方式不同。社会服务是社会工作者的职业,而对志愿者来说只是其"业余"活动。社会工作者以向困难人群提供社会福利服务为业,这是其本职工作。志愿者只是在他愿意的时候向他人提供他愿意提供的服务,尽管这种服务是有预先承诺的。

(2) 二者的专业技术能力不同。社会工作者受过专业教育和专门训练,而志愿者可以不受任何专门训练而为之。一般而言,社会工作者的资格一定要由社会服务方面的权威部门认定,而认定的基本手段就是考察其专业知识和技术水平。而志愿者身份一般不需要以其专业能力为前提。实际上这是由他们所承担的社会责任的差异来决定的。

(3) 二者处理问题的难易程度不同。志愿者所从事的多是对公众和困难群体的一般性服务,这些服务一般是体力或时间的支出以及简单的、物质性的帮助。社会工作者的服务一般会涉及政策、心理、能力等方面,复杂而深入,一般是较困难的问题。

(4) 二者的社会约束不同。政府和社会对社会工作者的服务行为及效果有比较严格的要求,而对志愿者的服务要求比较一般。这表现为,社会工作者有专业守则,而志愿者可能只有一般的行为规范;社会工作者要接受行业组织的考核和监督,志愿者履行了服务责任即可。

四、社会工作者的专业角色

"角色"原是指戏剧中演员扮演的剧中人物。20 世纪 20～30 年代一些学者将它引入社会学,进而发展为社会学的基本理论之一。社会角色是与人的社会地位、身份相一致的一整套权利、义务和行为模式。它是对处于特定地位的人们的行为期待,也是社会群体或组织的基础。社会工作者的角色,亦即社会工作者的社会角色,是指社会工作者在整个社会中所应当发挥的职能和作用,以及规范他们的一整套行为模式。

一直以来,社会工作者是慈善救济者和爱心者的代名词,很容易被与志愿者混为一谈。其实社会工作者在实际工作中要扮演多重专业角色,主要有以下两大类:

---

① ［美］O. 威廉姆·法利、拉里·L. 史密斯、斯科特·W. 博伊尔著,隋玉杰等译:《社会工作概论》(第九版),中国人民大学出版社 2005 年版,第 27 页。

1. 直接服务的角色

(1) 服务提供者角色。社会工作者首先是向服务对象提供服务的人,这里的服务既包括知识咨询、心理咨询和意见咨询,也包括物质帮助和劳务服务。由于社会工作者首先面对的是有困难的弱势人群,所以提供物质、劳务和心理方面的服务和帮助是社会工作者的首要职责。

(2) 支持者角色。社会工作者面对服务对象,不但要提供各种有形的服务或帮助,也要鼓励服务对象在可能的情况下通过自己的努力来战胜自己、体验成功、恢复自信、自强自立、克服困难,即实现"助人自助"。因此,社会工作者应该成为服务对象积极反应的心理支持者与鼓励者,并应尽量创造条件使其自立或自我发展。在这里,对服务对象的授权和增能是社会工作者的支持者角色的重要组成部分。

(3) 倡导者角色。倡导者角色是指社会工作者直接向服务对象提倡某种行为。在服务对象必须采取新的行动才能有助于其走出困境,但服务对象对新的行动又不甚了解时,社会工作者应该成为服务对象采取某种行为的倡导者,即向服务对象倡导某种合理行为,并指导他们以使其行动成功。当然,这里的倡导不是不顾服务对象接受程度的强行推动。

2. 间接服务的角色

社会工作者不但要面向服务对象提供直接、有效的服务,还要为提供这些服务做一些支持性工作,如为缓解或减少社会问题、更有效地应对社会问题所进行的工作。这些是社会工作者所应扮演的间接服务的角色,主要有:

(1) 管理者角色。在社会工作过程中,社会工作者应该对该过程进行有效控制,同时,他们必须对与助人相关的诸多资源、信息进行协调、安排和管理,以实现该过程的高效率,特别是出现意外时。

(2) 资源争取者角色。社会工作者为了有效助人,常常需要联络其他社会工作者、福利服务机构、政府部门和广大社会相关人员,向他们争取服务对象所需要的资源,并将它们传递到服务对象手中。为服务的顺利开展争取资源是社会工作者的重要责任。有时候对服务对象而言,资源的获取存在一定的障碍,社会工作者就要帮助他们消除这些障碍。

(3) 政策影响人角色。由于某些社会问题是由社会政策、制度等因素造成的,因此,对造成这种问题的政策或制度进行改变是必要的。社会工作者在服务过程中发现某些问题具有普遍性时,应该提出政策建议以促成社会政策的改善,避免社会问题的再次发生或减缓社会问题造成的危害。

(4) 研究者角色。从某种意义上来说,每一个社会工作者都是研究者。实际上,细致了解服务对象的问题并给出准确判断就是研究工作。另外,社会工作者作为一些有心人,对自己的实践经验进行研究,可以提高专业服务水准,发展社会工作专业知识与理论,并为社会政策的制定提供依据。

当然,社会工作者能够承担的社会角色还远远不止上述这些。社会工作者的角色是根据社会工作所应该发挥的功能来确定的,而且其角色内涵也会随着时代的不同、人们对社会工作的认识不同而发生变化。随着经济的发展,因为物质的稀缺而生活窘迫者将逐渐减少,同时出现大量精神匮乏者,他们对自己没有信心、生活没有目标,他们同样是需要社会工作者帮助的对象。因此,目前社会工作的目的除了协助个人解决生活问题外,还要发挥个人和社会的潜能。与此相应,社会工作者的角色越来越多地承担着增进个人和社会福利、促进人的发展和社会进步的责任。

五、社会工作者的知识与素质

1. 社会工作者的知识

社会工作是一种助人的活动,是与有困难、有需要的人一道工作并克服困难的过程。因此,社会工作者的知识主要是指以下三类:

(1)社会工作者的知识是一组以人为中心的知识体系,包括人的成长、人的需要、人的意识、人的行为、人的价值、人与人的关系以及人的生理与心理方面的知识等。总之,社会工作者应该通晓与人的成长、人的生活有关的所有知识,主要是社会学、心理学、伦理学、人类生态学、政治学、经济学等学科的知识。

(2)社会工作者的知识是一组以分析和解决问题为中心的知识体系,包括社会问题及问题成因的知识。社会工作者必须客观而细致地了解问题、科学地分析问题、认真地对待问题、谨慎而积极地解决问题。这里所说的问题主要有个人的心理及生理问题、贫困及人际疏离问题、受伤害及机会缺乏问题等。

(3)社会工作者的知识是一组以助人为中心的知识体系。这些知识主要指科学的乃至艺术化的助人技巧,主要包括:如何去从心理上接近人,不但接纳他人而且被人接纳;如何去同各类与解决问题相关的人士打交道,特别是与受助人的密切合作;怎样行动才是关心、爱护、尊重、信任等。

2. 社会工作者的素质

素质是人的各种素养的总和,是一种内在的潜质。尽管素质可以分解为体力、智力、思维能力及处理问题的能力等,但实际上,一个人的素质基本上是各种相关素养的综合,是一种综合能力。社会工作者的主要素质如下:

(1)社会交往的素质。社会交往是人们之间有目的地相互影响的方式,也是人们为了实现自己的目标而采取的社会活动方式。人们要想实现目标就必须与他人交往,这是由人们的需要的社会性决定的。社会工作是与人打交道的事业,是解脱人们的痛苦与困境的活动,这些任务的艰巨性、复杂性更要求社会工作者具有高水平的、熟练的社会交往能力,而不是一般的交往能力。交往对象的多样性对社会工作者交往素质提出较高要求;交往情境的复杂性要求社会工作者具有娴熟的交往素质与能力。

(2) 组织协调的素质。社会工作者的组织协调的素质至少在以下几项工作中有明显的表现:① 小组工作实质上是一个组织过程,是运用团体动力学的理论将有共同需要的服务对象组织联系起来,协调进行特定活动的过程。因此,小组工作是社会工作者的组织协调素质与能力的集中展示。② 社区工作则以更复杂的情境、更艰巨的任务向社会工作者的组织协调素质与能力提出挑战。社区工作要求社会工作者依靠自己的能力将社区居民动员、团结、凝聚起来,去同心同德地实现社区发展的目标。目前,我国社区工作的任务主要有两个:一是帮助落后农村解决发展问题,二是在城市中建设社会支持网络。③ 社会行政对组织协调素质与能力提出更高的要求,社会行政不仅是对物质资源的支配和善用,也是动员、安排机构成员协调行动、实现机构目标的活动。

(3) 决断素质。决断是人们对所处情境的判断以及对将要采取行为的决定。决定来自正确的判断。决断是对自己所处情境的了解、比较、理解和定义,是在此基础上对自己行为的选择。良好的判断能力即指人有知识、有经验,细致、敏感、敢于决断。社会工作强调个别性原则,要求社会工作者面对现实,针对不同情况做出恰当的回应。恰当的、有差别性的处理方法向社会工作者的决断素质与能力提出了过于苛刻的要求。任何不慎重的决策都将是对资源匮乏的脆弱者新的打击。

(4) 道德素质。社会工作是助人工作,这决定了社会工作者既不是计较个人利益的利己主义者,也不是合理利己的互惠模式主义者,而是以奉献为中心的利他主义者。因此,社会工作者必须具有奉献意识,有忍辱负重的精神与素养,出于对社会进步与社会公正的追求,应有敬业精神,敬重自己的事业,尊重自己的服务对象。

第三节 社会工作对象

一、社会工作对象的界定

从概念本身来看,社会工作对象是社会工作服务直接作用和施惠的客体,是受社会工作帮助的社会成员和社会群体。从社会工作的现实性来讲,社会工作的基本对象是那些最需要帮助的人。从社会公正与进步的角度来说,最需要帮助的是那些自身生存受到严重威胁、不接受帮助就难以正常生存和发展的人。

二、社会工作的基本服务对象

（1）社会工作的基本服务对象是社会上的贫弱者，即那些连基本的生存需要都得不到满足的人，例如饥寒交迫者、贫病交加者，他们是最需要帮助的人，应该成为社会工作的首要服务对象。

（2）社会工作的基本对象具有相对性，它是由具体社会的具体状况确立的。在一个经济落后的社会，饥寒交迫者、贫病交加者常常为数甚众，这时，社会工作的基本服务对象在理论上讲是广大的。但实际上能向哪些人提供服务是一个再选择的问题。在这种情况下，程度最严重者应是优先需要帮助的人，他们成为这种社会条件下救助的基本对象。相反，在比较发达的社会中，人们的物质生活水平普遍较高，尽管比那些生活水平比较落后国家的贫困者情况要好得多的人，也可能成为社会工作者优先帮助的对象。

（3）在现实社会中，那些"脆弱群体"，即在遇到社会问题冲击时因自身缺乏应变能力而易于遭受挫折的群体，他们往往由于生理原因或社会原因，难以像正常人那样去化解社会问题造成的压力，从而陷入困境，例如儿童、老年人、残疾人等，他们将成为社会工作的基本服务对象。另外，在现实社会中的"弱势群体"也将成为社会工作的基本服务对象。社会结构是各种社会群体之间相互联系而形成的相对稳定的关系构架。这种相互作用有两种形式，即竞争与共生。当社会资源相对缺乏，各社会群体为了各自的利益而相互竞争时，那些常处于不利地位的社会群体被称为弱势群体。这里的"不利地位"是指经济力量或政治力量低下。简言之，弱势群体是在社会的经济结构和权力结构中处于不利地位的群体。

三、社会工作的扩大服务对象

随着社会工作本身的发展及其专业人员的增加，以及社会正义、社会公正观念的进一步确立，社会工作不但能为基本对象服务，而且能为基本对象之外的人群服务，即那些在生存危机之外遇到困难的人。例如，对有经济收入但精神生活陷入困境的人服务；对心理上有问题的人所进行的心理咨询服务；为开启儿童智力所进行的发展服务；为增强邻居之间的相互关照意识而开展的社区宣教工作等。

总之，社会工作对象是在"正常"生活中遇到困难的人。这里的"正常"，从统计学上讲，是指社会上的一般情况。例如，那些因找不到工作而陷入生活困境者属于社会工作的对象，而百万富翁因一时生意受挫则不属于社会工作的对象。

第四节　社会工作过程

社会工作是注重实务取向的应用型学科，作为社会工作者，不仅要通晓社会工作的理论知识与方法，更需要在实践中把所学知识转化为合适的服务并传递给大众。在转化过程中，有一些基本的环节构成了社会工作的通用过程。概括而言，社会工作过程即由接案、预估、计划、介入、评估、结案六个前后相继的环节构成的过程。

一、社会工作过程的第一个环节——接案

接案是指社会工作者与有可能成为或潜在的服务对象开始接触，了解其需要，帮助其逐渐成为服务对象并接受服务的过程。接案是社会工作者与潜在服务对象通过沟通达成共同解决问题的初步协议的整个助人过程的开始。因此，接案是整个助人过程的基础和起点，也是专业助人活动成功的前提。接案过程非常重要，它的目标是要通过与服务对象的接触在社会工作者与服务对象之间建立起一个彼此信任的、良好的专业关系，为后续的工作打下良好的基础。

1. 在接案过程中社会工作者的主要任务

（1）了解服务对象的来源，认定服务对象的类型。一般而言，服务对象的来源有三种情况：其一是主动求助的。即指一个人、家庭或团体带着超出其能力范围之外而不能解决的问题主动前来寻求帮助。这种服务对象通常比较了解社会工作机构相关服务信息，知道机构能够为他们提供何种服务。因此，机构所能提供的服务与他们的期望之间具有较大的一致性。其二，他人转介的。这种服务对象往往是由社区内的相关机构，例如街道办事处、居委会或邻居等发现其存在严重的个人、家庭或群体问题而影响到了正常的社会功能发挥，从而要求社会工作者介入来帮助解决问题。通常，这类服务对象各自的需要呈现出多样性，但机构所能提供的服务又都具有自身的有限性，因此，只有那些需要与机构所能提供的服务相契合的人，才能成为机构的服务对象。其三，由社会工作者主动接触而成为其服务对象。这类服务对象往往不主动求助或没有求助的动机，但并不等于说，他们不需要服务，只是他们自己或身边的人还没有意识到而已。这类人成为服务对象后，社会工作者首要的任务就是消除他们对机构和社会工作者的不信任及怀疑感，引导他们接受服务。根据服务对象来源不同所带来的不同心理和行为表现，可把服务对象分为自愿性接受服务的对象和非自愿性接受服务的对象两类。

（2）了解服务对象的求助过程，使"潜在服务对象"成为"现实的服务对象"。所谓潜在服务对象，是指那些尚未使用或接受社会工作者的协助或社会工作资源的帮助、但未来可能需要提供资源和协助的对象，例如虽然没有求助但已经妨碍自己、他人或其他系统社会功能的正常发挥的对象。所谓现实的服务对象，是指前来社会工作服务机构求助，并已经使用社会工作者提供的资源或正在接受社会工作者协助的对象。社会工作者需要注意的是，在"潜在服务对象"变成"现实的服务对象"的过程中，服务对象都曾经做过什么样的尝试与努力，而且其效果如何。

2．接案时应注意的事项

（1）决定是否需要紧急介入。社会工作者要谨记，并非每个个案都是从接案开始的，遇到紧急情况时，如自杀、性暴力等，就要跳过其他阶段直接进入介入程序。社会工作者要敏感，且要准确辨别服务对象所存在问题的迫切性和严重程度，从而决定何时和如何开始工作。

（2）权衡是否有能力处理问题。服务对象的需要是多方面的，接案面谈使社会工作者有机会通过与服务对象的交流来了解他们的需要，权衡是否有足够的能力为服务对象提供所需要的服务。一般情况下，社会工作者一方面需要审视自己的价值观是否与服务对象的价值观有冲突，另一方面要权衡自己的专长是否能够处理服务对象的问题。如果社会工作者发现双方的价值观有严重冲突，并影响到自己对他们的态度和行为时，就要及时进行转介。通常是向机构的督导报告，由他们安排合适的人选，以便机构能够为服务对象继续提供服务。

（3）决定解决问题的先后次序。很多时候，服务对象的问题不止一个，社会工作者需要协助他们辨明问题的轻重缓急，及时满足最迫切的需要，使服务能产生良好的效果。需要注意的是：第一，尊重服务对象的意向；第二，先易后难。这样既能使服务对象愿意努力做出改变，增强改变的信心，又能让服务对象有机会认识自己解决问题的能力，从而便于社会工作者成功地与他们建立专业关系。

（4）保证服务对象所要求的服务符合机构工作的范围。社会工作者要保证提供的服务是服务对象所需要的，并且不因机构和社会工作者的原因阻碍和延迟服务对象需要的满足，致使问题延续或者恶化。

二、社会工作过程的第二个环节——预估

预估是在接案的基础上，收集服务对象的相关资料，并对服务对象的问题、服务对象系统的功能以及服务对象与环境的互动等方面进行综合的分析判断，形成暂时性的评估结论的逻辑过程。换言之，预估就是收集资料和认定问题的过程，是把所有与服务对象有关的资料组织起来，并使其具有意义的专业实践活动。预估是社会工作过程中的关键环节，为设定解决问题的目标和相应的介入奠定基础。

1．在预估过程中社会工作者的主要任务

（1）了解服务对象存在的问题，包括问题性质、成因、程度及问题对服务对象的影响等。

（2）了解服务对象的个人生活经历及行为特征，包括服务对象的人格特征、能力、优势和弱点。

（3）了解服务对象与环境的互动状况，及其对自身问题的认识和改变的动力与能力。

（4）了解服务对象所处的环境系统的状况，包括家庭、朋友、工作单位、邻里及社区的情况，从中找出有利于和不利于服务对象改变的因素。

2．在预估过程中社会工作者应采取的步骤

（1）收集资料。包括个人基本资料和个人主观经验的收集；家庭状况和生活环境资料的收集等。

（2）分析和解释服务对象的资料与问题。包括将资料按顺序和重要性排序；发现资料间的关系或形态；将那些形成问题或者可以缓解问题的因素找出来；将所获得的有关服务对象系统的资料、直觉及服务对象和社会工作者对需要与问题的认识加以整理和组织，形成概念性的认识，去解释问题。

（3）认定问题。包括描述服务对象的问题与需要；描述问题是如何发生的、问题发生的原因是什么；描述服务对象的处境及其社会系统的情况；探究服务对象问题得不到解决的原因；描述服务对象系统的发展阶段；描述并鉴定服务对象系统的资源状况。

（4）撰写预估报告。预估报告包括资料与事实部分和专业判断部分。

3．在预估过程中社会工作者应采取的主要方法

（1）社会历史报告方法及其运用。社会历史报告是通过对服务对象社会生活历史的梳理，将各种信息进行整理分析后所编写的综合报告。社会历史报告的内容主要包括：服务对象社会生活历史的资料及社会工作者对这些资料的思考和预估。具体格式见表1-1①。

表 1-1   ×××社会历史报告信息

接案信息	详细说明
重要的事件导致现在的问题及求助行为	/
曾经对问题的处理及其有效性	/
情绪状态	/
精神疾病记录	/
健康状况	/
经济情况	/
暴力、虐待史	/
支持网络	/
接案社会工作者的评价——有风险的地方需进一步调查分析	/
转介	/

---

① 史柏年主编：《社会工作实务》（中级），中国社会出版社 2007 年版，第 50～51 页。

（2）家庭结构图描述方法及运用。家庭结构图描述方法也称家庭树或家庭图谱法,是以图形来表示家庭中三代人之间的关系的方法。在家庭结构图中,需要使用不同符号来表示特定的内容。一般用方形和圆形表示男女性别;用线段表示家庭成员的关系形态或者婚姻状况,实线代表已婚,虚线代表未婚;从夫妇关系衍生的孩子以线段相连,父母和子女之间、子女之间用粗、细实线表示关系的紧密和不紧密状况,虚线表示关系有问题或关系不好;夫妇分居和离婚用"/"和"//"符号表示;孩子以出生时间从左到右排列;死亡的家庭成员在方形或圆形上用"×"表示等。具体格式见图1-1[①]。

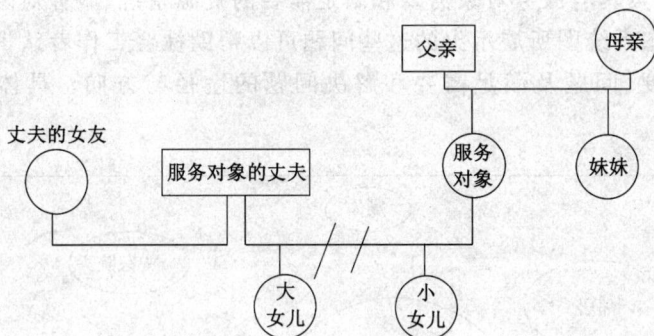

图1-1　×××的家庭结构图

家庭结构图描述方法具体运用的格式如下:

服务对象姓名:×××

接案日期:××××年×月×日

第一,表现出的问题:……

第二,家庭结构和家庭关系:如图

第三,背景信息:……

（3）社会生态系统图方法。社会生态系统图简称生态系统图,是根据生态系统理论发展出来的。生态学观点在社会工作过程中最突出的地方在于,社会工作者把着眼点置于服务对象与其环境的互动,即他所关注的是服务对象与其周围世界的衔接。在人与环境这个着眼点的前提下,要满足个人、家庭、群体和社区的需要,环境必须有足够的资源,鼓励人与环境做"正面积极的互动"。在帮助个人时,个人与其家庭、朋友、同事及专业服务提供者之间的互动是社会工作

---

① 史柏年主编:《社会工作实务》(中级),中国社会出版社2007年版,第53页。

者关注的焦点之一,因为个人的需要是否能有效地满足取决于个人与这些资源系统之间能否有效地协调与沟通。在现实生活中,个人或者家庭的需要可能因下面几项原因而未能得到满足:环境中的资源不足;因某些原因不能获得资源;资源未能有效协调;因缺乏有关的知识和技巧使其未能获得所需要的资源;个人与环境之间未能成功地进行"互动"。

　　生态系统图清晰地展示了服务对象的社会环境,明确地呈现出个人、家庭及社会系统之间的相互作用和影响的状况,有效地将服务对象与外在环境系统的关系通过图形的方式表现出来,说明了系统之间能量的流动和各系统间的关系本质,及其与服务对象需要和满足需要的资源系统、服务对象问题之间的关系。生态系统图所展示出的这些问题可以帮助社会工作者认识和判断服务对象的需要、问题及满足需要和解决问题的途径与方向。具体样式见图1-2[①]。

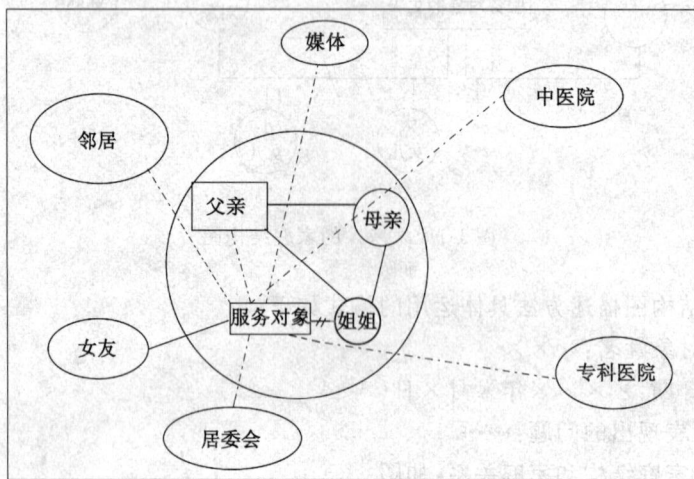

图示说明:强关系 ——　弱关系 - - - -　恶劣关系 —//—

图 1-2　×××社会生态系统图

　　根据服务对象的生态系统图,社会工作者可以询问下列问题:

　　其一,服务对象的收入能否满足基本需要?

　　其二,服务对象是否获得足够食物和合适居所?

　　其三,服务对象的邻居关系是否和谐?居住的环境是否安全?

---

　　① 史柏年主编:《社会工作实务》(中级),中国社会出版社 2007 年版,第 57 页。

其四,服务对象是否获得足够的预防性医疗服务和良好的医疗资源?

其五,服务对象能否获得所需资源? 如果没有获得,是否因为地理环境、缺乏电话和交通设施等因素导致?

其六,服务对象是否与邻居、朋友及小区组织保持良好关系?

其七,服务对象是否属于某个群体或参与某些群体活动?

其八,社会系统是否能接受其他不同文化、不同种族的价值观? 个人、家庭、群体或社区持有的价值观是否与周围的环境有所冲突?

生态系统图所带出的这些问题可以帮助社会工作者认识和判断服务对象的需要、问题及满足需要和解决问题的途径与方向。

图 1-2 中的大圈是服务对象的家庭系统,外周是服务对象的家庭所处的社会环境,包括围绕着服务对象及其家庭的以及对服务对象及其家庭有影响的不同社会系统,这些系统与服务对象及其家庭相互作用、相互影响,构成了服务对象及其家庭的社会生态系统。在大圈内左上方是服务对象的父亲,右上方是服务对象的母亲,左下方是服务对象本人,右下方是服务对象的姐姐。从图中可以看出,服务对象的家庭生态系统处于一种严重失衡状态。其一,服务对象家庭系统内部各成员之间关系失调,家庭作为个人最基本的社会支持网络对服务对象提供的物质和精神的帮助非常有限;其二,服务对象家庭系统与周围环境系统之间缺乏良性的交叉和双向互动,即使有互动,其频率也比较低。

(4)社会网络分析方法。社会网络在社会工作过程中泛指社会支持系统,通常是由家庭、朋友、专业人士或其他社会系统提供的帮助、指导和关怀。社会支持是指个人与社会环境的正面互动,而社会网络是由正式和非正式支持系统组成的,前者包括社会工作者、医生、律师和其他专业的助人者,后者包括家庭、朋友、同事、邻居等。一般而言,社会网络是中性的,被视为社会工作过程中一种分析问题的方法,目的在于帮助社会工作者准确地理解人们是因何以及怎样通过各种社会交往,或通过资源的施予和接受而互相作用和影响的。

社会工作者可以使用表 1-2 和表 1-3 作为社会网络预估的工具,找出服务对象正式和非正式的社会支持网络。具体方法是:首先由服务对象找出他们支持网络的成员,然后将支持网络成员和他们提供的支持按其所回应的具体问题进行分类,再由服务对象描述他们如何看待所获得的这些支持。具体操作见表 1-2 和表 1-3。[1]

---

[1] 史柏年主编:《社会工作实务》(中级),中国社会出版社 2007 年版,第 59 页。

表 1-2   社会支持网络

非正式系统	正式系统	
	社会性系统	专业系统
配偶	工作单位	社会工作者
合作者	社团	精神健康工作者
子女	俱乐部	教师
家长	协会组织	律师
兄弟姊妹	工青妇组织	医护人员
家庭	联谊会	营养师
朋友	休闲娱乐会员服务	语言治疗师
邻居	互助组织	心理学专家
同学		政府公职人员
同事		

表 1-3   服务对象正式和非正式社会网络评估

姓名 地址 联系方式	关系	帮助他人的愿望	助人能力	资源	接触次数	相识时间	关系密切程度
1/							
2/							
3/							
4/							

三、社会工作过程的第三个环节——计划

计划是在预估的基础上为解决服务对象的问题而进行的一系列解决方案的思考和决策的过程。计划阶段重点在于设定介入的目标,实现这些目标有哪些可能的方案,选择最适合和最有效的方案,和服务对象达成服务协议共同努力去实现这些目标。因此,计划是一个十分复杂而重要的过程。只有社会工作者和服务对象在不断的磋商中明确了努力的方向和具体任务,以及各自应该承担的责任,才能在实施行动中真正出现成效。在这一环节中,重要的是掌握制订服务计划的方法,即包括设定目的和目标、构建行动方案和签订服务协议。

1. 设定目的和目标

(1)制定社会工作介入的目的。"目的"是总体上要达到的结果,是工作的大方向,通常是不可测量的。它是服务对象对想要达到的境界的宽泛的、总体性的陈述,是社会工作者和服务对象通过努力期望最终达到的总目标。为了达成这个总目标,需要设定很多具体目标,这些具体目标是现实可行的,并

且是可以测量的。设定目标的意义在于：澄清问题所在；促进服务对象的参与；引导解决问题的行动方向；作为评估的指标。如果订立了寻常一般的目标，则会导致不合理的期待及方向的经常变换；如果订立模糊或不合理的高目标，则会使服务对象较容易经历残酷及破坏性的体验，如失望、挫折及自己能力和自信的受损；如果目标的订立是在没有与服务对象协商的情况下做出的，负向的结果可能源自社会工作者与服务对象各自不同的目的。因此，订立目标中要注意：目标的设定是建立在预估的基础之上的；设定目标的过程是社会工作者与服务对象在协商中达成共识的过程；目标的设定应该有优先的顺序；具体目标的描述应是明确并且可测量的；目标的设定应是切实可行的；目标宜用正面的语言表述并强调成长。

（2）设定工作目标的程序。设定工作目标的程序一般而言有五个步骤：第一，再次确定服务对象的需要和问题。在制订计划阶段，社会工作者要与服务对象再次确认双方对问题和需要的理解与认识，以便所制定的目标是服务对象所认可，并已经准备好与社会工作者一起积极努力解决的问题。这一步的工作是一个不断深化问题，以使计划有的放矢并增强服务对象行动决心的过程。第二，向服务对象解释设定目标的目的。社会工作的实践经验显示，当服务对象了解设定目标的意义，并明确自己在目标制定中的角色时，他们会对目标产生认同和积极正向的行动反应。第三，共同选择适当的目标。社会工作者可以与服务对象一起将所有可能的目标写出来，然后与服务对象逐个对目标进行筛选。当不能确定目标时，可以使用从1～10的变量给每个待定的目标打分，经过比较挑选出服务对象最希望和最迫切的改变目标。在目标筛选出来后，将目标界定清楚，以具体、可操作的指标定义目标，以利于目标的执行。第四，与服务对象讨论目标的可行性和可能的利与弊。第五，确定目标并决定目标的先后次序。

2. 构建行动方案

方案是一种对改变过程进行的整体性考虑，它是为了实现总目标和具体目标而精心设计的一系列行动，包括工作者和服务对象的角色，以及每个人承担的任务和运用的方法与技巧。具体操作为：在目标确定的情况下，通常每一种问题可以采取不同的方法和途径加以解决，社会工作者在和服务对象商量的过程中，可以使用头脑风暴法，畅想各种有助于解决问题的方案，尽管每种方法或途径所付出和得到的结果会有所不同，也不是一定要把每种方案一一尝试，集思广益的目的是为了在几个方案的比较中，选择最合适和有效的方案，这个过程本身也为服务对象提供了如何思考和解决问题的路径和榜样，同样也是提升服务对象力量的过程。

案例 1-2①

社会工作者小萍正在负责一个家庭暴力施暴者的小组,帮助他们认识实施家庭暴力的后果,并重新学习如何控制愤怒和解决家庭矛盾的新方法。社会工作者在和小组成员商讨后,订立了以下行动方案:

1. 7月12日,社会工作者小萍负责放映《案件聚焦》中有关家庭暴力的纪实片,并组织小组成员分享观后的感受和自我反省。

2. 7月19日,社会工作者小萍组织小组成员讨论家庭暴力的原因、性质和后果,并学习相关的法律知识。

3. 7月26日,由社会工作者小萍邀请专家为大家介绍控制愤怒的方法与技巧,并进行半小时的讨论。

4. 8月3日,由社会工作者小萍召集大家学习和讨论解决家庭矛盾的新方法。

5. 8月10日,小组成员将邀请部分家人参加小组总结会,分享感受和体会。

3. 签订服务协议

签订服务协议是在形成服务计划的基础上进行的,它表明了社会工作者和服务对象各自对自己所将承担的任务与责任的知晓,并同意一起合作,来实现所订立的目标。同时,它也意味着社会工作者对服务对象所进行的服务品质的承诺,社会工作者由此肩负起了认真履行协议和适时调整协议内容的职责。服务协议分为正式书面协议、口头协议和默认协议三种。服务协议主要包括计划的目的与目标、双方各自的角色与任务、为达到目的和目标所采取的步骤、方法与技巧、期望达到的结果,以及进行总结、测量和评估的方法。

四、社会工作过程的第四个环节——介入

介入是社会工作助人过程中的重要阶段,是指社会工作的实施、行动、执行和改变,是社会工作者与服务对象采取行动,按照服务协议落实社会工作计划,实现其目标。社会工作介入活动分为两类,即直接介入,也称社会工作的直接实务;间接介入,也称社会工作的间接实务。

1. 直接介入的行动与策略

所谓直接介入,是指以个人、家庭和群体为关注对象,针对个人、家庭和群体采取的行动,重点在于改变家庭或群体内的人际交往,或改变个人、家庭和小群体与其环节中的个人和社会系统的关系和互动方式。直接介入行动和策略是与

---

① 朱眉华、文军主编:《社会工作实务手册》,社会科学文献出版社 2006 年版,第 59 页。

服务对象系统一起行动,帮助他们更好地应对生命任务和环节的需要,减少由社会功能问题而带来的不利影响。直接介入的策略可以有不同的介入行动,包括以帮助服务对象运用自己的内外部资源为策略的直接介入、以对服务对象的危机进行干预为策略的直接介入、以运用活动为策略的直接介入、以调节各方激化的矛盾为策略的直接介入。其中,危机干预就是帮助处在危机中的服务对象更有效地处理或调适紧急危机情况下的压力的密集性干预实践。通常危机有两类:一类是服务对象内在的情绪变化和压力,如突然失去心爱的人、失去工作、车祸、离家出走等;另一类是社会性的灾难事件,如地震、水灾、雪灾、恐怖事件等。

2. 间接介入的行动与策略

间接介入是指以个人、家庭、小组、组织和社区以至于更大的社会系统为关注对象,由社会工作者代表服务对象采取行动,通过介入服务对象以外的其他系统,间接帮助他们的行动。间接的介入通常也称为改变环境的工作,或中观和宏观社会工作实务。间接介入的行动和策略所表示的社会工作者代表服务对象采取行动,是指当服务对象系统缺乏行动的能力,或是处于没有能力行动的境况时,需要社会工作者为他们争取资源,以满足需要或者解决问题。间接介入的策略一般情况下包括:运用和发掘社区人力资源的策略;协调和联络各种服务资源与系统的策略;制定激化创新资源的策略;改变环境的策略;改变组织或机构的政策、工作程序和工作方式的策略。

五、社会工作过程的第五个环节——评估

评估是指运用科学的研究方法和技术,系统地评价社会工作的介入结果,总结整个介入过程,考查社会工作的介入是否有效,是否达到了预期目的和目标的过程。它是介入之后的又一个重要阶段,不仅可以检查社会工作介入的效果,反思介入过程的成败得失,找到未来工作的方向,而且对社会工作本身也是一个总结和提高的过程。社会工作评估有不同的策略,因评估目的的不同也有不同类型,比较常用的有过程评估和结果评估两种。前者是对整个介入过程的监测,它对工作过程的每一个步骤、每一个阶段分别做出评估,关注的重点是工作中的各种步骤和程序怎样促成了最终的介入结果的产生,方法是描述介入活动的内容,回答服务过程中发生了什么,以及为什么发生。后者是在工作过程的最终阶段进行的评估,包括目标结果和理想结果两个部分。社会工作评估的方法主要有基线测量方法、任务完成情况的测量方法、目标实现程度的测量方法、介入影响的测量方法。

1. 基线测量方法及程序

基线测量方法是指在介入开始时对服务对象的状况进行测量,建立一个基线,把它作为对介入行动效果进行测量的标准基线,以评估介入前后的变化,并以此判断介入目标实现的程度。基线测量方法可以应用于对个人、家庭、小组或者社区的工作介入评估,通过对服务对象介入前、介入中和介入后的观察和研究,比较服务提供前后发生的变化。建立基线有三个步骤:一是确定介入的目标,如服务对象的行为、思想、感情、社会关系或社会环境的变化及指标;二是选择测量工具,包括直接观察或使用标准化问卷及量表;三是对目标进行测量,并记录目标的情况。这个测量所获得的数据就是基线数据。在对服务对象实施介入过程中,要对基线调查中所测量的各项目标和指标进行再测量,这次测量所获得的数据就是介入期数据。将基线数据和介入期数据按照测量时间和顺序制成图表,将每个时期的数据资料进行连接,呈现数据的变化轨迹和变化趋势,并将基线数据和介入数据进行对比。如果两个数据不同,一般可以认为是介入本身作用的结果。常用的基线测量方法有单一个案设计、对照组设计以及时序性系列测量。

2. 任务完成情况的测量方法

一般情况下,可以运用五个等级尺度来测量任务的完成情况:一是没有进展;二是极少实现;三是部分实现;四是大体上实现;五是全部实现。将每项任务的最后得分加到一起,然后除以可能获得的最高分数,就能确定完成或者介入行动成功的百分比。例如,有三项任务要去完成,而可能获得的最高分数是 12 分(4×3),用得到的总分除以 12,再乘以 100%,就是完成任务的百分比。

3. 目标实现程度的测量方法

这种评估方法是对介入目标的评估,包括目标核对表法和个人目标尺度测量法。在有些情况下,社会工作的目标行为比较难以清楚界定,此时社会工作者和服务对象可以共同协商,选择一些目标来指示介入的方向,并将它们罗列出来。在工作介入过程中和介入结束时都用一些等级尺度来衡量介入后的行为,并记录下它们,将介入后的行为与介入前的行为进行核对,从而发现介入后有哪些新行为是介入前所没有而介入后才出现的,并讨论这些行为对服务对象的意义是什么。这样,就可以发现介入前后服务对象的行为变化。

4. 介入影响的测量方法

介入影响的测量方法包括服务对象满意度测量方法和差别影响评分方法。所谓服务对象满意度测量方法,就是由服务对象用口头或书面形式,包括填写问卷来表达对介入的看法。其特点是操作简单又不需要花费太多的时间和资源。但这种方法的局限在于:测量比较粗糙,有时服务对象会倾向于对介入给予积极的评价,因此,评估有可能不准确。所谓差别影响评分方法,是一种更为结构性的评估方法。首先由服务对象对介入影响进行自我陈述,报告自己有哪些变化,然后分析区分出哪些是介入本身带来的变化,哪些是其他因素带来的变化。需要注意的是,这种方法有可能带有服务对象的主观色彩。

六、社会工作过程的第六个环节——结案

结案是社会工作介入过程的结束阶段,指社会工作者与服务对象一起计划结束二者之间的工作关系的过程。它通常发生在服务对象的目标已经实现,或者双方中的任何一方单方地中断了介入过程之后。

1. 结案阶段社会工作者的主要任务

(1)总结整个工作过程。即通过评估有目的地总结社会工作介入的成效。评估整个工作过程,对计划目标的完成情况、介入效果进行总结和评估,并将结果与服务对象分享及报告给机构,要审慎处理服务对象因结案带来的与分离有关的感受和情绪,做结案记录并写成结案报告。

(2)巩固已有的改变。社会工作的目标是助人自助,因此,确保服务对象在社会工作助人过程中获得的经验能够巩固下来,并应用于日常生活中是社会工作者的责任。社会工作者要尽力帮助服务对象保持在助人过程中取得的进步,巩固和增强他们的自我功能。具体做法包括:回顾整个工作过程,帮助服务对象形成对解决问题过程的认知,进一步巩固其解决问题的能力;强化服务对象已有的改变,增进其自信;表达积极支持的态度,使服务对象进一步相信自己有独立解决问题的能力。

(3)解除工作关系,不再提供正式的社会工作服务。此时,并不是说社会工作者绝对不再与服务对象有任何接触,而是不再提供服务。如果服务对象还需要其他的服务,社会工作者应给予转介,这对时机尚未成熟就必须结案的服务对象来说尤其重要。

(4)做结案记录并写成结案报告。结案记录的内容包括:服务对象何时求助、求助的原因、工作过程中提供了哪些服务、服务对象有什么改变、为什么结案、社会工作者的评估和建议等。

2. 结案时服务对象的反应及其处理方法

结案是一个转折性事件,意味着一种状况的结束和另一种新经验的开始。服务对象在这个阶段可能会出现两极情感反应,一方面对即将到来的分离产生失落、难过等负面情绪,另一方面也充满兴奋、希望和成就感等正面情绪。

(1)服务对象的正面反应。在结案时服务对象的正面情绪包括:对获得成长与成功的欣喜,对整个工作过程带给他们新认识的肯定,感觉视野开阔了,对社会工作者的满意,对社会工作者的帮助充满感激,对未来充满信心等。社会工作者要对这些正面反应予以肯定并适时地进行强化,以增强服务对象面对未来的信心。需要注意的是,社会工作者要避免刻意渲染这种气氛,以防止产生离别的伤感情绪,影响服务对象正常的情绪反应。

（2）服务对象的负面反应。终止服务关系可能给服务对象带来"分离焦虑"等感受，主要表现为否认、倒退、依赖、抱怨、愤怒、讨价还价、忧郁等。结案时，社会工作者要注意服务对象可能有的这些负面反应，并在结案阶段审慎处理它们，采取一系列步骤和方法让服务对象适应和接受结案即将到来的事实。具体方法包括：其一，与服务对象一道讨论他们对结案的准备情况，以确定结案时机是否已成熟；其二，提前让服务对象知道结案的时间，早些做好心理准备；其三，在结案阶段，社会工作者要逐渐减少与服务对象的接触，提醒服务对象要学会自立，给服务对象以心理支持，告诉他们在有需要时社会工作者将继续提供协助；其四，社会工作者也要估计一些可能会破坏改变成果的因素，预防问题的产生，继续提供一些服务，并为服务对象提供能够对他们有帮助的资源系统的支持，待稳定了服务对象的改变成果时，才最后结束专业助人关系；其五，必要时安排正式的结案活动，让服务对象分享各自的收获，以建设性的方式表达感受，相互鼓励，面向未来。

第五节　社会工作专业及职业

在国外，社会工作专业已经发展了一百多年，而在今天的中国，社会工作正在走上一条专业化发展的道路，这主要是由中国社会发展状况所决定的。但是，我国的社会工作不能盲目地采用国外的理论和实践经验，必须根据我国国情选择一条本土化的专业道路，即在本土化基础上的专业化。

一、社会工作专业化

1. 社会工作专业化的含义

通常来说，专业主要指一部分知识含量极高的特殊职业，而专业化是用来反映一个职业争取并最终获得履行一个特定工作排他性权利的过程。判断一个专业成熟与否，大多数学者还是认同并采纳格林伍德的五条标准来衡量，即有系统的理论体系、专业的尊严和权威、广泛的社区认同、共同信守的工作伦理道德准则和一套专业文化等。

狭义的社会工作专业化，是指从事社会工作的专业人员需要经过社会工作专业系统训练，并取得相关领域社会工作执业资格的过程。取得资格就代表社会工作者可以合法地开展社会工作，并运用自己所学到的理论和知识指导自己的工作。而广义的社会工作专业化包括两方面的内容：一方面是社会工作发展的初期，社会工作由完全处于经验指导下的助人工作向由理论指导下的专业社会工作发展的过程，这其实是指社会工作的专业学习阶段；另一方面是在社会工作完成了初步的专业化以后，专业的发展仍然存在着一个将经验上升为理论的过程,这其实是指社会工作的专业总结阶段 。这样看来,社会工作的专业化实际上就是从经验到理论,再由理论到经验的不断发展过程。换言之,专业化是一个专业动态的发展过程,它包含了专门的技巧和训练、最低的服务收费或报酬的机制、专业团体的地位和拥有一套管理专业人士及其行为的道德操守。

2. 社会工作专业化的途径

作为开展社会工作专业的后来者,中国社会工作的方法和理论大部分是来自于国外发达国家,他们的先进理念给我们提供了十分有价值的指导。中国目前社会工作的专业化途径大致有:其一是"走出去",即外派学者到社会工作发展较为成熟的国家或地区学习社会工作知识,这些学者将成为中国社会工作教育界的专家;其二是"请进来",即邀请国外专家参加国内举办的社会工作国际合作班,培养国内的社会工作人才;其三是由国内的大专院校培养社会工作者;其四是在岗位上培训,通过考取社会工作相关证书,学习知识并获得社会工作资格。

3. 社会工作本土化

按照北京大学王思斌教授的定义,"本土性社会工作"指的是对某种助人模式,包括理念、过程和方法的判断和认定,即指那些土生土长的、发挥着有效的助人功能的、制度化的行动过程。那些生长于本土的,与其经济、政治和社会制度以及文化传统相适应的、有效的、制度化的助人模式可以称为本土性社会工作。

随着中国社会变迁的加剧,原来的产生于旧体制之上的社会工作模式和传统的民间互助系统的功能空间在缩小,新的社会工作制度有了可以进入并发挥作用的空间,社会工作本土化也就有了现实的可能性。目前,中国社会工作的发展不可能完全摆脱原来的体制而独立生存,因此,应紧密地建立在本土社会体制与文化传统的基础之上,采取合作主义的发展思路,即政府、社会工作实务机构与社会工作教育机构等各方力量有机配合、积极参与,共同建构有中国特色的社会工作理论与实务模式。

二、社会工作职业化

1. 专业化的社会工作需要职业的社会工作者

社会工作的专业化向社会工作人员提出了职业化的要求,也就是说,社会工作的专业化是职业化的前提要求。同时,社会工作的职业化也有力地促进专业化的发展。只有专门地、长期地从事这项工作的人员才能把社会工作做好,而且专业的社会工作者能将实践中的经验进行总结、梳理,与社会工作研究者共同整理出一套符合中国实际的、本土化的社会工作方法。

社会工作专业化和职业化是中国社会工作发展的趋势,国际上社会工作多年的发展史就是一个逐步专业化、职业化的过程,我国社会经济的发展也对社会工作提出了专业化和职业化的要求。随着从事社会工作人员的增多,需要建立明确的行业要求和技术要求,使社会工作的服务更加规范。同时,专业化和职业化也吸引了大量的人才加入到社会工作的队伍中来,完善的薪酬体制和职业发展规划可以帮助社会工作者为自己未来的发展设定目标。

2. 社会工作职业化的条件

社会工作职业化是社会发展的大趋势,实现社会工作的职业化,要从建立社会工作者职业资格认定制度、设置社会工作者职业岗位、构建社会工作职业薪酬体系以及建立社会工作者的培训制度和管理机构等方面入手。目前在我国,这些条件正在迅速创建之中。在社会工作职业标准方面,我国在 2006 年颁布了《社会工作者国家职业标准》,该标准共分为三个大部分:第一职业概况;第二基本要求;第三工作要求。在职业基本概况中,认为"本职业共设四个等级,分别为:社会工作者四级(国家职业资格四级)、社会工作者三级(国家职业资格三级)、社会工作者二级(国家职业资格二级)、社会工作者一级(国家职业资格一级)"。而且对从业人员的基本文化程度、培训要求、申报条件和鉴定方式等都做了规定。在基本要求中,对职业道德、基础知识等都做了要求。在工作要求中,分别对社会工作者四级的工作内容、技能要求和相关知识都进行了较为详细的规定。《社会工作者国家职业标准》详见书后附录。

◉ 思考题

1. 什么是社会工作?
2. 如何理解社会工作?
3. 社会工作者应该具备怎样的素质?
4. 社会工作过程的每一个环节的主要任务是什么?
5. 什么是社会工作的专业化和职业化?
6. 中国社会工作的专业化与职业化与国外有什么不同?

第二章　社会工作的历史发展

　　尽管专业性社会工作在国外已经有近百年的历史,但中国的专业性社会工作还正在萌发之时。但是,无论在国外还是在中国,社会工作的每个历史发展阶段都是和其所处社会的经济发展状况密不可分的。事实上,正是社会经济的发展状况决定了社会工作的成熟程度。一般而言,由于传统社会经济较欠发展,社会财富非常有限,因此,在社会生活中人们形成了社会互助的思想。到了近代工业社会,由于经济的迅速发展,社会财富也在较快增长,但贫富差距却拉大了,社会中存在着大量的贫困人员,于是政府的社会救济政策及实践开始实行,国家在财富分配中也尽量做到遵循公平与公正的原则,也可以称这一时期的社会工作为"行政型社会工作"。到了现代社会,随着社会物质财富的进一步增长,人们物质方面的贫困得到了一定程度的缓解,但是现代社会的快节奏、高压力给人们造成了大量的心理、社会方面的问题。于是,专业性社会工作就此诞生了。

第一节　中西方传统社会产生了社会互助
及社会救助的思想

一、西方传统社会的社会互助思想

1. 古希腊、古罗马及希伯来时期社会互助思想萌芽

　　古希腊时期,人们认为:幸福是与别人共享财富得来的;富人要想得到愉悦,就应该提供一些财富给穷人。这是人类早期的关于社会互助的思想和理念,尤其为富人帮助穷人的活动提供了思想依据。古罗马时期,认为宗教责任是至高无上的,宗教责任主要是指富人为穷人解除痛苦,且富人在帮助穷人时不得使穷人失去尊严。这应该是人类早期社会互助中的价值理念。在希伯来时期,人们认为正义就是人们公平地享有财富。其中托马斯·阿奎那认为:公正即大同与分配。这里的"大同"是指个人依其贡献而享有,"分配"是指每个人均能公平地享有财富。即正义既要考虑个人贡献,又要考虑公平。这应该是人类早期关于社会互助理念的理论解读。

　　2. 基督教文化对社会互助思想的助推

　　基督教产生于公元 1 世纪,在其教义中散布着许多利他、奉献、救人救世、爱

人助人及与人为善等博爱思想。如《圣经》中说:"当爱你的邻居。"其中邻居泛指一切需要照顾和遇到困难的人,这些人都应该成为"你"爱和援助的对象。《圣经》中的《路加福音》指出:"所以无论何事,你们愿意人怎样待你们,你们也要怎样待人。因为这是律法和先知的道理。"①在西方,正是通过这种具有广泛影响的基督教文化把社会互助思想大大地向前推进了一步,从而使社会成员之间的互助思想及行为越来越深入人心。

3. 人道主义的价值观使社会互助思想具有哲学层面的解读

狭义的人道主义特指文艺复兴时期把人当做有独立的人格、尊严和价值的存在来看,把人从上帝的掌控与附属中解放出来的文化思潮。广义的人道主义则泛指贯穿人类始终的一种"人人享有平等和自由的权利"的哲学思想、伦理观念和社会理念。我们通常所说的人道主义是从广义而言的。这种广义的人道主义使得原初的社会互助思想具有哲学层面的理论支撑,使社会互助更具有理论的合理性。基斯·鲁卡斯认为,人道主义具体包含以下七个信念:其一是人人生而平等;其二是每一个人都是一个生物和社会的有机体;其三是人类生而自由;其四是人和其他物种一样,不仅需要靠自己,而且也与他人相互依赖,并且也依赖自然;其五是人类不断努力清除社会病态、罚恶和不公平的社会政治制度,这是人道的至高表现;其六是在任何情况下,人的尊严必须受到尊重;其七是人人都有追求自由平等、自我发展、自我抉择和幸福生活的权利。

二、中国传统社会的社会互助思想及社会救济措施

1. 中国传统社会的社会互助思想

(1) 孔子在"大同理想"中所表达的社会互助观念。孔子认为,"大道之行也,天下为公,选贤与能,讲信修睦。故人不能独亲其亲,不独子其子,使老有所终,壮有所用,幼有所长,矜寡孤独废疾者皆有所养。男有分,女有归。货恶其弃于地也,不必藏于己;力恶其不出于身也,不必为己。是故谋闭而不兴也,盗窃乱贼而不作。故外户而不闭,是谓大同。"②这样,孔子就把"天下作为大家所共有的天下"思想作为社会互助观念的理论假设,于是指出,一方面人们都要厌恶把钱物抛弃在地面上不管的人,但也不许人们把钱物据为己有或私存;另一方面人们都要厌恶自己有力却不肯出力而让别人出力的人,即使是出力也不要只为自己而出力。这种大同理想中的社会互助观念对我国后来的社会福利思想及实践有着极大的影响。

(2) 孟子"仁政思想"中所表达的社会互助观念。孟子认为,在社会生活中

---

① 《路加福音》第六章第31节。
② 出自《礼记·礼运》。

人们之间需要互助合作,并提出了"仁政",即国家管理者要以"不忍人之心,行不忍人之政"。即国家管理者要凭怜悯他人的心情(即同理心)来实施怜悯他人的政治,这是社会互助观念的政治表达。同时,在社会生活中,孟子强调"老吾老,以及人之老;幼吾幼,以及人之幼",并进一步阐述道:"推恩足以保四海,不推恩无以保妻子。古之人所以大过人者,无他焉,善推其所为而已"。孟子的这种"同理心"政治和善推其所为的社会互助观念,无疑是对孔子社会互助思想的发展与延续,对后世的社会福利思想及实践产生了极为重要的影响。

(3)墨子的"和平康乐思想"中所表达的社会互助观念。墨子强调"兼相爱",即天下之人皆相爱,强不执弱,众不劫寡,富不侮贫,贵不傲贱,诈不欺愚。"饥者得食,寒者得衣,劳者得息",且"老无妻子者有所侍养,以寿其终;幼弱孤童之无父母者,有所依放,以长其身"。墨子同时也强调"交相利",即"有力者疾以助人","有财者勉以分人"。墨子的这种"和平康乐思想"中的社会互助观念应该说表述到了极致。它是在揭露和批判当时不合理的社会现象的基础上提出来的,对后世社会互助措施的构建具有建设性的意义,它对我国后来社会福利思想及实践的影响同样是不可低估的。

2. 中国传统社会的社会救济措施

我国的救贫措施,在殷周时代已趋于完备,在《礼记·礼运》、《周礼》和《管子》中均有记载。[①] 我国传统的社会救济主要措施概括起来有以下几个方面:

(1)仓储。古代的仓储以备灾荒年用,有常平仓、义仓、社仓等。常平仓——自汉朝开始,在粮食价格低时适当抬高粮价买入储存起来,当粮食价格高时,适当压低粮价卖给百姓。义仓——宋以前称义租,宋以后称义仓。即把政府征粮或由富户义捐的粮食储存到仓库里由官府派人管理,荒年或青黄不接时,出仓以赈济难民。社仓——由人民自行组织,或由政府督导人民办理的类似一种农贷合作组织的救济设施,由各地人民捐集粮食,或由政府贷给粮食,在各乡设仓储存,遇荒年或青黄不接时用以救济邻里贫户,仓务的管理由社仓参加人或设立者推选管理人员自行负责。

(2)赈谷与赈银。这是我国最早和最流行的急赈与济贫方式,与仓储配合使用。

---

① 《管子》中记载:"入国四旬五,行九惠之教,一曰老老,二曰慈幼,三曰恤孤,四曰养疾,五曰合独,六曰问疾,七曰通穷,八曰赈困,九曰接绝。"《周礼》记载大司徒以保息六养万民:"一曰慈幼、二曰养老、三曰赈穷、四曰恤贫、五曰宽疾、六曰安富。"周代以本俗六安万民:"一曰微宫室、二曰族坟墓、三曰联兄弟、四曰联儒、五曰联朋友、六曰同衣服。"《周礼》记载大司徒以荒政十二项措施聚万民:"一曰散财、二曰薄证、三曰缓刑、四曰驰力(以息徭役)、五曰舍禁、六曰去纠、七曰眚礼、八曰杀哀、九曰蓄乐、十曰多婚、十一曰索神鬼、十二曰除盗贼。"

（3）施粥。当灾情严重，灾民众多，来不及发赈时，施粥是急赈常用的手段。

（4）疏遗。疏遗难民、乞丐、孤寡、残废等无依无靠者。

（5）居养。类似今天的机构救济和院内救济，专收容流民、乞丐、孤寡、残废等无依无靠者。

（6）养老。宗祠和各地善堂设有养老设施。

（7）慈幼。历代对慈幼事业都有明令，灾民卖子，朝廷令买主偿还；逃荒弃儿，政府令民间收养认领。

第二节　工业化时期西方社会工作的起源与发展

一、西方工业化时期社会工作活动的起源及模式探索

1. 英国伊丽莎白济贫法

英国伊丽莎白济贫法于 1601 年颁布，该法承认政府有济贫的责任，并建立了初步的救济行政制度与救济工作方法。英国伊丽莎白济贫法的主要内容包括以下几个方面：

（1）收济贫税——规定每一教区每月向地主征收。

（2）建立社会救济行政——国家设立机构、建立制度，办理救济行政。贫民救济由地方分区举办，每一教区设立监察员，中央政府设立监察员。

（3）以工作换取救济——强制性参加工作。

（4）设立济贫收容救济所——禁止行乞游荡，强迫游民工作。

（5）院内救济与院外救济相结合——院内救济即机构救济，是在贫民无法得到家人、亲戚赡养时才给予帮助，对象为出生且居住在该区满 3 年；院外救济即家庭救济，对象是家人、亲属，规定人们有救济其贫穷家人或亲属的义务。

（6）对贫民的解决办法——对有体力且健康的贫民，使其工作；对不能工作的贫民，救济院或家庭救济；对无依无靠的儿童，设法领养或寄养。

英国伊丽莎白济贫法，一方面，为英国奠定了政府有责任主持公共救济事业的基础。政府真正承担了对无力供养自己的人的救济义务，成为后来各国公共救助的依据。另一方面，从政府的参与、专人的负责和院外救济的实施可以看出，该法已隐含了社会工作的观念与方法，尤其是初现社会工作行政方法之端倪。

2. 德国的汉堡制与爱尔伯福制

（1）汉堡制——1788 年在汉堡市实施的一种救济制度，由布希教授起草并发起，13 年来成效显著，后因救济人员不足而衰落。具体操作是：中央设办事处，下设若干区，区有监督员 1 人，救济员若干人。具体办法有：助人自助；给失业者介绍工作;把贫苦儿童送往职业学校学习技艺;把病患者送往医院诊治;不准向沿门乞食者施舍,以免助长其依赖心理。

(2) 爱尔伯福制——1852 年在爱尔伯福镇的实践。其具体操作是:在全市设立各区联合组成的中央委员会(每两周开一次会,由 40 人组成),总体支配管理全市济贫所、医院及院外救济事项等。下辖 40 个区的赈济委员会,每个区赈济委员会由 14 个各段赈济员组成,设监察员 1 人,每两周开一次会,并制成报告或提案上报。每段有 300 人,贫民不得超过 4 人,赈济员 1 人,综合管理全段济贫工作,还兼办有关贫穷的预防工作,如职业介绍、训练和管理游民等。整个赈济工作由申请、调查、上报三个步骤组成,补助后仍需每两周调查一次。发赈济款必须是法律规定的最低标准,不许养成贫民的依赖心理。

德国的汉堡制与爱尔伯福制的做法,后来被许多国家所采纳,并影响了后来的社会工作制度和方法,尤其是直接推动了社会工作行政的萌芽。

3. 伦敦组织慈善救济暨抑止行乞协会

英国经由亨利·索里牧师建议,于 1869 年在伦敦成立了第一个慈善组织协会,即伦敦组织慈善救济暨抑止行乞协会。该慈善组织接受托马斯·查墨斯的理论,认为个人应对其贫穷负责,接受公共救济将摧毁贫民的自尊心、进取心和道德观念,使他们依赖救济为生,因而主张贫民应尽量维持自己的生活。该组织的目标是,要使英国尤其是伦敦的慈善事业组织起来,使之密切配合,发挥合力的作用。该组织的主要方法如下:

(1) 成立一个中央管理与联系机构,中央下设区,区有分支机构,即志愿委员会。

(2) 区里统一受理申请救助案件,进行登记,设立询问部,向济贫法监护人、各慈善组织及个别的慈善家搜集有关申请救助者的资料,使许多同时向多个救济机构求助的"职业乞丐"暴露真相。

(3) 各区派员对申请人进行详细调查,如住房、健康、教育、工资等。

(4) 提高救济款物配额,满足申请人的生活需要。

自 1869 年伦敦慈善组织协会成立以后,其他城市也仿而效之。1877 年,美国布法罗市成立了美国第一个慈善组织协会。其后 6 年中,美国的慈善组织协会达 25 个之多,形成了一个风行英美的慈善组织协会运动。

伦敦组织慈善救济暨抑止行乞协会强调有组织的慈善行为,有计划地派出友好访问员调查并纠正穷人的性格与道德缺陷。这种方法是把贫穷的原因归结为个人的道德低下和在社会生活中的功能失调,如懒惰、酗酒等,而没有看到社会的缺陷与不足。即使如此,该协会仍然具有积极作用:其一,该协会派友好访问员,访问申请救济者,以了解其社会背景和确定应采取的措施。这种强调调查、按个别情况不同、对每一个别案件加以不同处理的做法,促使了社会个案工作的产生。其二,他们在促进各救济机构和慈善组织为解决社会问题,采取协调、合作的步骤等方面,为社区组织工作的产生和发展奠定了基础。

4. 睦邻组织运动——汤恩比馆

继慈善组织协会之后,在英美又兴起了睦邻组织运动。1884 年,巴尼特牧师(牛津大学毕业后在东区任牧师,东区是伦敦最贫穷的地方,有许多失业者、患病者以及住在污秽拥挤住宅里的人)在伦敦创立了汤恩比馆——社区睦邻服务中心。汤恩比是牛津大学经济系的讲师,30 岁死于肺病,他发动就读牛津、剑桥的大学生前往东区为贫民服务,与其同处,以便实际了解贫民生活情形,研究对策。汤恩比馆——社区睦邻服务中心的做法是:① 汤恩比馆设于贫民区,备有宿舍,所有工作人员与贫民共同生活,其口号是"工作者与工作对象相亲相爱"。② 没有既定的工作计划,视居民实际需要而工作。③ 尽量发动当地人力,培养其自动自发、互助合作的精神,为地方服务。④ 各地的社区睦邻中心既是当地的服务中心,还尽量建设成文化中心。该运动起源于英国维多利亚女皇时代,原因有二:一是因为当时英国的社会科学研究者和社会工作者力图对社会问题进行实地研究和实际的解决;二是发起人有感于产业革命和政治革命虽然促进了工业化和城市化,但同时也造成了社会上的贫富分化。他们认为,让一些受过高等教育的人和贫民共同生活,不但可以使贫富打成一片,实现政治上的平等与民主,而且可以使贫民获得接受教育和享受文化生活的机会。同时,知识分子深入贫民区与贫民共同生活,可以促进对贫民问题的深入了解和合理解决。其作用有:第一,表明社会工作的目的在于促使个人生活与社会生活的改善,社会工作的方式应从个人与社会两方面同时着手;第二,社会工作应随时依据社区实际需要来做规划,并应发动、组织或配合社会力量共同工作;第三,社会工作要把整个社区作为工作对象,要以促进社区发展为目的;第四,促进和发展了社会团体工作与社区组织两种方法,促进了社会工作专业化的发展。

美国最早的睦邻馆之一是霍尔馆,于 1889 年在芝加哥建立,主要成员是妇女,她们为美国妇女、儿童政策的形成和发展立下了不可磨灭的功勋。

睦邻组织与慈善组织不同,认为贫穷的原因在于不合理的社会制度。因此,睦邻工作者努力促进社会改革并以社区为单位解决贫穷问题。睦邻工作者大多是中、上层人士,他们主动生活在贫民区内,以便更好地观察和理解贫穷问题;他们把贫民区里的问题向广大社会宣传,帮助穷人以工会等方式组织起来,主张通过立法来改善穷人的社会环境和经济环境。这种方法为以后的团体工作、社区行动主义、社会工作呼吁等方法奠定了基础。

二、西方工业化时期社会工作专业的形成与发展

1. 社会工作专业教育、专业培训与专业组织的发展

为了改善社会服务机构的服务质量,英美等国的慈善组织于 19 世纪末开始关心对志愿人员和服务人员的训练。1893 年在英格兰由济贫院和英国慈善组织会社开设了一个两年制的慈善训练学校,开启了社会工作专业培训的历史。1898 年美国的纽约慈善组织会社举办了为期 6 个星期的训练课程,训练受薪的友好访问员。与此同时,在荷兰的阿姆斯特丹成立了社会工作学院,开设两年制的社会工作教育课程。1904 年美国的纽约社会工作学院成立,原来 6 个星期的训练课程也拓展为一年课程。1910 年美国的哥伦比亚大学等高等学院开设了社会工作课程。

1900~1910 年是美国社会工作初步专业化阶段。社会工作教学几乎都是在私立大学中进行,以两年制硕士班研究院为主,重视实习。在私立学校开设了社会工作方向,开始探讨社会工作理论,以寻找有效的科学方法,提供最好的服务。如芝加哥学校注重社会服务与行政;哥伦比亚大学重视行为方法,采用心理学、社会学和人类学方面的理论,形成了社会心理治疗的个案工作。1917 年,美国社会工作学者玛丽·里士满(Mary Richmond)的《社会诊断》一书出版,该书试图使社会工作方法成为一套独立的知识。这一事件成为社会工作专业化的标志。在美国,1918 年成立了"美国义务社会工作者协会",1919 年由 17 所开办有社会工作学科的私立学校发起成立了"专业社会工作培训学校协会",后来发展成为"美国学校社会工作者协会"。后来不同领域的社会工作者又相继成立了自己的专业组织。1933 年,加利福尼亚州率先制定了社会工作者自愿登记法——这是各州政府建立机构依法管理社会工作的开始。

20 世纪 50~60 年代,美国的社会工作已高度专业化。美国公立大学纷纷设立社会工作学科,成立社会工作学院,开设社会工作课程,授予社会工作学士学位。同时专科学校也设社会工作科,授予准学士学位。这时,在美国的社会工作者在社会上像医生、律师、会计师等职业一样有专业地位,受到社会尊重,并建立起了全国社会工作人员协会和社会工作教育审议会。1955 年,为了协调行业内部的关系,将现有的内容广泛、领域众多的专业团体,如医疗社会工作者协会、学校社会工作者协会、精神病理社会工作者协会、团体工作者协会、社区组织研究会等合并而成"全美社会工作者协会"。该协会已成为世界上最大的社会工作者组织,位于华盛顿特区,有 15.2 万名会员。该协会为会员提供广泛的支持,如法律保护、误诊保险、出版和授予高级专业证书等,并从事代表会员利益的活动,如主张社会工作证照制和有偿服务。1960 年,全美工作者协会创立"社会工作者自愿注册制度",并建立"注册社会工作者学会",授予"注册社会工作者"资格。

然而申请者必须具有硕士学位、积累 2 年或 3 000 小时的社会工作时间,并通过学会组织的书面考试等。1962 年,成立于 1904 年的纽约慈善学院并入哥伦比亚大学,这就是今天的哥伦比亚大学社会工作学院,该学院通常被称为美国社会工作的摇篮。1965 年,纽约州建立了《社会工作者执照申请办法》,这是美国现代社会工作执业制度的开始。在全美社会工作者协会之外,独立存在的专业团体有:1968 年,全美黑人社会工作者协会;1953 年,北方基督徒社会工作者协会;1971 年,全美临床社会工作者协会联合会;1966 年,全美医院社会工作主任协会等。20 世纪 70 年代,社会工作行业才大规模地推行依法管理,更多的州才开始制定社会工作登记法和证照法。这是美国社会工作高度专业化的一个标志。1960 年,美国"持证社会工作者协会"成立,到 1996 年,持"合格社会工作者证书"的有 54 153 人。1995 年,美国各地都制定了管理社会工作的法规,但是管理形式因地而异,差距很大,且只有 16 个州认可本科生在境内从事普通社会工作。1995 年,经社会工作教育委员会鉴定合格的本科院系 387 个,硕士研究生院系 117 个,共有 5 500 名教师、57 000 多个学生,56 所学校设有博士点,约有 2 000 多个博士在读。本科生教育培养普通社会工作者,学习内容是广泛的基础课程。研究生教育用半年至 1 年时间学习基础课程,用 1~1.5 年时间学习高级专业实务课程,并提供如临床实践、政策研究和社会工作行政等专业方向,如青少年社会工作、老年社会工作等。博士生教育主要是培养学术人才,从事教学和研究,不从事直接的社会工作实践。

总之,在西方国家的职业体系中,社会工作从业人员与医生、律师等一样,专业素质都比较好,有较高水平的专业知识和技能,能够独立处理助人工作中出现的棘手问题,其专业声誉、社会地位都比较高。大部分社会工作从业人员都是政府或非营利机构的雇员。

2. 社会工作专业方法的确定

18 世纪中期,受宗教理念影响的"友好访问员"不但向贫困家庭提供物质帮助,而且还向他们提供各种建议,如在生计、子女教育、选择经济实惠的住房等方面实施劝告。在实践过程中,他们逐渐积累起了有关助人的知识和技巧。另外,19 世纪末 20 世纪初,英美民间的各类社会服务组织与机构在向失业人群、贫民提供帮助的过程中,也积累了一些工作经验、知识和技巧。这些知识和技巧在社会工作教育与训练中不断地被传接下来,传递给服务资历和经验较少者。

1898 年,玛丽·里士满出版了《贫民中的友善访问》一书,该书开始对社会工作实践经验进行理论化总结。1917 年她的著作《社会诊断》认为,友善访问员就像内科医生一样,要运用"研究—诊断—治疗"的科学方法去助人。后来,她又发表了《什么是社会个案工作》,从此社会个案工作作为一种专业方法被社会工作者普遍接受。

自 20 世纪 20 年代开始，小组工作也被纳入社会工作训练课程，研究者也积极地投身到小组工作方法的科学梳理和理论发展当中来，到 20 世纪 40 年代，小组工作作为社会工作的专业方法被接受。社会工作的专业方法得到进一步加强。另外，社区工作作为一种专业工作方法也逐渐发展起来。起初它只是一种服务于个案工作的间接方法，后来，社区工作者形成了自己的专业团体，并运用自己的专门知识去解决社区中的问题，到 20 世纪 60 年代，社区工作已经被正式承认为社会工作专业的一种基本方法。20 世纪 70 年代，社会行政作为一种间接的工作方法被接受。这样社会工作就成为一个有系统的服务体系、有较为稳定的具备一定专业方法和技巧的社会工作者队伍、追求服务质量与效果的现代专业性社会工作。

3. 社会工作目标取向的变化

社会工作的目标取向随着社会工作的深入发展发生了转变，即由"治疗型"、"救助型"目标取向转变为与"预防型"、"发展型"目标取向相混合的样态。专业社会工作发展初期，工作者直接面对的是已经出现问题的个人或家庭，往往扮演着补救者或治疗者的角色，任务就是诊治受助者。社会工作者认为问题之所以会出现，就是因为服务对象哪里出了毛病，所以要帮助其解决问题，就像医生面对病人一样。社会上的贫困、失业、老人、流浪儿童等困难群体之所以需要救助，就是因为这些群体的生存状态是不正常和有问题的。这就形成了社会工作的"治疗"和"救助"倾向。

随着社会问题的不断涌现和复杂化，社会工作者愈发感到单纯的治疗型社会工作十分被动，而且治疗型社会工作把服务对象看得过于被动也不利于问题的解决。于是，如何激发和发展服务对象的能力，使其与社会工作者一起去解决问题就成为社会工作者需要考虑的问题。此外，社会工作者也希望通过工作和服务对象的发展去预防问题的再度出现，于是，预防也就成为社会工作的一种工作取向。

这样，社会工作就走出了单纯地以治疗、救助为主的旧的目标取向，转变为"治疗—预防"、"救助—发展"这种新的社会工作目标取向。社会工作不但关注现有问题的解决，而且特别注重从预防和发展的角度开展工作，这就使得社会工作的目标追求提高到一个新水平。

4. 社会工作理论派别的形成

社会工作是用科学的方法帮助人的职业，它属于应用社会科学。由于现代社会工作并不是只靠个人经验就可以奏效的专业性活动，因此，理论知识在其发展中具有重要的意义。

最初,社会工作只是实干家的实践,缺乏对理论的关注。社会工作关心的主要是细致的、帮助人的方法,而对指导这些方法的理论缺乏重视和认识。这一方面是因为对社会工作的实务品格的误解,另一方面是对实际工作缺乏理论化的总结。社会工作对理论的关注来自系统的教育培训和对自己的专业性的证明。最初,社会工作的理论只是被动地借用其他学科的理论,特别是心理学、社会学的理论。后来,社会工作也在注意发展自己的理论,包括实践理论和一般理论。这样,社会工作的理论体系就包括社会哲学层面的宏观理论、针对某一问题的中观理论和实践层面的微观理论。这些理论吸收了社会哲学、社会学和心理学学科的理论,结合社会工作的实践,形成了多样化的理论,这些理论对社会工作实践给予解释,并对其发挥指导作用。

第三节 近代以来中国社会工作的萌芽与发展

社会工作是工业化、城市化和现代化的产物。由于我国一直以来是个农业大国,工业化、城市化和现代化水平不高,社会生活中的贫穷问题以及人们的认知与心理问题相对说来就不是很突出,又由于我国长期以来深入细致的思想政治工作的成效使得各种社会问题基本上得到了较好的解决,因此,以助人为业的社会工作在我国几乎没有萌发的土壤与空间。直到20世纪80年代,随着中国现代化进程的加快,社会中才生长出了社会工作萌发的土壤与空间。直至今天,社会工作在政府的推动下已经在我国得到了长足的进展,社会工作表现出政府有力推动、社会机构积极探索、社会工作学校教育率先发展、行政性社会工作与专业社会工作同时并存、专业社会工作不断发展的特点,其未来发展的前景是广阔的。

一、社会工作学科的引入与社会工作教育和学术的发展

19世纪中期以来,受外国资本主义列强入侵及本国民族工业发展的影响,我国开始进入近代社会。帝国主义列强在加紧对中国进行经济、文化侵略的同时,还把西方基督教教义带入并广泛传播,且由宗教事业推广到了“慈善”事业和文化事业中来,在我国开设教会学校,并选送出国留学生到国外学习。朱友渔就是中国赴美留学生中最早进行社会工作研究的人,他于清宣统三年(1911年)在哥伦比亚大学社会学系获得哲学博士,其博士论文为《中国慈善事业》,回国后曾在上海圣约翰大学任社会学教授。与此同时,美国教授D. H.葛尔溥在上海私立沪江大学创立社会学系。

1922年,北京燕京大学社会学系创建,该系有理论社会学与应用社会学两个学科,注重培训社会服务专业人才。1925年该系改称“社会学与社会服务

系",仍侧重于实际应用方面,开设了"个案工作"、"精神健康社会工作"、"团体工作"、"社会行政"等 14 门课程①,为各社会服务机关、团体培养社会福利工作者。南京金陵大学在 1948 年以前设立社会工作组,隶属于社会学系。1946 年在世界联合国善后救济总署社会工作组的支持与帮助下,拨给金陵大学社会工作组相当数量的物质,支援了不少师资,培养了十余名社会工作研究生,又于 1948 年单独成立了社会福利行政系,招收了社会工作本科生,成为中国唯一的、独立的社会工作系。其他如苏州东吴大学、金陵女子文理学院、复旦大学、山东齐鲁大学、北京清华大学、辅仁大学等许多大学,也都有社会工作、社会福利行政等课程的设置。

在这一阶段,一批重要的社会工作研究成果相继问世,如胡均的《社会政策》、马饮冰的《都市政策论》、马君武的《失业人及贫民救济政策》以及由北京中国义赈总会编辑出版的《科学方法之救灾述略》等。不少学者还进行了城乡的实地社会调查,写出了一些对中国社会工作学科产生较大影响的著作,如中鼎鄂的《北平一千贫民之研究》、麦绩曾的《北平娼妓调查》、严景耀的《北平犯罪之社会分析》、许世廉的《社会计划与乡村建设》、柯象峰的《中国贫穷问题》、陶孟和的《社会与教育》和《社会教育》、李景汉的《中国农村问题》等。② 同时,一批介绍英美等国家社会事业状况的著作陆续被翻译出版,关于十月革命以后苏联社会事业迅速发展状况的书籍也被介绍到中国来。

1952 年的"院系调整"取消了社会学系和社会福利行政系,从此社会学和社会工作的课程在大学里消失了。社会工作的专业教育和研究实际上被中断,结果使专业化的社会工作一直未能得到发展。我国社会事业的发展逐渐转为缺乏学科指导的艰难摸索,我国的社会工作也变为缺乏专业规范的、以政治性、政策性和伦理道义性为取向的工作。

1981 年由费孝通指导和主持,在组织编写《社会学概论》的过程中,决定在书中增写"社会工作"作为独立的一章,开了我国恢复社会工作教育的先声。随着上海大学、北京大学、南开大学、中山大学、人民大学、山东大学等先后建立起社会学系,在相关的教学计划中也开设了社会工作的课程,如个案研究法、民政概论、劳动问题、人口问题、社会保障等,以适应一部分本科生和研究生(包括硕士和博士)的需要,培养学生从事社会工作,使他们具有研究和解决社会问题的能力。

1985 年,北京大学社会学系向国家教育委员会提请设置社会发展计划与管

---

① 吴桢:《试论社会工作的职业化专业化》,载《江海学刊》1989 年第 3 期。
② 张乐天主编:《社会工作概论》,华东理工大学出版社 1997 年版,第 29 页。

理专业。1986年,国家教委同意社会学系增设社会工作与管理专业,也就是在专业教育方面,得到了国家的重视和肯定,这就为恢复中断近30年的社会工作专业教育创造了前提条件,从而填补了社会工作教育的空白,一定程度上弥合了社会工作人才的断层。随后,中国人民大学、吉林大学、厦门大学等高校也相继开办了社会工作与管理专业。社会工作教育又正式纳入了学科化的发展轨道,社会工作专业也由此在我国重新得以确立。进入20世纪90年代以来,共青团中央、全国妇联、民政部系统所属院校相继建立社会工作系,各地区教委所属的、部门所属的院校也开设社会工作课程,开始开展社会工作专业教育和培训。1991年民政部牵头成立中国社会工作者协会,1994年我国社会工作院校成立中国社会工作教育协会,1999年12月中国社会科学院社会学研究所社会政策研究中心正式成立。

20世纪90年代以来,有关社会工作、社会福利的学术会议频繁召开,主要有北京大学社会学系与亚太区社会工作教育协会合办的“亚太地区社会工作教育研讨会”(1988);中国民政理论和社会福利研究会与香港社会服务联会合办的第一次“中国内地及香港迈进九十年代的社会福利发展”研讨会(1990);中国社会工作者协会和民政部社会工作教育研究中心合办的“九十年代的中国社会工作”研讨会(1992);中国社会工作者协会与香港社会服务联会合办的“中国内地及香港福利发展第二次研讨会”(1993);中国社会工作教育协会等与亚太区社会工作教育协会合办的“亚太地区社会工作教育的趋势”研讨会(1994)等。许多研讨会都出版了以社会工作为主题的论文集。此外,较有影响的学术会议还有:由中国社会工作者协会京伦家庭科学中心与中国青年政治学院于1994年10月在北京共同主办的“家庭与下一代”国际研讨会,民政部社会福利与社会进步研究所和英国发展研究所于1996年9月在北京联合举办的“中国社会福利体制改革国际研讨会”,1998年由中国社会科学院社会学研究所、中国家庭文化研究会、中国社会工作者协会京伦家庭科学中心在北京联合主办的“98家庭与社会保障国际学术研讨会”等。国际性的社会工作学术交流,开阔了我国社会工作者的研究视野,有助于他们了解世界社会工作专业的最新成果和发展动态,有效地促进了国内学术的发展。此外,在一部分大陆社会工作者到欧美等国家大学的社会工作学院学习和交流的同时,被国内所接待的国外社会工作者团组也呈增加之势,中外学者之间的相互考察和交流,既扩大了中国社会工作专业的影响,也为中国的社会工作学科带来了新的信息和经验。

中国社会工作专业教育的恢复和发展已有10余年时间。据不完全统计,截至2006年3月,全国获得教育部门批准或备案的社会工作本科专业的院校数为150多所。2003年6月1日《上海市社会工作者职业资格暂行办法》开始施行,

2006 年上海制定了《社会工作职业工资指导标准》,2004 年 6 月 15 日国家劳动保障部正式颁布《社会工作者国家职业标准》,2006 年 7 月 20 日人事部、民政部印发关于《社会工作者职业水平评价暂行规定》和《助理社会工作师、社会工作师职业水平考试实施办法》的通知,2007 年 12 月 21 日由民政部正式发布《全国助理社会工作师、社会工作师职业水平考试大纲》,2008 年 6 月全国首次社会工作者职业水平考试在各个省会城市的某些大中专院校统一进行。

二、社会工作组织的形成及服务活动的开展

美国教授 D. H. 葛尔溥于 1917 年主持创立了"沪东公社",在上海杨树浦一带的工人社区从事社会服务工作,涉及职业指导、职业介绍、卫生运动、个人家庭改良和宗教活动等工作。这是最早的由外国人创办的社会工作组织。随着现代意义的社会工作在我国萌生,与社会工作相关的专业团体也相继成立。1913 年 11 月由北京青年会的积极分子发起,以社会服务为宗旨,成立了北京"社会实进会"。1919 年 11 月北京"青年实进会"创办旬刊《新社会》,由郑振铎、瞿秋白、耿匡、瞿世英、许地山等负责编辑和撰稿,发表了一批有关改造社会、提倡社会服务、讨论社会问题、介绍社会学说、研究贫民教育、述写社会实况等方面的文章。此外,还有北京社会学会、中华教育文化基金董事会社会调查部等团体介入了社会工作的推广。

20 世纪 20～30 年代,先后有 600 多个团体参加"乡村建设运动"。其中较著名的有:晏阳初的定县平民教育试验区;陶行知的南京晓庄试验乡村师范学校和江苏宝山师范学校;梁漱溟等人创立的河南村治学院及山东邹平乡村建设研究。此外,清河实验、山西村治、浦东公社、赣南建设等也都是通过改造乡村社区以促进社会变迁的活动和组织。这些活动和组织都旨在推行乡村建设运动,志在复兴中华民族的文化,恢复民族自尊心,重视农民教育,以乡村自救运动推动社会发展。这一运动可以看做是我国现代社区发展和社区服务事业的一个开端,并取得一定成绩,对专业社会工作的发展也有一定的贡献。但限于社会历史条件,此运动也只对社会起到了一些修补的作用。

社会工作实务为维护当时的社会稳定及巩固国民党的统治发挥了一定作用。与此同时,专业社会工作在我国也有所开展,如北京协和医院在 1925 年成立了社会服务部,开展医务社会工作,并将其方法传到上海、广州、重庆等地的医疗机构和福利机构,主要进行养老、收养孤儿、育婴、施医、贷款、济贫、习艺等救济工作,主要有工赈、商赈、开办粥厂、兴修水利工程、治蝗等救灾项目。1928 年以后全国各级政府设立了民政机构。该机构根据中央内务部民政司的有关条例,成立了各种救济机构及慈善团体。内务部的民政司主管赈灾、济贫和慈善事务。1931 年淮河流域发生水灾,国民党政府设置了救济水灾委员会,具体办理灾区救济事宜。1938年成立了赈济委员会,1940年将其改为社会部并隶属于行政院,其职责范围包括社会救济、社会福利、社团组织、社会运动、社会服务、劳工及合作行政等。1942年行政院颁布省社会处组织大纲,规定各省政府设立社会处,县市设社会科,从而建立起了较为完备的社会行政体系。

同样的,在20世纪20～30年代,在中国共产党所创建的革命根据地及解放区,人民政府以全心全意为人民服务为宗旨,依靠人民群众,开展拥军优属、拥政爱民、支援前线、社会教育、社会改造、社会救济、社会服务,取缔娼妓、赌博和缠足,禁烟禁毒,解决盐、米、房子、穿衣、生小孩等群众的生产和生活问题。在战争的年代里,根据地人民在党和政府的领导下,在解放区救济总会(中国人民救济总会的前身)等部门的具体指导下,在生产救灾、社会救济、战地服务、拥军优属等方面做出了很多成绩,并通过群众路线的社会工作方法,为人民谋福利,促进了革命根据地和解放区的安定团结,推动了革命事业的胜利发展,为夺取革命战争胜利做出了不可磨灭的贡献,也为新中国的社会福利工作创造了有益的历史经验。

1931年11月7日在江西瑞金召开了第一次全国工农兵代表大会,成立了中华苏维埃共和国临时政府。苏区政府非常重视优抚和拥军优属工作。1931年颁布了《中国工农红军优待条例》、《红军优抚条例》、《优待红军家属条例》、《优待红军礼拜六条例》。1932年通过了《关于组织抚恤委员会的训令》。1933年通过了《优待红军家属耕田队条例》。1950年,中央有关部门陆续制定了《革命军人牺牲病故褒恤条例》等5个优待抚恤条例。1951年2月,政务院颁布了《中华人民共和国劳动保险条例》等。1952年以后,党提出"生产自救,群众互助,以工代赈,并辅之以必要的救济"的总方针。另外具体措施有:调粮救灾、公粮减免、抢救疫症、组织移民、整顿义仓。还在全国开展了"发动一两米救灾运动"、"募集寒衣运动"等互助互济的社会运动。在农村,国家通过土地改革使农民获得了土地,又通过互助合作运动逐步建立了一定规模的集体所有制经济,从而分得了生活资料。在集体经济发展的基础上,从全体社员创造的收入中提取一定的"公益金",兴办一些集体性质的福利事业,如"五保"制度和其他扶贫救济制度。这些法令和措施对保障劳动者的基本权益,调动广大职工建设社会主义的积极性,起到了巨大的促进作用,也为新中国社会工作的发展积累了宝贵的经验。

20世纪90年代,我国出现了一些较专业的社会工作机构,如"中国康复研究中心"。与此同时,一些民间社会工作服务机构,如热线电话、咨询服务中心等相继建立,它们尝试用社会工作的专业方法开展服务。志愿者服务队伍也在不断扩大,我国社会工作的发展呈现出前所未有的繁荣景象。我国非政府组织也迅速崛起,据民政部统计,截至 2000 年底,我国各种社区服务志愿者组织达 6.6 万个,志愿者 377.2 万人。此外,还有一大批其他民间非营利组织、事业团体、宗教组织,在反贫困、公益事业、慈善事业等领域发挥着越来越重要的作用。这些非政府组织的机构成员,应该说多数是专业社会工作者。

思考题

1. 请简述西方传统社会的社会互助思想。
2. 请简述中国传统社会的社会互助思想。
3. 请简述西方工业化时期社会工作活动的起源及模式探索。
4. 请简述西方工业化时期社会工作专业的形成与发展。
5. 请简述中国社会工作学科的引入与社会工作教育和学术的发展。
6. 请简述中国社会工作组织及服务活动。

第三章　社会工作价值与专业伦理

　　大多数社会工作者每天都会遇到必须做出伦理抉择的事。一些人有机会思考所有的可能性,或许还能与同事讨论,或者咨询专家。但是常有的情况是,社会工作者,甚至社会工作学生,在必须做艰难的伦理抉择的时候无所依傍,他们不能延缓做决定的时间,因为面临的问题刻不容缓。他们对要采取的行动充其量也只有几小时或几天的考虑时间。这样,学习和掌握做伦理抉择的方法和技巧就显得尤为重要。

第一节　社会工作价值观及其澄清

　　社会工作价值观是与社会工作的发展密切联系在一起的。传统社会中的社会救济,其所秉持的价值基础是怜悯,是与慈善联系在一起的,并没有将帮助弱者视为社会应尽的责任,而是将其看做富人对穷人的施舍,而且施予的多是物质上的帮助。现代社会中的社会工作,其价值理念发生了根本的变化,对社会弱者的支持和帮助被视为社会和政府应尽的责任,而且除了对社会弱者以外,社会工作的对象还包括那些需要自我发展和自我完善的个体或群体,它的宗旨是促进社会和谐与公正的实现。

一、社会工作价值观的含义

　　1. 价值观

　　价值观就是指选择好的和想要有的行为的指南或标准。价值观不仅仅是偏好,还是感到或认为实属正当的偏好。价值观因主体不同而有个体价值观、群体价值观和社会价值观之分。一般而言,无论在任何社会中,大多数人在大多数时间里都会赞同社会核心的价值观。

　　2. 社会工作价值观

　　社会工作价值观,是指一整套用以支撑社会工作者进行专业实践的哲学信念。具体而言,社会工作价值观以人道主义为基础,充分体现了热爱人类、服务人类、促进公平、维护正义和改善人与社会环境关系的理想追求,激励和指导着社会工作者的具体工作。虽然世界各个国家和地区具体的社会工作实践各有特点,但对社会工作者来说,这样的终极理想和追求都是一致的。在我国,社会工作价值观总体上与我们国家当前以人为本、构建和谐社会的社会发展理念也是相符的。

但是,价值观不是抽象的文字,它包含着能够指导社会工作实践的具体内容。社会工作研究的核心是人类行为与社会环境之间的关系,实践目标是维护社会公平和正义,恢复和增强人们的社会功能,帮助人们妥善利用各种社会资源,积极主动地适应社会。因而,作为专业信念的社会工作价值观必须建立在当时当地政治、法律、经济和社会福利制度所体现的社会主流价值观,以及传统文化对社会环境的影响之上。西方发达国家的政治、经济和社会制度与我国相比都有比较大的差异,这就意味着我国在推进社会工作职业化过程中不能简单或全盘照搬西方社会工作价值观。

3. 国际上认同的社会工作价值观

目前,国际社会工作界把社会工作价值观归纳为以下六个方面:[①]

(1) 服务。社会工作者应当超越个人利益为他人提供专业服务。

(2) 社会公正。社会工作者追求社会变革,特别是与弱势群体一道工作,并代表他们寻求社会变革。

(3) 个人的尊严和价值。社会工作者对每一个人都给予关心和尊重,意识到个体的差异和文化及种族上的多元性。

(4) 人与人之间关系的重要性。社会工作者认识到人与人之间的关系是重要的变革工具。

(5) 诚信。社会工作者始终意识到专业的使命、价值观、伦理原则和伦理标准,并用与之相适应的方式开展实际工作。

(6) 能力。社会工作者不断致力于增进专业知识和技能,并将它们运用到实际工作中。

4. 我国的社会工作价值观

我国的社会工作是依据我国国情,并在借鉴西方社会工作价值、理论和方法的基础上发展起来的。我国社会工作职业化是在执政党和政府直接领导和推动下开始起步的,加上传统文化对当代社会的影响因素,使得我国社会工作价值观的内容必然有自己的特色。在吸收国际社会工作发展成果的基础上,根据我国构建和谐社会的需要和当前社会工作的发展特点,在社会工作价值观建设方面还应当注重以下内容:

(1) 强调社会和谐。个人的价值和尊严应当建立在人们共同发展过程中的平等尊重、相互支持的基础上,应体现在密切的社会关系之中。基于文化传统和

---

① 王思斌主编:《社会工作综合能力》(中级),中国社会出版社 2007 年版,第59～60页。

社会政治制度,相对于西方社会对个人尊严和自由的推崇,我们应该更强调社会和谐。

(2)保持家庭和谐与稳定。西方文化注重个人自由,我国传统文化和现实的社会生活比较注重家庭的价值。因此,相比较西方强调人们的个人尊严和权利,我国应更加强调家庭成员之间的彼此宽容、相互支持和相互依赖。

(3)注重服务的"人情味"。"人情味"是我国传统文化中很有特色的内容。它以"仁爱"为基础,体现了我国人民自古以来就重视社会交往中的情感支持和情感依赖。当前,在以理性和社会责任为基础的民主建设中,"人情味"将会是当代人类关系特征的重要补充。社会工作关注人的感受,关注人类关系,就不能不重视"人情味"在我国社会工作价值观中的作用。

(4)要重视道德建设。我国是礼仪之邦,是道德社会,特别注重道德的力量。当前中共中央提出的"八荣八耻"不仅是对道德进行考量的尺度与标准,也在一定程度上反映了我国当前社会主流意识形态,其价值核心也应当成为社会工作价值观的基础之一。

(5)应体现社会发展的要求。经济社会协调发展是我国社会当前重要的目标,社会工作价值观也应该对此有所反映。社会工作价值观会随着经济与社会发展、社会意识形态的发展变化而适当调整。要立足本土、着眼发展,才能满足不断出现的新的社会需求和问题。要避免陷入追捧个人利益至上的个人主义和过分注重眼前利益的实用主义。社会工作价值观不仅是社会工作专业的重要构成部分,同时也是构建社会主义和谐社会过程中公民道德建设的有效补充。

二、社会工作价值观体系

社会工作价值观体系大体上有四个层次:第一层次是社会价值,它是社会工作所处的那个社会整体所崇尚的基本价值,社会价值对社会工作的存在和发展具有特别重要的意义,它对社会工作的目标、理念、工作态度和工作方法等有着指向性的作用,如社会主义国家的人道主义精神、"三个代表"重要思想的政治价值追求以及"和谐社会"的社会价值理想等。第二个层次是目标价值,它是某社会工作为了实现社会价值,根据自身的特性所提出的要求和所要达到的目标,如在某个社会工作中个人价值和社会价值协调统一的目标等。第三个层次是专业价值,也称为社会工作的手段价值。如果说社会价值和目标价值都因具有特殊性而不可能被普适的话,那么社会工作的专业价值,也即手段价值则因其具有一般性而具有普适的可能。它包括社会工作者对工作的投入、服务对象的自决、对服务对象的尊重、对服务对象的接纳和对周边社会关系与资源的有效利用等五个方面的内容。第四个层次是职业道德,即社会工作职业守则,是社会工作者从事专业活动的行为准则,它不仅规范社会工作者的言行举止,还成为社会工作者提供专业服务时的根本依据和权威,而且还用它来评判服务实施的效果。

三、社会工作价值理论

所谓的社会工作的价值理论,是针对社会工作价值体系中的"专业价值"所形成的各种价值知识架构的总称,包括临床实用主义价值理论、人本主义价值理论、应变论的价值理论、宗教价值理论等。临床实用主义价值理论认为,社会工作者的主要责任是提供高水平的专业服务,提供服务的类型、处理的问题的性质、干预的手法都首先取决于社会,所以,社会工作者个人的价值立场远不像社会价值那么重要。追随这一派观点的社会工作者把关注点放在了对其行为有制裁权的社会价值上,并在工作中遵循这些价值观。人本主义价值理论把理想主义与个人选择机会结合在一起了,认为人的本性在实质上是积极的,对未来持乐观的立场。这一取向强调每个人都有做出对自己有意义的选择的能力、机会和责任。个人自由和责任构成社会生活的基础。自我表达和自我实现被认为是成熟发展所向往的结果。个人身份是每个人理性选择其价值观的结果。对个人和群体实施干预应当优先考虑的是帮助人们获得自我实现,而不是帮助他们学会调整自己,适应现有的社会秩序。应变论的价值理论则认为没有一般的准则,社会工作者必须在每个情境中评估怎样做才对,选择一系列能表明是对所有相关人士有最大的爱的行动。所以,该理论允许用说谎来拯救生命或是防止伤害其他人。宗教价值理论认为,存在着一套人必须去发现的神圣的价值观,存在着任何时候都能指明正确行为的永恒法则。

四、社会工作的价值澄清

价值观在做伦理决定的过程中是一个核心要素。澄清个人和群体的价值观以及社会和专业的价值观的目的,是使个人能更清楚地意识到这些价值观之间可能存在的冲突,以及这些冲突对伦理决定的潜在影响。做伦理决定时要求对价值观的影响保持警惕,以便减少冲突,并协助社会工作者在做出伦理决定时,既能满足当事人的需要,也能保持自己伦理上的廉正。

1. 澄清个人的价值观

社会工作者的个人价值观对于专业实践有重要意义。不能认为社会工作者在为当事人提供服务时可以把个人的价值观放到一边,或者保持价值中立。成为一个专业的从业人员要放弃一些个人的自主,一些自由发挥作用的个人权利,或者压制个人的价值观,即使有可能,但仍然是不甚明了的、有问题的、非常艰难的任务。一般而言,社会工作者个人的文化经历和背景,包括个人的价值观,都会暗中引导他做出伦理上的决定。除非这些能揭示出来,否则偏见和成见而不是专业的价值观和道德会造就专业行为。不管社会工作者运用什么取向,澄清自己的价值观并使之明朗化十分重要。社会工作者必须小心谨慎地审视自己的价值观,清楚界定自己的价值观。例如,如果一个人病得很厉害,将在未来 6 个月内去世,他了解这种情况后,向你(社会工作者)提出协助她自杀的请求。此时,你应认真考虑以下问题:你个人的价值观是什么;认为她有权要求在医生的协助下自杀吗;抑或是认为有了临终关怀照顾,所有病人膏肓的人都应该好好利用去世前的这段时间,寻找重要的人生价值,与家人和好,让这段时间过得有意义;抑或认为在任何情况下都不能赞成协助自杀,尽管临终前的日子十分艰难,也不可放弃生命。

2. 澄清群体的价值观

像所有的人一样,社会工作者从属于一个(或更多)的群体,并从自己的家庭、社区以及专业、宗教和其他与之接触的群体那里生成了价值观。分析个人的价值观体系,部分工作是要澄清自己识别出的那些参照群体的价值观。群体归属和背景很有影响力,常常能对个人的价值观起决定性作用。就像社会工作者不能臆断出自己所属群体的价值观一样,要概括出特定当事人群体的价值观也常常是一件困难的事。社会工作者应该谨记下面几点:

(1) 在社会工作者的价值观与当事人的价值观有可能出现冲突的情况中,有些时候分歧可能缘于当事人是某个特殊群体的成员。

(2) 社会工作者必须小心提防个人的成见。

(3) 专业社会工作者不应该假定自己的当事人一定会有或者追随所属群体的价值观。

能够了解和澄清自己的价值观以及这些价值观与影响自己和当事人的群体的联系,就有机会更好地识别和处理做伦理决定时的价值观冲突。

3. 澄清社会的价值观

社会工作者必须准确了解当前的各种社会价值观,并在评估问题情形和做决定的时候加以考虑。

4. 澄清专业的价值观

社会工作专业的价值观建立在服务、社会正义、个人的尊严和价值、人际关系的重要性、诚信和能力等社会工作核心的价值观基础上。

案例 3-1　价值观澄清

王女士是一位农村小学教师,收入不高。她的丈夫在一家乡镇企业上班,收入也比她高不了多少。他们已经有了 3 个女儿,全家在贫困线以下挣扎。可是,王女士两个月前又怀孕了。一方面,王女士不想再生孩子,因为他们实在是穷得不能再要孩子了,同时,她已经超生,严重违犯了计划生育政策。可另一方面,由于受当地传统观念的影响,他们夫妻二人都觉得不生一个男孩就是一种罪过和耻辱,尤其是对不起家里的两位老人。

问:作为社会工作从业人员,你个人的价值观是什么? 社会价值观是什么? 专业价值观是什么?

五、列维的社会工作价值体系简介

1. 社会工作的社会价值观

(1) 每一个人都应具备身体、情绪和精神的健康。

(2) 每一个人都有公民和法律的权利。

(3) 每一个人都应享有社会福利。

(4) 利他主义——对需要帮助的人给予应有的同情和关心,为他人的利益做出无偿的奉献。

(5) 每一个人或每一个群体既有其独特性,也有他们共同的特性。

(6) 每一个人都有其尊严。

(7) 每一个都应有达到健康、安全的生活条件的机会。

(8) 每一个人都有运用和发展自身能力和潜能的机会。

(9) 每一个人都有接受教育以扩展个人能力和兴趣、爱好的机会。

(10) 每一个人都能尽其所能地得到满意工作的机会。

(11) 每一个人都有隐私权。

(12) 每一个人都能依据他们的需要、喜好和家庭成员以及其他社会成员最大限度地发展令人愉悦的、建设性的、有益健康的相互关系。

(13) 每一个人都有物质、文化和艺术方面的财富和发展的机会。

(14) 每一个人都有参与制定和执行公共社会政策的机会,并在此过程中发展相关的能力。

2. 社会工作的组织和机构的价值

(1) 组织和机构应及时、充分、不带偏见和歧视、民主地执行他们的计划、法规和其他被认可的功能。

(2) 平等地接近所有的人和不同的群体,并告知有关组织和机构所有的服务、计划以及机会。

(3) 平等地接纳所有的人和不同的群体,以便尽可能地提供服务、计划和机会。

(4) 组织和机构应适应人们希望改善的需要,以及寻求机构服务的渴望,通过机构的规章制度或其他认可的责任提供服务。

(5) 公正、周到、适宜以及创造性地利用组织和机构的权威、资源和机会。

(6) 对每一个人给予细致、尊敬的处理和治疗。

（7）组织和机构应尽最大可能让每一个人在服务过程中参与，并通过这种服务影响服务对象。

（8）提供参与地区事务管理和发展的机会。

（9）组织和机构应向服务对象说明机构所有的功能及执行这些功能所应有的规范行为。

3. 社会工作的专业价值

（1）工作重点应放在对人的服务而不是财富的获取和增加上。

（2）公平、周到、适宜、创造性地利用职业的权利、权威和机会去和服务对象发展关系。

（3）向服务对象说明专业功能执行过程中的行为规范。

（4）向服务对象提倡相关的社会和公共政策，关心并影响服务对象功能的发挥。

4. 社会工作的人类服务实践价值

（1）充分、公平、周到、道德、有足够的能力去施行专业服务。

（2）不介意服务对象的辱骂，对服务对象的问题进行研究和探索。

（3）尊重服务对象的人格尊严。

（4）尊重服务对象的隐私权。

（5）诚实并且可信赖。

（6）尽可能让服务对象参与并自决他们自己感兴趣的问题及渴望做的事。

（7）宣传和服务对象需求相关的公共、社会和组织、机构的政策，并且分享服务对象的需要和渴望。

这些都是在西方社会中生发出来的社会工作价值体系，对中国社会也许并不完全适用，我们要探索适合自己的社会工作价值体系。

六、雷默的社会工作价值冲突与选择原则简介

雷默在《社会工作价值和伦理》一书中认为，在对个人和家庭提供直接服务时，存在以下一些比较突出的价值冲突问题：

（1）告诉服务对象真实情况与保护服务对象的矛盾。

（2）法律、法规、政策与治疗目标之间的冲突。

（3）保密和特殊知情权的冲突。

（4）提供服务违反了服务对象的意愿。

（5）结束服务违反了服务对象的意愿。

对上述价值冲突困境，雷默提出了以下解决问题的指导原则：

第一，获得个人行为的必要先决条件比说真话更重要，如在生活、健康、食物、住所、精神平衡等这些最重要的必要先决条件失去时，可以说谎、失信。

第二,获得个人行动的必要先决条件的权利应优先于获得个人自由的权利。

第三,个人自由权利应优先于个人幸福的权利。

第四,个人幸福的权利应优先团体规则。

雷默所建构的价值冲突中选择的原则只是代表他的一家之言,在这个问题上,西方的争论一直都在进行。我国的社会工作实务在面临这种冲突问题时,一定要探讨和总结出适合我国文化价值的选择原则。

第二节　社会工作专业伦理

一、社会工作专业伦理的界定

社会工作专业伦理是社会工作价值观的具体化,制定和颁布社会工作专业伦理标准是社会工作专业化的标志之一。现实、完善的社会工作伦理标准体系可以对社会工作从业者进行有效约束,并指引社会工作实践活动。也就是说,社会工作专业伦理原则为社会工作者提供了指南,使他们能够把专业的价值观转化到专业实践活动中。伦理原则虽然不能描述出专业实践的方法,但是却能帮助筛查和评估实际选择的对与错。专业伦理守则识别和描述出了对专业从业人员伦理行为的期望。

二、社会工作专业伦理的内容

社会工作专业人员像其他专业人员一样,每天凭信心做出许多伦理上的判断。他们并不认为这样的判断有什么困难或是争议。专业伦理守则和常识给了他们足够的指导来应付许多难题。目前,内容最丰富的社会工作专业伦理体系是美国社会工作者协会 1999 年颁布的《美国社会工作者协会(NASW)伦理守则》[①]。该伦理守则包括 6 个大项、51 个小项,细则达 155 条。综合欧美国家和部分亚洲国家以及我国香港、台湾地区的社会工作伦理守则,可以发现,社会工作界对社会工作伦理守则应包含的基本内容是具有共识的。不过在细则方面,各个国家和地区社会工作伦理守则之间有一些差异。这不仅因为各国各地区的社会工作专业化水平不同,还因为法律体系和社会制度不同,而且还有文化上的差异。

社会工作专业伦理可以概括为如下一些方面:

(1)社会工作者对服务对象的伦理责任。主要包括对服务对象的义务、自我决定、知情同意、实践能力、文化能力、利益冲突、隐私和保密等。

(2)社会工作者对同事的伦理责任。主要包括尊重、保密、合作、咨询、服务

_____

① 见书后附录。

的转介等。

（3）社会工作者对工作机构的伦理责任。主要包括督导与辅导、教育和培训、服务对象档案管理、服务对象的转介、行政管理等方面的要求。

（4）社会工作者作为专业人员的伦理责任。主要包括实践能力、个人道德要求等。

（5）社会工作者对社会工作专业的伦理责任。主要包括专业的完整性、评估和研究等方面的要求。

（6）社会工作者对全社会的伦理责任。主要包括社会福利、公众参与、公共紧急事件、社会行动等方面的要求。

三、社会工作专业守则

社会工作专业守则是社会工作者在专业服务活动中应该遵守的一套规则，它是有关社会工作者"应该做什么"和"不应该做什么"的一些最基本的规定。社会工作是社会工作者的积极的助人活动，在社会工作过程中，社会工作者的积极的、创造性的工作十分重要。但同时，社会工作者又是在一系列约束之下开展助人活动的。例如，社会工作者应该在法律框架下开展活动，应该遵守法律，接受法律约束。同时，社会工作者还要受一系列行业规定的约束，在社会工作界认可的规则之下开展服务活动，这些行业规定就是社会工作专业守则。实际上，社会工作专业守则是社会工作界共同制定的、社会工作者在专业活动中应该遵守的、处理各方面关系的规定。由于社会工作在世界范围内有比较强的专业共识，所以，虽然各国社会工作守则可能有所差异，但是，它们大体上是一致的。社会工作专业人员守则主要包括以下几个方面内容：

（1）尊重服务对象的权益。

（2）严守服务对象的秘密。

（3）公平服务大众。

（4）重视同事的工作。

（5）共同执行守则。

（6）恪守公私分明。

（7）信守机构政策。

（8）充实社会工作知识和能力。

（9）促进专业发展。

（10）约束不当行为。

（11）增进公众福利。

（12）维护社会正义。

我国的《社会工作者守则》的详细内容见附录。

第三节 社会工作的伦理决定过程与方法

伦理决定本身是一个实践过程，或者是持续一段时间的系列思考和活动。伦理决定可以一步一步地循序渐进，直到最后做出决定。那种认为伦理决定是只有一个人参与做决定的过程的观点是错误的，可能会有许多人参与了做决定的过程，但整个过程是只有一个人负责做决定，许多人提供信息，对评估给予反馈，提出其他选择，或者改变环境，这些反过来又改变了伦理决定所依据的数据资料，或者是所做决定的性质。尽管伦理的决定太复杂，无法形成简单的"菜单式"问题解决模式，但要了解伦理决定都是些什么，还是有必要有些模式的。

一、伦理决定的通用决策模式

之所以称为通用决策模式，是因为该模式可以用于许多不同的情况。但这一模式的前提是，社会工作者能够理性地计划干预人们所处的情境需要做些什么，以及想要采取有目的的行动是什么，把非理性的、冲动的、没有计划到的后果降到最低限度。该通用模式共有如下 11 个前后相继的步骤：

（1）识别问题和问题未得到解决的原因。

（2）识别涉及这一问题的所有人和机构，包括当事人、专业人员、支持系统、受害者和其他人等。

（3）决定谁应该参与做决定。

（4）识别第二步找出来的人与当前问题有关的价值观，包括当事人和工作者的价值观。

（5）认定你认为一旦实现就可以解决或减少问题的目的和目标。

（6）识别可供选择的干预策略和干预对象。

（7）就认定的目标评估每个选择的效果和效能。

（8）挑选最适合的策略。

（9）落实挑选出的策略。

（10）检查落实情况，特别注意没有预料到的后果。

（11）评估结果并识别额外的问题。

二、社会工作中的伦理难题

尽管社会工作专业价值观和专业伦理标准可以在书面上表述得准确无误，但是，在实践中如何应用这些价值标准来指导专业行为则并非易事。原因在于：一方面，以服务对象利益优先为目标的社会工作专业伦理与所在社会时下的社会伦理以及社会工作者个人的伦理往往并不完全一致；另一方面，人的行为并不能总与其价值观保持一致，很多时候社会工作者知识和能力的不足也会影响专

业伦理的遵守。同时,人的非理性行为也会与社会工作专业价值和伦理产生冲突。常见的社会工作伦理难题有以下几类:

1. 保密问题

有效保护服务对象的隐私使其不受伤害,是社会工作伦理的基本原则,但有时并不容易把握。例如,在学校或福利院中,你的服务对象偷偷告诉你,他亲眼目睹了另一个男孩打骂欺负一个女孩,而这一男孩也清楚只有你的服务对象知道此事,并威胁你的服务对象不准告发他。于是,服务对象对你述说后叮嘱你不能向外人透漏此事。你该怎么办?专业价值观要求你维护社会正义,为了防止受害者再次受到可能的伤害,你应当向有关人员或部门报告此事,但这样的结果可能对你的服务对象造成不良的后果:他可能不再信任你,以至于不再信任任何人;他可能遭到报复;他因"告密"行为可能不再受交往圈中其他人的欢迎等情况。而按照服务对象利益优先的原则,你不能透露对服务对象不利的信息。所以,你很可能陷入困境。除此之外,在行政干预、司法干预和研究需要等方面,都可能遇到让社会工作者难以决断是否应当透露服务对象隐私资料的情况。

2. 情理法问题

我国传统文化中十分重视人情世故,人的成熟与否不见得是指拥有多少知识、为社会做出了多少贡献、是否结婚生育等,而往往将是否熟谙人情世故作为衡量的标准。所谓"情",包括亲情、友情、爱情、师生情、同事情等基于血缘和社会交往产生的感情。所谓"理",此处指社会工作专业伦理。"法"即指法律和法规。在实践中,情、理、法之间经常发生冲突。例如,一对夫妇由于情感不和,长期分居,但由于孩子年幼,双方勉强维持着婚姻。最近,丈夫发现妻子有了外遇,就立刻提出离婚,因为根据法律,丈夫可以在离婚时分得更多财产。而妻子反对离婚,理由是对孩子成长不利。他们请求社会工作者帮助。如果你是负责此事件的社会工作者,你会支持妻子正常的情感需求,还是支持丈夫基于法律的正当离婚要求?对儿童的利益你将如何关注?

3. 价值中立还是价值介入

所谓"价值中立",是指社会工作者在提供服务过程中不强迫服务对象接受专业价值观和个人价值观,也不赞同服务对象的个人价值观。而价值介入则是指社会工作者应当在维护服务对象权益的前提下劝说或主动影响服务对象接受专业或个人价值观,以便提高服务效率或改善服务效果。虽然社会工作本质上是一种道德实践,要求社会工作者把维护社会公平和正义放在首位,但在具体工作过程中常常不容易做出伦理选择。坚持价值中立的工作者认为,自决原则和不评判原则就表明了服务对象受到了充分尊重。但是,坚持价值介入的工作者认为,社会工作者不应当把自己当做机器,尤其是服务对象迫切需要社会工作者给予价值支持的时候,更应当尽其所能地履行专业职责。例如,儿女因为工作繁忙没有时间照顾患了慢性病的老父亲,就将他送进了老年公寓。你是这位老人的社会工作者,在老年公寓,这位老人向你哭诉了自己想回家的想法。而你的家中正好也有类似的困难,正想把自己的老父亲送进老年公寓。在这个时候,你该如何做,是中立还是介入?

4. 个人利益和社会责任

人们的个人利益总是与其社会责任存在差距,不过多数情况下不至于产生严重冲突,但是有时也很难决断。例如,社会工作者在工作日的早晨,发现 3 岁的女儿发高烧,病情看来很严重,丈夫出差在外地,而家中又无其他人可以帮忙,而自己已经提前约了服务对象当天上午要进行一次非常重要的面谈。面对这种困境,她该怎么办?

5. 自决原则和知情同意

自决原则和知情同意只适合那些与服务对象利益攸关的选择和决策。社会工作者任何利用这个原则牟取私利的行为都应禁止,不管服务对象是否出于自愿。例如,任何情况下都不能接受服务对象的性暗示和性要求,不得与服务对象发生性关系。但是,有些事情并不这么简单,如近年来关于安乐死的争论,社会工作者是遵守法律禁止对病人实施安乐死还是支持濒临死亡的服务对象接受安乐死的意愿? 还有,服务对象反复恳求社会工作者代替他们做决定,而社会工作者根据自己的知识和能力也确实可以判断出自己的决定优于服务对象的决定,而决定的后果也不涉及重大利益,是否就可以打破服务对象自决原则?

三、伦理决定的适用方法

在社会工作实践中,社会工作者并不总是面对有好有坏的"简单"选择。相反,他们常常会遇到好几个选择,每个都是有得有失,在这样的情形下,老练的社会工作者会评估和掂量所有的选择及其后果,然后挑选出看来最合乎伦理的决定。社会工作者是怎样才能知道哪个选择"最合乎伦理"呢? 一般情况下,可以应用伦理评估筛查法(见图 3-1)、伦理准则筛查法(见图 3-2)和伦理原则筛查法。

(1)伦理评估筛查法用于帮助社会工作者进一步澄清和整合在社会工作实践中做决定时涉及的伦理问题,它提供了一系列要系统解答的问题,能让人一步一步地思考伦理决定中涉及的重要因素,以便得出深思熟虑的、审慎的伦理决定。该方法往往适用于社会工作者要从较多个较适宜的伦理标准中挑选一个标准时的情境。

(2)伦理准则筛查法就是在进行伦理决定时首先按照我国的《社会工作者守则》中的伦理准则进行伦理决定,它适用于社会工作者在进行伦理决定时有明

识别出你个人与这一伦理难题有关的价值观

识别出与将要做出伦理决定有关的社会价值观

识别出与此有关的专业价值观和伦理

你能做些什么使个人、社会和专业的价值观之间的冲突减少到最低限度？

找出你能有的伦理选择

哪个选择可以最大限度地保护你的当事人和其他人的权利和福祉？

哪个选择有可能最大限度地保护社会的权利和利益？

你能做些什么使当事人、其他人和社会的权利和利益之间的冲突减少到最低限度？

你选择什么可能会带来"最少伤害"？

在多大程度上所做的选择可以既有效率、效果，又合乎伦理？

你是否考虑和掂量过短期和长远的伦理上的后果？

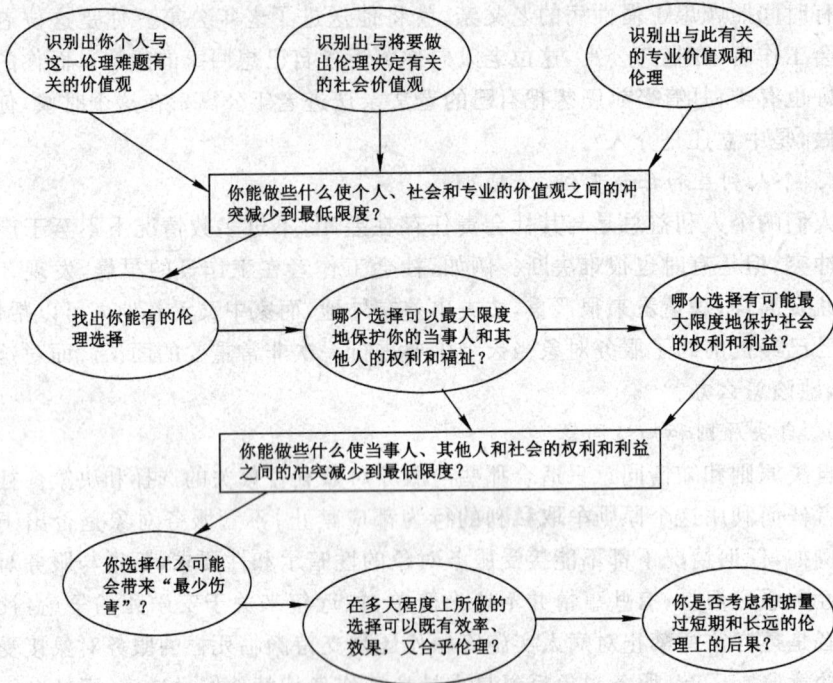

图 3-1　伦理评估筛查法

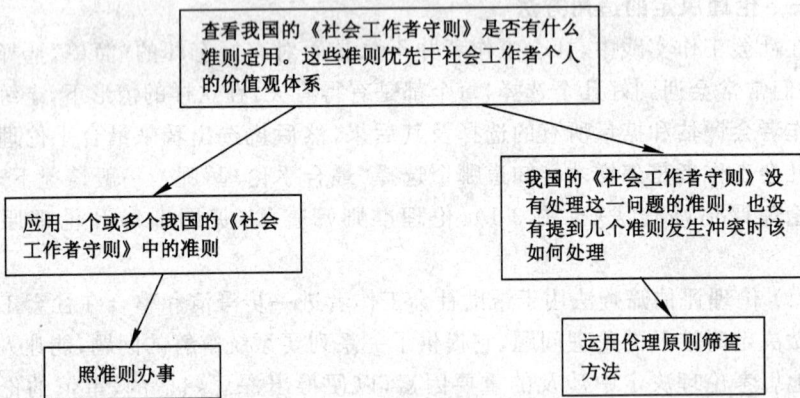

查看我国的《社会工作者守则》是否有什么准则适用。这些准则优先于社会工作者个人的价值观体系

应用一个或多个我国的《社会工作者守则》中的准则

我国的《社会工作者守则》没有处理这一问题的准则，也没有提到几个准则发生冲突时该如何处理

照准则办事

运用伦理原则筛查方法

图 3-2　伦理准则筛查法

文规定的伦理准则可以遵守时的情境。只有当这一筛查方法不能提供明确或满意的指导时，社会工作者才应该使用伦理原则筛查方法。

（3）伦理原则筛查法就是在明文规定的伦理守则不能给社会工作者提供明确或满意的指导时所采用的筛查方法，是在由高到低排列的一组伦理原则中优先选择高一级原则的方法。这一伦理原则的等级次序是在社会工作界得到大体上公认的次序，尽管当前仍然有不同的看法。该方法适用于社会工作中存在着较为难以抉择的伦理难题时的情境。在实施上若同时有以伦理原则①为依据做出的评估和以伦理原则②或③为依据做出的评估，要优先选择前者。7个伦理原则的优先次序是：① 保护生命；② 平等与差别平等；③ 自主与自由；④ 最少伤害；⑤ 生活质量；⑥ 隐私和保密；⑦ 真诚和毫无保留地公开信息。

案例 3-2

一位大学生告诉他的精神治疗师——他想杀死他的女朋友。精神治疗师把此事通知了学校警察。却没有通知大学生的女朋友及女朋友的父母。学校警察把这位大学生请来，问了他一些问题，然后就让他回家了。警察的结论是："他显得有些不理智。"不久，这位学生真的杀死了他的女朋友。女孩子的父母向法院起诉这位大学生的精神治疗师。法院做出了如下裁决：

当医生或精神治疗师发现，为了阻止其病人某种危险行为而必须给以警告时，他（她）就负有法律的责任发出这个警告……警察应该保护治疗者与被治疗者之间的保密性原则。但是，如果一味的保密有可能让某些危险得以发生，那么阻止危险的发生就是第一位重要的，而保密原则是第二位重要的。当某种危险即将发生的时候，保密的原则就不再有效了。

案例 3-3

于先生最近从精神病院出院了，并在社会工作者的帮助下获得了一份工作。可是，有一天，于先生醉醺醺、怒火满腔地对社会工作人员说，他已经被解雇了。他还说他要杀了那个解雇他的老板，然后自己上吊自杀。社会工作人员应该怎样帮助他呢？

案例 3-4

82岁的李先生身患绝症，日夜忍受着疾病的折磨，他非常绝望，正在考虑自杀。社会工作者应该让他自杀吗？

🌀 思考题

1. 什么是社会工作价值观？
2. 社会工作价值体系包括哪些内容？
3. 如何进行社会工作价值澄清？
4. 什么是社会工作伦理？
5. 请简述伦理决定的通用决策模式。
6. 社会工作的伦理难题有哪些？
7. 请简述伦理决定的适用方法。

本编主要参考文献

[1] 王思斌主编.社会工作综合能力（中级）.北京：中国社会出版社,2007.

[2] [美]O.威廉·姆法利,拉里·L.史密斯,斯科特·W.博伊尔著,隋玉杰等译.社会工作概论.第九版.中国人民大学出版社,2005.

[3] 朱眉华,文军主编.社会工作实务手册.北京：社会科学文献出版社,2006.

[4] 王思斌主编.社会工作概论.北京：高等教育出版社,2002.

[5] 宋林飞,朱力主编.社会工作概论.南京：南京大学出版社,2002.

[6] 李迎生主编.社会工作概论.中国人民大学出版社,2004.

[7] [美]拉尔夫·多戈夫,弗兰克·M.洛温伯格,唐纳·哈林顿著.社会工作伦理——实务工作指南.隋玉杰译.第七版.北京：中国人民大学出版社,2005.

[8] 罗肖泉著.践行社会正义.北京：社会科学文献出版社,2004.

第二编　社会工作基本理论

　　在西方关于社会工作是否是一个专业的争辩，从 1915 年起直到现在仍在继续，焦点在于社会工作是否存在其独特的知识体系。也就是说，社会工作借用了很多既有的理论，如社会学理论、心理学理论、生物学理论、人类学理论和医学理论等，它是否有独特的理论及知识架构，这是社会工作所面临的挑战。一些西方学者认为，特定的"理论"在社会工作界是有其特定的利益群体的，他们力图使我们接受他们的"理论"，从而影响我们对社会工作的本质和实践的认识。事实上，这种认识不是针对社会工作理论而是针对社会工作价值观而言的。就价值观来说，的确存在着取向不一甚至是相反的价值理论与价值学说。因此，社会工作作为一个成熟的专业和职业，是存在着一般的专业理论的。社会工作专业理论作为社会工作专业体系的一部分，它的形成不仅使社会工作专业体系更加完整，还使社会工作专业服务更加具有权威性和实践效能。社会工作理论不仅是社会工作专业知识产生与发展的重要标志，更重要的是，它还为社会工作实践提供了方法和原则。

第四章　关于社会工作理论的一般知识

社会工作理论是关于社会工作理念、社会工作实践的系统化观点。随着社会工作实践与其他相关理论的发展，社会工作理论也在迅速发展，并对社会工作实践产生了重要影响。

第一节　什么是社会工作理论

一、社会工作理论的界定

要界定"社会工作理论"，首先要澄清什么是"理论"。理论是对事实建构的一系列命题，从而提供一个关于事实的模式，并帮助人们认识那是什么以及如何实现。也就是说，理论是由一系列相互关联的概念和判断构成的知识架构，它旨在从一般水平或较高层次上来描述和解释现象的存在与变化，是对经验知识的抽象，即它来源于经验知识，但在抽象层次上高于经验知识，更具有概括性。理论的要素是概念以及概念与概念之间的关系的判断，这样的概念和判断可以将复杂的现实或现象简单化或模式化，从而有助于人们辨识其间的关联和变化。因而，社会工作理论就是关于社会工作的各种知识架构的总称。西方比较通行的一种观点认为，社会工作理论包括两大部分，即"为社会工作的理论"和"社会工作的理论"。前者关注的是人与社会的本质、人类行为与社会环境之间的关联等，后者涉及社会工作的本质、目标、特色和过程等。比较通行的另一种观点认为，社会工作有三个层面的理论：第一个层面是大理论，即关注的是社会的政治、经济结构，以及社会工作与社会福利制度的目标，它为后面两个层次的理论确立基本脉络。第二个层次的理论是策略理论，该理论聚焦于干预策略，并致力于阐明社会工作者如何行动或应该如何行动。第三个层次的理论是实践观念，即关注如何将经验、知识应用于具体的实践之中。

目前国际上比较关注社会工作实践理论，即关于如何开展社会工作的理论。这样的理论应该回答如下问题，即：理论可以如何帮助我们了解人类生命循环的发展；在人类发展与功能表现上，理论论及的生理、心理和社会因素之间的互动如何；理论提到哪些健康与不健康、功能发挥与功能失调的行为；理论讨论了哪些适应良好与适应不良的情形；理论如何讨论压力因素和应对潜能；理论的应用是否具有普遍性;理论在不同文化或不同社会脉络中的应用状况如何;理论是否提到社会与经济公平;理论如何看待家庭、团体、社区和组织中的个人;理论如何转化为社会工作实践的参考框架;对于我们理解个人、家庭、团体、社区,理论有何帮助;理论认为服务对象和社会工作者应如何去定义当前问题或关注的事物;理论对于社会工作介入或实践策略具有何种意蕴。

二、社会工作理论的历史演进

社会工作创立初期是以科学的慈善观为指导的,1917 年在玛丽·里士满的具有划时代的著作《社会诊断》一书中指出,社会诊断是一个科学的过程,社会工作在科学指导下为不同人群提供服务,进行科学的评估、诊断与鉴定。1921 年 Richmond 获得斯密斯学院的荣誉硕士学位,获此殊荣的原因在于他为社会工作这一新的专业建立了科学基础,开启了社会工作的理论建构的起点。其后,社会工作一方面不断借用社会科学的知识进展以充实其理论框架,另一方面也在实践和知识整合的基础上提出了若干内生的实践理论。

学者一般认为[①],社会工作理论历史发展经历了六个阶段。

第一阶段:19 世纪 90 年代至 20 世纪 20 年代,是社会工作理论的开创期,这一时期以玛丽·里士满的《社会诊断》为标志。其主要的理论背景是社会科学和医学科学的慈善观。

第二阶段:20 世纪 30 年代,是围绕功能学派和诊断学派的论争而展开的,这一时期可以称为"功能—诊断"期。其主要的理论背景是心理动力理论和自我心理学。

第三阶段:20 世纪 40～60 年代,是理论的调整期,因为这一时期延续前一阶段的论争出现了中间路线,包括问题解决模式和心理社会学派。其主要的理论背景是自我心理学、人本主义心理学和学习理论。

第四阶段:20 世纪 70 年代,是理论的整合期,主要标志是系统视角的兴起,它肇始于社会工作的综融模式。其主要的理论背景是系统理论、生态理论、行为理论和批判理论。

第五阶段:20 世纪 80 年代,是理论的过渡期,这一时期为下一时期进行了理论准备。其主要的理论背景是系统理论、认知行为理论、社会建构主义、后现代主义和女性主义等。

第六阶段:20 世纪 90 年代以来,是理论的多元期,各种不同的理论相继涌现,其中不乏整合、折中的视角,这样的趋势在 21 世纪更为明显。其主要的理论背景是女性主义、后现代主义、社会建构主义、折中主义、文化多元主义和马克思

---

① 何雪松著:《社会工作理论》,上海人民出版社 2007 年版,第 6 页。

主义等。

三、社会工作理论的功能

理论对于社会工作专业来说,其作用首先在于帮助专业建立权威地位,取得在社会中的合法性。社会工作专业的权威和合法性在一定程度上取决于社会工作专业理论能否有效地解释和理解人们的需要,并且在实践中帮助人们建立满足其需要的途径。在这一点上不论基础理论还是实践理论,都要做到能够解释纷繁复杂的社会。

概括而言,社会工作理论在社会工作实务中的作用主要包括以下四个方面:

1. 解释功能

社会工作是一个服务于人的需要的专业。当社会工作者面对一个求助者时,首先要判断他的需要是什么,接下来必须要问的问题是他为什么会产生这样的需要;是什么因素使他产生这样的需要;是个人因素还是生活环境造成的;当社会工作者试图回答这些问题时,都是以一定的理论为依据来做出解释和判断。所不同的是依据的理论不同,做出的解释和判断也不同。不管做出怎样的解释和判断,都将成为社会工作者适时地向服务对象提供有效服务的基础。

2. 预测功能

首先,是对服务对象可能发生的变化做出预测;其次,是对影响对服务对象的各种因素的作用做出预测;再次,是对社会工作者所提供的服务对对服务对象可能产生的效果的预测。正确的预测可以帮助社会工作者有准备地面对对服务对象不断变化的需要。

3. 确定干预的方法与模式的功能

无论是理论建设还是服务的提供,其最终目标都是要帮助对服务对象改变其不利的生活状态。因此,社会工作最重要的工作就是要找到助人的办法和途径。社会工作理论作为丰富的助人经验的总结,能够在这方面发挥积极的作用。

4. 发展新的理论的功能

社会生活总是不断发展变化的,理论也必须对这种发展变化做出解释。已有理论有两种方式可以促进新理论的产生:一种是原有理论不够用,因此,要在其基础上予以补充,使原有理论更加完善;另一种是原有理论完全不够用,必须否定原有理论建立新的理论。社会工作实践是丰富多样的,它促进了理论的发展。

第二节　社会工作的理论范式

就本质而言,社会工作的理论体系是基于一系列的哲学假设建构而成的,社会工作的理论范式基于不同的哲理基础,而社会工作的哲理基础探索的是根本性的理论问题,包括认识论、方法论、价值基础乃至美学基础。这涉及如何去认识这个世界,试图回答什么是可以被认知的;是否具有可信的方式去确定何者为真;并涉及以何种方式去获取知识或者验证知识是否可信;涉及社会工作以何种视角看待人与环境之间的关联,如何看待成长、发展、改变和其间出现的问题与障碍;涉及如何介入其间以促进改变。上述理论议题对社会工作而言是极为关键的,因为不同哲理基础决定人们以相异的角度去看待社会工作理论、实践和研究。20世纪90年代以来,社会工作者不断反思自己的哲理基础,并逐步形成了四个理论范式:实证传统、人本传统、激进传统和社会建构传统。这四个理论范式在一定程度上可以类型化繁杂的社会工作理论。

一、实证传统的理论范式

所谓实证传统的理论范式就是指以"证据为本"地为服务对象提供服务或助人的基本模式代替传统上的以"权威为本"的实践模式的理论范式。这种实证传统的理论范式来源于实证主义的哲学思想,孔德在其著作《论实证精神》中一反形而上学的基本原则,认为只有唯一的实在才是科学知识的来源,关于这个实在的知识可以经由感觉去获得,并将非描述性的陈述排除在知识体系之外,从而保证知识和科学的统一性。

实证主义的理论观点包括如下几个方面:

(1)主张只有那些能够从我们自己的经验或观察中找到证据的东西才能称之为知识;

(2)认为任何一般观念都必须有客观所指,而且这个"客观所指"与"事物"必须是我们能够通过实验或观察找到证据的;

(3)价值不是知识,因为它无从证明;

(4)坚信科学方法的统一性,意味着实证主义者只接受一种探索世界、为知识提供证据的方法;

(5)认为科学研究中的价值中立可以保证客观性;

(6)主张因果线性思维且强调任何事物都有特定的原因;

(7)坚持认为存在普遍法则,即变量之间关系具有恒定性,这样的关系具有可复制性,可以通过单一视角去解释所有事物,强调一致性,淡漠差异性;

(8)相信自然科学的方法可以应用于对人和社会的研究。

一部社会工作理论的历史在某种程度上即为一个不断发展的科学的思想体系的智识历程,基于实证主义以上的观点,社会工作的实践理论在逻辑上应经历这样一个发展历程:从发现它能适用于特定个案,到确定它可以适用于一系列个案,再到辨识它如何解释实践,并由此建立该理论的正当性;实验法可以应用于社会工作研究以测定变量之间的关系,并进而从样本群体演绎至一般群体;统计数据被用于探索在什么情况下某事物在特定的范围内具有多大的可能性,这在逻辑上保证了样本具有代表性的调查结果受到重视且可以进行推论;中立观察法可能带来类似结果的标准化资料收集的方法,即结果具有可复制性;认为人或社会具有线性的发展轨迹,因此,在社会工作中预测法是可行的;社会工作实践中遵循着"问题—评估—介入—评鉴"的路径,服务对象被视为一个问题的集合体;社会工作要以线性的因果关系去寻找问题的解决方法,即认识到问题的根源就可以找到问题的解决方法等。总之,无论是外行人还是社会工作领域内部,实证主义似乎有着过高的地位,俨然成为某种意识形态或信仰。

将社会工作知识建立在科学方法基础之上的主张在某种意义上可以提高社会工作在整个科学群体中的学术和专业地位,亦即某种推销自身观点的策略,因为这一观点已经被经验证明具有实际使用价值。然而,正像韦克菲尔德所指出的那样,现实世界事物之间的因果关系非常复杂,几乎不可能简单地确定何者为果、何者为因。同样,实证主义也忽视了数字之外的意义和个人体验等。

二、人本传统的理论范式

所谓人本传统的理论范式就是反对以固有的、先在的观念去检验所谓的经验材料,强调以整体的观点研究服务对象及其系统,并洞察其背后的意义和阐释的模式。人本传统的理论范式的哲学基础是人本主义思想。人本主义认为,在人的世界和人的主体世界之外没有其他的世界;认为实证主义将人类社会与自然世界等同的理解是偏执的,因为这样人就被肢解了,不再是完整的人,相反应该从人的眼光、人的情感、意志、创造性来理解人类身处其间的社会关系与社会结构;强调各个学科之间的知识关联,并主张知识并非研究人员的专利,那些非专业的知识或者原初的知识对于解决问题同样具有重要的启示意义;认为道德与精神问题是科学的重要组成部分,科学应该具有伦理、道德的目的,因此,知识与价值是密不可分的;认为人的现象与物的现象之间存在着本质的差异,人的行为或者社会现象并非全然不证自明、可量化、能被客观测量的,因为它们之间充满着意义和阐释,社会科学的理解是我们在日常语言交际中最初的理解,是从一个主体到另一个主体的双重主观过程;认为人的处境虽然带有悲剧的性质,但能够通过勇气的培养、焦虑的克服、自我的选择等趋向光明的未来。人本主义的社会具有以下特征:(1)每个人都被视为具有内在尊严和价值的个体;(2)人们之间的关系是非剥削性、合作性和平等的;(3)人类经由劳动而创造的资源应该按照符合他们需要的原则予以分配;(4)每个人都有权利去发展自己的潜能。

卡尔·罗杰斯是对社会工作具有很大影响力的人本主义心理学家之一。他认为,服务对象要认识到社会工作者是以如下方式工作的:治疗关系是真诚和适当的;对服务对象无条件接纳;对服务对象关于世界的观点具有同理心。这三点成为今天社会工作的重要价值基础。人本传统的社会工作理论是从服务对象自我实现的角度来进行考察;他们关注的是个人的感情、知觉、信念、意图乃至灵性,这样知识的差异性和多样性就得到了尊重;反对社会工作理论和视角过于技术化和医学化,重新确认重视人性自我提高能力对社会工作的重要性;认为全人的观点是有效实践的核心;关注作为整体与其环境的互动、尊重个人对自己经历的理解和解释;主张从人的尊严和价值出发建构制度和政策等。

尽管所有的社会工作实践模式都受益于人本主义传统,但是存在主义治疗和灵性视角则更为彻底和全面地沿袭了这一传统,并形成了具体的实践理论体系。然而,人本传统的社会工作理论模式更多聚焦于个人层面,对宏观实践层面的论述则少之又少,这无疑是一个重大的缺失,毕竟许多社会问题都具有深刻的制度根源。另外,人本主义传统下的社会工作模式似乎缺乏结构化的实践指引,这使得很多学者望而却步,难以把握其真谛,这也在一定程度上影响了它的传播和应用。

三、激进传统的理论范式

激进传统的理论范式凸现了社会工作的"社会"层面,并尝试从一个根本的层面寻求更大的社会层面的变迁或者从政治的、权利的层面寻求改变,它旨在推进社会行动以实现上述目标,这在一定程度上回应了社会工作的专业宗旨。

激进传统是基于马克思主义理论、社会批判理论、社会主义思潮并在后期整合了女性主义和后结构主义的理论贡献。激进传统挑战了实证主义摒弃视角、激情、论辩、政治等方面的兴趣和迷信价值无涉等主张。激进传统认为,知识与兴趣不能二分,因为非反思性的科学总是无视其自身受到的政治玷污。真正的科学应该承认自身的兴趣基础,从而控制那些不良的语境关系对科学文本的玷污。知识应该具有批判和解放意义,这样的知识才能为社会层面的改变提供基础。激进传统认为,社会工作应该寻求社会正义,并且要充分回应服务对象对其世界的知识和理解,因为,服务对象对其生活境遇和改变目标有着最好的知识,服务对象的知识可以指导社会工作实践。激进传统抛弃了实证主义范式的客观性、经验测量和寻求普遍规律的核心原则,而基于一种解释性社会科学传统,旨在揭示人们赋予行动的意义,以及规制个人行为和互动的社会规则,这样的规则是由强势集团制定的。激进传统不仅要寻求新的理解和解释,而且要寻求解放和改变的可能性,这其中包含的是对语言的关注,因为理论和实践都要经由语言来实现,激进传统的这种对语言的重视与后现代主义是一致的。激进传统倡导结构分析,即将个人的问题归结至社会和经济结构之中的原因。也就是说,问题被界定为社会的和结构的,而非个人的。个人关系被视为资本主义社会的社会关系的产物,因此个人的问题就是社会的问题。激进传统认为,性别应该成为社会工作理论、研究与实践不可或缺的维度,由此避免男性中心主义。女性和男性对自我的理解和评价方式不同,对道德问题有着相异的思考方式,但女性的"声音"被占主导地位的男性实证主义观念所压迫而"沉默",因此应采取结构的立场去颠覆以男性为中心的理论、制度和实践。

激进传统的目标是经由赋权、经由将个人的体验与社会和政治结构联系起来而实施行动以促进改变。这包括反歧视实践、反压迫实践、批评实践、结构视角、赋权视角和女性主义社会工作等,它们的核心主题是:平等的结构是干预的目标;合作和分享是干预的主线。不过,基于激进传统的社会工作实践被批评过于政治化,而且无法很好地回应个人的迫切需要和情感问题,有忽视"个人"的风险。

四、社会建构传统的理论范式

所谓的社会建构传统理论范式就是指抵抗现有的叙事和建构,并代之以新的叙事和建构,是解构与重构的交织,两者并行不悖。这种理论范式与传统不同,它强调助人模式不再拘泥于缺陷、问题和障碍,而是试图关注服务对象的优势、意义、故事和能动性,并以此为出发点帮助服务对象改变境遇。

社会建构传统是一个特殊的传统,是以社会建构主义为哲学基础的,而后现代主义与社会建构主义有着较为密切的关联。社会建构主义者认为,没有任何一种理论可以包容社会工作应该知晓的全部;人们总是习惯于依照社会一致认定为正确的理论论述去理解我们周围的事物,因此,这种共识是权力的结果;建构主义者否认存在客观事实,我们观察到的所有东西都是"人造的",由此人们形成了不同版本的"事实",也就是说,知识是社会建构的,强调知识的政治、历史和文化特殊性,而非其普遍性和核心性;强调所谓的现实或真理是在"这里",即人们头脑之中,而不是在"那里",即独立于人的存在。也就是说,应该存在很多的"真理"或"现实",而这些只有置身于其情景和关系之中才能理解;社会建构主义可以理解为某种对专家话语霸权的信任丧失,并反对简单地根据专业术语进行分类、类化、治疗和介入,因为所有的现象都离不开个人的复杂生活,因此,它倡导对话,认为对话实践有利于不同群体之间的交流与合作,从而建立一个包容性社会。社会建构主义影响的具体社会工作实践理论有叙事治疗、寻解治疗和优势模式等。

基于社会建构传统的社会工作实践模式似乎有低估服务对象的物质需求之虞,它对根本制度的解构也是无能为力的,并且少有作为;另外,人们也担心社会建构主义一旦被滥用,将使人们陷入含混与迷乱之中;也有可能导致毫无希望的相对主义和极端的主观主义。但它对证据为本的实践的批判是富有意义的,因为这足以保证社会工作具有自我反思的能力。

🌀 思考题

1. 什么是社会工作理论？
2. 什么是社会工作的理论范式？
3. 如何理解社会工作实证传统的理论范式？
4. 如何理解社会工作人本传统的理论范式？
5. 如何理解社会工作激进传统的理论范式？
6. 如何理解社会工作社会建构传统的理论范式？

第五章　社会工作的人生发展阶段理论

人生发展阶段理论是社会工作的一个十分重要的基础性理论。作为社会工作者应谙熟在人生发展的各个不同阶段,人的生理发育、情绪、智能、自我认知与社会认知等方面呈现出哪些"正常性"特征,又容易出现哪些"异常性"问题,以及其"正常性"与"异常性"的生理性、心理性及社会性的原因是什么等知识。这一切都构成了社会工作理论、实务和价值观念的重要基础。

第一节　人生发展阶段的理论框架

人生发展阶段理论也称人的生命周期理论,是在研究人类行为与社会环境之间关系的过程中生发出来的理论,下面介绍几个有较大影响的人生发展阶段理论。

一、弗洛伊德的人格发展理论

西格蒙德·弗洛伊德是精神分析学派的创始人。他认为,人类本能中的性驱力是人格发展的主要动力。在人的一生中,性驱力的聚集区域从身体的一个部位转向另一个部位,而每一次转变都标志着人格发展又进入一个新的阶段。人的一生人格发展总共有以下五个阶段:

(1) 口唇期(出生到 1 岁):个体的主要满足来自于与口唇相关的性欲活动,如吸奶和进食等。

(2) 肛门期(1～3 岁):从个体排泄过程中获得满足。

(3) 性器期(3～6 岁):儿童在压抑对异性父母的爱慕之后,与同性父母建立认同,主要满足在生殖器地带。

(4) 潜伏期(6 岁到青春期):从相对平静到青春期躁动。

(5) 生殖期(青春期到成年):发展出成熟的性特征,与异性建立亲密关系。

弗洛伊德认为性器期是人格发展的关键期,因为在该时期儿童与异性父母产生所谓恋母情结或恋父情结,在仇恨同性父母的同时又害怕报复,最后在压抑自己性欲望的基础上,发展出对同性父母的认同感。如果认同失败的话,可能会演变为同性恋,或者异装癖、异性癖等性心理障碍。

对潜意识动机的揭示及重视童年期经验是弗洛伊德理论的主要贡献,然而,弗洛伊德的理论主要出自临床观察和经验,缺乏实验支持与客观验证,另外他所坚持的把人类行为发展归结于性本能的"泛性论"观点也受到了很多后来者的批评。

二、艾里克森的心理—社会发展理论

艾里克森发展了弗洛伊德的理论,引入了社会文化因素,强调社会环境在自我发展中的作用,并且把人格发展推演到人的一生。艾里克森指出,人生有八大发展阶段,在每个发展阶段中个体都面临特殊的发展任务,经历一次心理—社会"危机",或者说是矛盾冲突。这些冲突包含着对立的两极,个体只有尝试面对并解决这一冲突之后,才能顺利进入下一阶段,同时发展出特定的品质或"美德"。如果冲突无法圆满解决,那么个体自我的发展就会出现困扰乃至停滞。在八个发展阶段中,艾里克森特别强调青少年期自我同一性的发展,并认为这是自我发展的最关键环节,见表5-1。

表 5-1 艾里克森的人类—社会发展阶段表

发展阶段	主要冲突与任务	形成的美德
婴儿期(0～1岁)	* 基本信任还是基本不信任 * 重要的联系:照护者 * 任务:对周围世界的信任超越不信任	希望
幼儿期(1～3岁)	* 自主还是羞怯与疑虑 * 重要的联系:父母 * 任务:在怀疑和羞怯中发展独立性	意志力
儿童早期(3～6岁)	* 主动还是内疚 * 重要的联系:家庭 * 任务:不断尝试新的事物,克服内疚,建立自信心	目的
儿童中期(6～12岁)	* 勤奋还是自卑 * 重要的联系:学校和同伴 * 任务:学习重要的知识、技能和生存技巧,勤奋感超越自卑感	能力
青少年期(12～20岁)	* 同一性还是角色混乱 * 重要的联系:朋辈群体、角色模式 * 任务:发展自我同一性	忠贞
成年早期(20～40岁)	* 亲密还是孤独 * 重要的联系:爱人、伴侣或亲密朋友 * 任务:对他人承诺,建立亲密联系,非与社会疏离、专注自我	爱
成年中期(40～65岁)	* 繁殖还是停滞 * 重要的联系:家族、同事、社会规范 * 任务:培养和指导下一代,生产与创造	关怀
成年晚期(老年期)	* 自我整合还是绝望 * 重要的联系:所有人类 * 任务:回顾一生,坦然面对死亡,非失望、沮丧或对死亡恐惧	智慧

三、皮亚杰的认知发展阶段理论

瑞士心理学家皮亚杰通过对儿童行为的观察以及实验研究,提出了认知发展阶段理论,又称发生认识论。他认为儿童的认知发展分为四个阶段,包括感觉运动期(0～2岁)、前运算期(2～7岁)、具体运算期(7～12岁)和形式运算期(12岁以上);每个阶段的儿童对世界及各种物质间的关系都有新的认识,每个发展阶段都是在前一阶段上的质变,也是后一发展阶段的基础。

皮亚杰认为,在每个发展阶段中,个体主要是运用组织、同化和顺应三种原则来认识世界。组织原则是其中最基本的一环,个体将活动系统化,在头脑中形成"心理图式"。适应包括了同化与顺应这两个相辅相成的过程。当有新的事物和刺激出现时,个体先用同化原则使新事物与旧图式发生联系,使新的信息被吸收到已有的图式之中;再用顺应原则把旧图式加以改变,从而使之与新的环境与刺激相适应,并最终形成新图式。个体就是这样不断地在个体和环境之间寻求平衡,也就是说个体认知发展是个体持续适应环境的过程。当不平衡出现时,个体就会尝试改变来重新取得平衡。在皮亚杰看来,人类的遗传潜能与适当的环境刺激在儿童认知发展中所起的作用是相当的。

四、科尔伯格的道德发展阶段理论

在皮亚杰理论的基础上,科尔伯格提出了自己的道德发展阶段理论。通过研究,科尔伯格发现儿童的道德判断存在着一个渐进的发展过程,基本可以划分为三种水平,每个水平各有两个阶段,共有六个阶段。

(1)前习俗水平。这一水平上的儿童已经具备关于是非善恶的社会准则和道德要求,但他们主要从行动的结果及与自身的利害关系来判断是非。该水平分两个阶段:阶段一,惩罚与服从定向阶段。这个阶段儿童的行为主要为了避免惩罚,因而无条件服从权威,而不考虑惩罚或权威背后的道德准则。阶段二,天真的享乐主义阶段。这一阶段儿童首先考虑规则是否符合自己的需要,他们服从命令是为了得到奖赏或满足自己的欲望。这时儿童能初步考虑到人与人的关系,但人际关系常被看成是交易,对自己有利的就好,不利的就不好。

(2)习俗水平。这一水平上的儿童开始关心社会的期望与别人的需要。该水平包括如下两个阶段:阶段三,好孩子定向阶段。这个阶段的儿童认为一个人的行为正确与否,主要看他是否为别人所喜爱,是否受别人称赞。阶段四,维护权威或社会秩序阶段。这一阶段的儿童意识到了普遍的社会秩序,强调服从法则,使社会秩序得以维持。这时的儿童遵守不变的法则和尊重权威,并要求别人也遵守。

(3)后习俗水平。这一水平上的人们力求对正当而合适的道德价值和道德原则做出自己的解释,而不理会权威人士的决定。该水平也包括两个阶段:阶段五,社会契约定向阶段。在本阶段,个人从灵活的角度看待法律、习俗与规章制度,认为所有这些仅是一种社会契约,是可以改变的。一般而言,这一阶段并不同意用单一的规则来衡量一个人的行为,能较辩证地看待各种行为的是非善恶。阶段六,普遍的伦理准则阶段。在这个阶段个人有某种抽象的、超越刻板的法律条文的观念。在判断道德行为时,不仅考虑到法律规范,同时也考虑那些未成文的有普遍意义的道德准则。道德判断已经超越了某些规章制度,更多地考虑道德的本质,而非具体的准则。这是道德发展的最高阶段。

第二节 人生发展阶段及主要特征

总结历史上关于人生发展阶段的各种理论,可以得出:人的个体发展经历了不同的阶段,每个阶段都有其不同的特征,这些特征可以归纳为生理发展、认知与心理发展、社会性与人格发展等不同的层面。对于社会工作来说,了解人生发展阶段的主要任务有利于社会工作者更好地提供服务。

一、婴幼儿阶段

人的婴幼儿阶段是从出生到 3 岁左右,表现为大脑发育迅速、行为上开始目标取向、语言能力发展、开始形成依恋性等心理、生理和社会方面的特征。

1. 生理发展

在生命初期,大脑以惊人的速度发育。婴儿刚出生时大脑质量只有成人的25%,半年后会增长一倍;到 2 岁时已经达到成人的 75%。庞大的、高度复杂的神经网络为婴儿快速而广泛的学习奠定了基础。然而,如果缺乏适当的刺激,这些神经联结的绝大部分将会消失。婴幼儿期也是动作发展最为迅速的时期,在此期间婴幼儿逐步掌握了独立行走以及用手操作物体的能力。

2. 认知与心理发展

从认知发展的角度看,这时处于感觉运动阶段。在这个阶段,孩子从随意性的天生反射活动(如把手放到嘴里后的吸吮反射),慢慢过渡到目标取向行为(如开始主动寻找玩具),并在 2 岁左右形成符号思维的能力。该阶段也是语言发展的重要时期,孩子学习、记忆、语言理解能力发展迅猛。2 岁左右孩子的口语词汇迅猛发展,对语言产生明显兴趣,并学会了大量用来命名物体的单词,喜欢听故事、儿歌,与成人说话,符合语法规则的复合句子也渐渐出现。

3. 社会性与人格发展

婴幼儿期是形成依恋的重要阶段。依恋产生于婴儿与其父母的相互作用过程中,是一种感情上的联结和纽带。依恋是人类适应生存的一个重要方面,是漫长的进化过程中自然选择的结果,依恋的生物功能是维持生存,而其心理功能则是获得安慰与安全感。大概2岁以后,婴幼儿的分离焦虑会逐渐减轻,并以探索环境的方式发展自我独立的能力。艾里克森认为,1～3岁是自主、羞怯与疑虑阶段,婴儿开始寻求自主性:自己穿衣服、吃饭等,如果失败的话则会感到羞怯,并怀疑自己的能力;如果危机成功解决,则形成“意志”的美德,从而会更乐观、更坚强地面对生活。

二、儿童阶段

儿童阶段在3～12岁左右,其中3～6岁一般也称为儿童早期,7～12岁被称为儿童中期。这一阶段的生理特征是智力发展迅速,儿童活动范围扩大。在心理方面,开始逻辑思维,推理能力增强,并且儿童的社会性增强,家庭生活和朋辈群体游戏成为重要的社会化环境。

1. 生理发展

到6～7岁,时儿童的脑质量接近于成年人的水平,这为儿童智能的迅速增长以及接受教育奠定了基础。3～6岁时,儿童的肌肉技能已经有良好的发展,之后动作的熟练程度与协调能力日益增长。在这时的儿童成长过程中,环境因素的影响开始增大。

2. 认知与心理发展

在6岁到性成熟前,儿童的自我中心主义开始减弱,语言和记忆功能有所增强,开始具体化的逻辑思考。到11～12岁左右,儿童的思维及推理能力增强。儿童早期的语言发展的主要特点包括:词汇发展迅猛,口语表达能力不断增强,开始掌握书面语。儿童中期的语言发展则主要体现为口头语言、书面语言的进一步发展。

3. 社会性与人格发展

儿童早期,儿童可以被训练自己做游戏,从而发展其创造力和主动性。在与他人交往与分享的过程中,自尊感、利他与帮助行为开始出现,人格基础基本奠定。虽然家庭依然是其生活的中心,但朋辈的重要性开始显现。儿童中期之后,强调人格特征的自我概念形成,儿童开始尝试从他人的视角来看待问题,朋辈群体成为生活的重要组成部分。儿童早期,主要由家庭承担教化任务,父母传授知识,训练儿童适当的行为规范,以使之逐渐合乎社会标准。家庭功能正常与否在很大程度上影响了儿童各项能力的正常发展。同时,也不能忽视幼儿园老师、同伴的作用。到儿童中期,学校和朋友开始成为儿童的主要活动领域和交往对象。学校的规范和环境、同学和朋友则对其人格和发展有相当大的影响。

艾里克森认为,儿童早期面临主动性或内疚的冲突。儿童开始做各种各样的探索与尝试,同时也挑战各种各样的规则限制。如果父母鼓励儿童的独创行为和想象力,那么儿童的自主性会得到发展;如果他们遭到嘲笑与粗暴的对待,则会丧失自信,在以后的行动中很容易产生内疚感。在儿童中期,如果儿童在学习的过程中屡屡受挫,那么就会形成自卑感。成功解决危机后,儿童会形成"有能力"的美德。

案例 5-1

小雷就读小学二年级。他从入学开始成绩就一直不理想,小雷的父母认为小雷不用功、贪玩,常常为此责备他,甚至动手打他。然而,任凭父母如何严厉,小雷的功课非但没有进步,连性格也出现了问题,在学校里总是不言不语,但会突然大发脾气。久而久之,同学都不愿和他玩,老师也很头痛。小雷则开始自暴自弃,觉得自己没有用,将来不会有出息。后来,经过心理评估发现,小雷有"读写困难"症,这是学习障碍的一种。有读写困难的学生,一般智力正常,但短时记忆较弱,信息处理的速度慢,他们的视觉及听觉认知能力,专注力,分辨左右、序列或组织等能力也都存在问题。于是,在社会工作者的干预下,小雷参加了针对读写困难儿童所开办的辅导班,小雷的父母也开始改变态度,主动了解与读写困难有关的教学方法,并与小雷一起学习,还发现在绘画方面小雷有一定天赋。经过一年努力,到了三年级下,小雷在绘画领域取得了不小的进步,而且,性格逐渐变得开朗许多,也交到了很多朋友。

这一阶段的主要问题是:因家庭管教不当,儿童性格出现偏差;因学校教育不当或儿童学习失败而形成消极性格,影响后来的发展。应对的办法有:要大力落实未成年人权益保护法;要教育为人父母者与子女建立积极的亲子关系,保护和引导儿童成长;要改进学校的教育方式,促进儿童全面发展。

三、青少年阶段

青少年阶段由青春期开始到 20 岁左右,是个体身心发展的关键时期。不过在实务领域,青少年社会工作的服务对象,其年龄跨度常常会随着不同的情况有所变化。由于性发育趋于成熟,青少年在生理、心理、人格和社会化等方面有其特殊性。其特征有:进入青春期,身体成长迅速,比较留意异性,智力发展达到高峰,重视朋辈团体规范,生理、心理不稳定但开始走向成熟,人生观开始形成等。

1. 生理发展

青春期的起始一般以女性初潮与男性梦遗为主要标志,由于生活水平提高,人类的青春期在不断提前。青少年在性成熟后,生长迅速,生理机能逐步加强,与此同时,青少年的骨骼、肌肉、皮下脂肪及神经系统等也逐步发展,出现第二性征并开始具有生殖能力。这些生理变化具有生理上和功能上的意义,青少年会对亲密行为、性行为充满好奇,然而由于青少年在生理与心理发展方面并不平衡,他们对行为后果没有很深的认识,因此,往往在尝试了性行为后对自己造成伤害。

2. 认知与心理发展

青少年期是人一生中智力发展的高峰期。在这个阶段,推理和解决问题的能力达到了更加整合的水平,青少年也因此能够形成比较稳定的价值观、人生观和待人处世的方法。由性成熟到 17 岁被称为青少年前期,他们有想象力,好争辩,期望不受权威人士管制,由于其能力与期望存在差异,他们要独立却心有余而力不足,从而导致内心矛盾。在对许多事情尚存迷惑的同时,同辈团体成为青少年的一个重要支持源,他们也比较容易接受同辈团体的行为标准,而不管其是否符合社会规范。18~20 岁左右被称为青少年后期,青少年开始逐渐独立于父母,其心理和经验发展使得他们已经逐步能够控制情绪,行为比较稳定成熟。他们比较关注个人外表、学习成绩、升学、职业、经济状况、异性朋友等人生议题,解决问题的手法逐渐老练。随着年龄增长,不少人开始离开父母而独立生活,能独立做一些决定。他们通过部分人生事件增长了阅历,其自由、地位和权利意识增强。

3. 社会性与人格发展

这一时期,自我意识继续发展,并努力寻求自我的身份,在某些时候会出现个人的认同危机。如果认同失败,个体则会陷入角色混乱之中。艾里克森认为,经历一定程度的外部期望(如父母期望的压力),对不同期望(如自己的和父母的期望)的挣扎,以及对未来的迷茫、彷徨,是大多数人成长的必经之路。也只有这样,青少年才能发展出一个多元的身份认同,形成"忠贞"的美德与积极进取的人生目标。另外,在成人世界与青少年世界之间也存在着矛盾,青少年羡慕成人的力量与控制权,而成人则羡慕青少年的活力,这两者之间的冲突会提升青少年建立自我认同感的难度。

一般而言,越轨青少年多出现在家庭管教不当的家庭。正常的家庭应尊重青少年的独立性,在发现其学习、就业、交往中的异常行为后,积极展开沟通,并提出建设性的对策。学校是青少年社会化的重要阵地,正确的教育方式十分重要。宏观环境对青少年的影响扩大。部分青少年在准备不足的情况下过早接触社会,少数青少年受到社会负面信息的不良影响。这一阶段的主要问题是:青少年要度过"危险期",经不住不良环境影响会出现行为偏差,或成为"问题少年";学业上的失败会导致多重负面影响;对异性的好奇和社会责任感的缺失可能会导致不良性行为或性过错。应对方法有:家庭与学校要形成良好的合作关系,帮助青少年成长;要巩固家庭,防止对青少年的不利影响;要正确地进行性教育,引导和保护青少年度过"危险期";要净化文化环境,减少对青少年的不利影响。

四、成年阶段

成年期重要的人生任务包括完成学业、就业、结婚、生育等。其中结束校园生活,开始工作并在经济上独立,离家独立生活,结婚与为人父母是进入成年期的主要标志。本阶段的主要特征是:生理机能达到高峰后逐步衰退,进入更年期,人生经验丰富,社会角色丰富,家庭和社会责任沉重等。

1. 生理发展

人的身体发育一般在 22 岁左右基本完成,之后生理器官状况良好、功能优良、抗病力强、体力精力充沛,是生理发展的黄金时期。40 岁之后,生理状况从高峰衰退。进入更年期后,两性的性功能都有所下降。与此同时,身体疾病也日益增多,骨折、骨质增生、心血管疾病、糖尿病等发生率随着年龄增加而有所上升。更年期综合征是本年龄段人士特有的体验。一般而言,女性在 45～55 岁会进入更年期,导致情绪波动、性格改变、烦躁易怒、消沉抑郁等一系列行为问题。男性更年期比女性稍晚,其反应虽然没有女性明显,但健忘、注意力不集中、精力不济等也是不可回避的客观事实。

2. 认知与心理发展

40 岁前,成人尝试了多个角色的转型。他们完成学业,从学生转变为工作者,并拥有了新的身份和地位。通过学习和训练,他们的认识能力和实际操作能力上升,心智功能活跃,个人特长在工作中得以体现。40 岁后,由于长期的学习、反思和积累,能熟练处理各种社会关系,解决问题更加充满智慧。

3. 社会性与人格发展

成年人开始真正承担公民的责任和义务,并体现出符合其身份的社会行为。在这一阶段,人们结婚成家、生儿育女,工作养家和子女教育已经成为他们的重要责任,同时与朋友、亲戚、同事维持和谐关系,并且上有老,下有小。这是人生任务的重要时期。40 岁以后,成年人的诸多方面发生了变化。其一,情绪趋于深沉稳定。人的性格也完全定型,意志成熟坚毅,情感控制力加强,道德感和理智感上升,比较关注生活的意义。其二,婚姻更加务实。婚姻中责任已超越情感,成为维系夫妻关系和家庭稳定的关键因素。其三,本阶段是事业成败的关键期。由于年资、经验、人脉的多年积累,不少优秀人士的才华和潜能得到发挥,在事业、地位和财富上达到巅峰。这时期,如果在生活与工作中的问题得不到妥善解决,则可能会陷入"中年危机"。

成年早期的主要冲突是亲密对孤独。而那些没有形成有效工作与亲密能力的人会离群索居,回避与别人交往,从而形成了孤独感。成功解决危机后,个体会形成"爱"的美德。成年中期的主要冲突是繁殖对停滞。成功者在养育后代和事业上都有成就,否则会产生停滞感。如果成功解决了危机,个体会形成"关怀"的美德。在这一阶段面临的主要是婚姻问题,包括结婚与婚姻稳定、精神健康问题和就业方面的问题。作为应对,社会要发展各种服务给中年人以多种支持。

五、老年阶段

65 岁后进入老年期。除时间年龄外,判断是否进入老年期还有生理年龄和心理年龄和社会年龄等指标。上述四种老年指标并不一定一致,时间年龄由于其具有简单可比性而成为最常用的一种判断标准。这一阶段的特征有:生理功能和认知能力有较大退化,容易回忆过去,社会角色减少,开始退出社会生活的中心等。

1. 生理发展

进入老年期后,各种生理功能和认知能力发生了较大的退化。毛发脱落、脊椎弯曲、骨质疏松、记忆力下降等各类老年疾病开始出现,身体逐渐依赖他人。

2. 认知与心理发展

进入老年期后,人们容易偏重对往昔生活的回忆,及对角色转变和发挥余热的思考。怀旧是老年人将意义赋予生活过程的一部分,在向下一代讲述过去生活的时候,怀旧同时也充当了一种社会化的工具。在对过去的缅怀中,老年人会对其表现有不同的看法,有些人感到宽慰,也有些人感到失望,埋怨自己或愤恨别人。

3. 社会性与人格发展

老年人会经历退休、儿女离家、丧偶、丧亲等重大人生事件,他们的角色由在职者变为退休者,由照顾者变成被照顾者,由有配偶者到变为鳏夫或寡妇。虽然退休使得闲暇时间增加,但是,多数人对此有失落感,心理上抗拒退休,他们的社会参与减少并越来越封闭,从而导致社会地位下降。艾里克森认为,自我整合与绝望是该时期要处理的主要心理危机,如果处理不当就无法摆脱对死亡的恐惧与焦虑;而危机成功解决后会形成"智慧"的美德。有些老年人的自我中心思维比较严重,较少从客观角度看问题。他们的人际交往范围一般会减小,但是,已有的人际感情会更加深化,人际交往结构会在长期考验后更加稳定,人际交往的内容与原来相比也会发生许多变化。

这一阶段的问题有:退出就业领域可能会产生无用感,经济收入减少会发生生活上的困难,退出社会生活的主要领域会使人际关系淡化,进而产生孤独感;各类疾病增加,受到疾病的折磨。应对方法有:政府要进一步完善各项老年人社会保障政策,确保其基本生活和健康,维护其各项合法权利与生活尊严,推动其积极的社会参与,并保证老年人能同步享受社会发展的成果;社会工作应该维护老年人的权益,促进老年人实现其社会功能,并强化老年人的自我权能。

　　总之,在人生的每个发展阶段都有其各自不同的生理发展、认知与心理发展、社会性与人格发展等特征。了解这些对社会工作者是非常必要和重要的。同时,还要注意澄清两个相关的概念:一个是"社会功能"的概念,这一概念来源于社会互动理论和角色理论,是指人们在扮演社会角色的过程中,在社会互动的基础上,所获得的一种自我价值感和归属感,从而发展成有所创造以及有所贡献的社会成员的过程。人的社会功能是人作为社会成员和作为社会人所具有的能力和发挥的作用,它与人们所期待的社会角色有关。例如,失学儿童没有实现其社会功能,失业者没有实现其社会功能,老人的生理功能降低使他们不能正常发挥社会功能等。当然,人们生活的群体也有社会功能问题,例如,家庭成员之间冲突不断也就是家庭的社会功能出了问题。另一个是"正常"与"异常"的概念,人类行为有正常和异常之分,尤其在精神健康领域做这样的区分十分重要。然而要在正常行为和异常行为之间划分绝对界限并非易事。一般而言,划分正常行为与异常行为的常用标准有以下几个:其一是统计规律的标准。大多数人相似或一致的行为在统计上就可以视为常态的、正常的行为,反之则被认为是异常行为。例如,大多数同龄的孩子上学不会有生理上的不舒服感,而某一个孩子一上学就表现出心慌、出汗等生理上的症状就为异常行为。其二是社会规范与价值的标准。如果个人行为符合当地时下的社会规则与价值观念,该行为就是正常的,否则,就是异常的。例如,学龄孩子逃学被认为不符合社会规范与一般要求,所以针对这种行为应该寻求帮助。其三是行为适应性标准。如果无法适应社会,就会出现社会化不足的问题,表现为行为异常。例如,孩子由于害怕陌生人而不敢去上学;某人由于不能与同事融洽交往所以常被炒鱿鱼。其四是个体主观体验标准。以个人的主观体验为依据,也是判断各种行为是否异常的重要标准。如果超越了界限就被划入异常的范围。例如,配偶去世,一般人都会伤心难过,但是如果因此陷入极端抑郁,变得茶饭不思、难以入眠,那就应该求助了。需要强调的是,这些异常行为的标准其实也并不是绝对的,包括医学的临床诊断在内,都会随着社会的变迁与认识的深入而发生变化。

思考题

1. 如何理解弗洛伊德的人格发展理论?
2. 如何理解艾里克森的心理—社会发展理论?
3. 皮亚杰的认知发展阶段理论的主要内容是什么?

4. 科尔伯格的道德发展阶段理论的主要内容是什么？

5. 婴幼儿阶段的主要特征及问题是什么？

6. 儿童阶段的主要特征及问题是什么？

7. 青少年阶段的主要特征及问题是什么？

8. 成年阶段的主要特征及问题是什么？

9. 老年阶段的主要特征及问题是什么？

第六章　心理动力理论之精神分析取向

心理动力理论自弗洛伊德创立以来，一直在不断发展着。无论秉持何种立场，我们都无法忽视弗洛伊德的精神分析理论对社会工作的影响，包括对人类体验、人类问题的本质的理解和治疗过程的展开等。此外，它还成为心理社会、问题解决、危机干预和生活模式的重要理论源头。

第一节　精神分析的理论脉络及观点

一、精神分析理论的历史

我们在个人的生活经验中曾发现一些理性思考难以解释的现象，诸如没有生理因素的生理症状——头痛、胃痛、心悸等，或是莫名的焦虑与忧伤，或已经发展成一种自己无法控制的行为模式，如强迫性的洗手、关门等。这些行为与心理状态常令人相当困扰，终日惶惶不得平静。

在弗洛伊德之前，人们主要从生理因素解释问题，而对于前述问题则束手无策。在19世纪末，弗洛伊德开始探究人类心灵或精神如何影响人的行为，试图揭开人类心灵运作的面纱，解释过去不可知或不可解的范畴。1887年，弗洛伊德作为神经病理学家，开始采用催眠术对歇斯底里症进行治疗和研究，并于1915～1917年之间发表了《精神分析引论》，将历经约三十年的思考与探索作了最全面的描述。他基于人类性与攻击的原欲本能，阐述人类心灵的运作，提出潜意识是个人行为的决定因素、人格的结构组成以及个人发展阶段等观点。这些革命性的观点对后续理论的发展有重要的影响，其影响波及文学、艺术、社会思维和政治等领域，导致现在即使非社会科学领域的学者也知道弗洛伊德及其精神分析的惯用术语。

弗洛伊德的精神分析理论对社会工作有着巨大的吸引力。其对社会工作的影响始于20世纪20年代的美国，到了20世纪60年代，成为临床社会工作的主导；精神分析理论也是心理动力理论之一。心理动力学派是建立在弗洛伊德及其追随者的理论及后继发展的基础之上的。之所以称为"心理动力理论"，是因为这个理论的潜在假设认为，行为来自人们心理世界的运动和互动。它也强调心理激发行为的方式，即心理和行为是如何影响个人的社会环境并如何受个人社会环境的影响。20世纪20年代，美国有两个契机促进了精神分析理论在社会工作领域的应用。一个是"儿童引导运动"，另一个是第一次世界大战之后，社会工作专业人员被要求进入医院为受战争创伤的人员服务，从而使社会工作开始运用精神分析，也开始了"精神分析洪流"时代。1940年首先由伽瑞特撰文分析弗洛伊德精神分析理论对社会工作专业的影响，她看到肇始于玛丽·里士满的"社会诊断"与社会治疗逐渐转变为心理社会诊断和心理社会治疗，从而也使社会工作将焦点聚集在个人层面。弗洛伊德的理论贡献在于试图揭开人类社会的心理基础，即人类的心灵或精神是如何影响行为的，因为以往对人类问题的很多研究主要聚焦在生理层面。精神分析理论对感觉和潜意识因素的重视对于社会工作具有重要的启示意义，这包括关注重要概念如潜意识、洞察、攻击、冲突、焦虑、母子关系、移情等，它们几乎成为社会工作的日常术语。社会工作重视儿童时期、早期关系和母爱剥夺等就是受精神分析理论的影响，而且强调，自我内在的能量来源起源于出生之时"未曾分化的母体"。

二、精神分析理论的主要概念及观点

精神分析理论的主要概念包括驱力、本能、人格结构、意识与无意识、自我防御机制和人格发展。

其主要基本假设之一是精神决定论——个人的任何经验、感受、思想、幻想与梦都有其缘由，并非事出偶然，而其影响根源在于储存于潜意识中的内涵；潜意识的内涵植根于儿童时期的经验，特别是5～6岁以前。因此，弗洛伊德认为，童年的经验决定人格的形成，并持续影响个人日后的行为模式与问题。成人的病态行为表现可能是留存于潜意识中创痛的一种表征，而治愈的方法是揭开被压抑的记忆，将之带到意识层面。

弗洛伊德认为人格结构包括三个组成部分：本我、自我、超我。本我是生物成分，是人格的原始系统，它基于驱力或本能，由无意识所决定，缺乏组织，由快乐原则支持，回避痛苦，无法忍受压力。自我是心理成分，负责与现实世界协调，支配、管理和控制着人格，在本能与环境之间周旋，控制本我的盲目和冲动。它为现实原则所支配，能够实现逻辑思考并制定相应的计划。超我体现的是道德原则，象征的是理想，是一种内化。它包含两个层面：一是良心，即界定什么是不应该做的；二是自我的理想，即规定什么是应该做的。超我涉及心理奖赏和惩罚，当合乎超我要求之时，个人会有自尊和骄傲，反之则会感到罪恶和自卑。如果个人的自我、本我和超我三者之间能够维持和谐的关系，个人就具有完善的人格并能有效地与外界沟通，但如果三者之间的关系出现障碍，人格就会失调，需要予以回应。

相应的，心灵由三个部分组成，包括意识、前意识和潜意识。意识是人在任何时候都可以觉察到的想法和感受。前意识是很容易变为意识的潜意识,即经由思考而可以觉察到的部分。潜意识是弗洛伊德理论的核心,即由于那些产生的影响而不得不假定其存在,但又无从觉察的心理过程。潜意识是一个初级的心理过程,与理性思考不同,它对人类行为的影响是无所不在的。

焦虑是精神分析的一个重要概念。焦虑是一种紧张状态,源自本我、自我和超我的抗争而引发的冲突。焦虑可以分为三类:现实的、神经质的和道德的。现实焦虑是对外在世界的危险的恐惧,神经焦虑和道德焦虑是个体内部的力量平衡的威胁所导致的。当自我无法控制焦虑时,就只能依靠防卫机制。防卫机制是自我为了消除不愉快或焦虑而采用的方法,涉及抵制或掩饰不被允许或不被赞同的欲望以减少内心的冲突,包括:① 否认,即不知晓或不接受关于自己的感情、冲动、思维或体验的现实;② 替代,即用对立的感觉或冲动替代不适的感觉或冲动;③ 移置,即将关于某人的不可接受的感觉放置在另外的人或情景上;④ 认同,即自我牺牲服务他人而获得满足;⑤ 投射,即将不能接受的感觉和冲动赋予他人;⑥ 合理化,即应用逻辑思维去判断特定观点和行为,从而避免认知到其潜在的不可接受的动机;⑦ 躯体化,即将不能接受的冲动或冲突转化成躯体症状;⑧ 退行,即为了回避目前的焦虑,返回到早期发展阶段、功能水平和行为方式;⑨ 压制,即抑制某些欲望从而避免焦虑和冲突;⑩ 升华,即将不可接受的冲动以社会接受的方式进行表达。所有这些都可以帮助应对压力,防止自我被压垮,具有适应性价值,但它们基本上都属于潜意识的水平。

弗洛伊德认为人格发展具有阶段性,个人会经历五个连续发展的阶段,每个阶段的发展都依赖于前一阶段心理冲突的解决。这五个阶段是口腔期、肛门期、性器期、潜伏期和生殖期。在任何一个阶段,自我、本我、超我之间的冲突在得不到解决的情况下就会出现焦虑、压抑或压力,都会影响本阶段人格的发展和后续各个阶段的发展。

自我功能是在弗洛伊德理论基础上发展出来的"自我心理学"的主要概念,是人们适应和应对世界的手段,自我承载着能量和动机。自我功能主要包括12种:① 现实检验,即自我帮助人们将现实与其梦想和愿望区分开来;② 判断,即自我允许人们根据社会和文化期望以判断对事物的合适反应;③ 关于自我和世界的现实感,即自我让人们能够感觉到世界与自己的关联;④ 规范和控制,即对内疚、情感和冲动的控制;⑤ 客体关系,即自我管理与自己心目中的"客体"相关的人际关系;⑥ 思维过程,即自我让人们从第一过程思维进入第二过程思维;⑦ 适应性退行,即自我允许人们退行到一个较为简单的思维和行为方式以实现目标;⑧ 防卫性功能,即自我调动心理机制以保护人们免于痛苦体验;⑨ 刺激障碍,即自我保护人们免于过度刺激或刺激不足;⑩ 自主功能,即自我掌握初级自主和次级自主;⑪ 掌控能力,即自我促进人们对所发生的事情胸有成竹并在处理问题时表现出的能力;⑫ 综合/整合能力,即自我整合不同的体验从而作用于对个人作为整体的自我认知。具有强烈自我的人能够以一贯的、理性的方式管理其与他人的关系。只有这样,个人才具有自我掌控感。自我能够导出防卫机制以保护人们免于焦虑,防卫机制的作用就是限制世界对个人的刺激。对自我功能的评估可以了解自我的优势何在,这是促使个人与他人或环境进行互动的重要构成部分。

第二节 精神分析理论的实践框架

一、精神分析理论的实践原则

精神分析理论认为个人的问题都源于内在的精神冲突,这些冲突与早期经验有关,并且潜藏于潜意识中,理性无法察觉潜意识的经验。因此,精神分析治疗的目标在于揭示服务对象内在冲突的根源,使个人获得自我了解,能洞察和顿悟,并经由自我发展提升服务对象的内在能量,使个人的自我能力和环境条件之间的配合度得到促进。精神分析理论在社会工作实践中运用时,应坚持以下原则:

(1) 要坚持个别化的原则。强调每个人的早期经验都是不同的。

(2) 要与服务对象签订治疗协议的原则。精神分析理论强调治疗过程是一个重温过往痛苦经验的过程,必定会引发不愉快的情绪,服务对象必须有充分的心理准备。

(3) 要为服务对象提供一个安全与支持的环境。就是说,为服务对象提供一个安全与支持环境,以保护服务对象能够顺利了解他隐藏在潜意识中的经验,并要保证治疗过程中产生的负面情绪不会给服务对象造成新的伤害。

(4) 要敏锐和准确地捕捉到造成服务对象心理困惑的内在核心冲突的原则。精神分析治疗采用的基本方法是自由联想,服务对象在治疗过程中可以自由地讲出看起来毫无关联的事物,社会工作者要从中看到内在联系,发现内在冲突,即所谓的核心冲突,并且要求敏锐和准确,因为这个自由联想的过程往往是不可重复的。

(5) 要恰当运用倾听和同理心的原则。在治疗过程中,社会工作者要运用同理心去倾听和感受服务对象的想法和感受,要给予支持、接纳与理解,但要恰当,否则,容易造成服务对象对工作者的移情。

二、自我取向的评估

在精神分析理论基础上发展起来的自我心理学中,社会工作者要与服务对象建立治疗联盟,以试图让服务对象克服非现实的行为和观念,并辨识和实践现实的行为和观念。社会工作者要应用这样的关系去进行评估,整个工作主要聚焦于维持希望和动机、提升自主和问题解决能力、提供一个示范角色和良好的体验,以纠正不良体验,促进人格的改变,动员资源帮助服务对象改良环境,协调和倡导。也就是说,评估应聚焦于服务对象的当前和过去的功能,以及内在的能量和外部境遇。评估时社会工作者可以询问服务对象以下问题:

(1) 在何种程度上服务对象的问题是其当前生活角色或发展任务所导致压力的结果;

(2) 在何种程度上服务对象的问题是情景压力或创伤性事件的结果;

(3) 在何种程度上服务对象的问题是其自我功能的障碍或发展性障碍的结果;

(4) 在何种程度上服务对象的问题是缺乏环境资源或内部能力与外部境遇之间缺乏配合的结果;

(5) 服务对象有怎样的内部功能和环境资源可以动员以提升功能。

根据这一指引,服务对象的问题是众多因素互动的结果,包括当前的生活压力、自我功能受损、发展性障碍和环境因素等。

三、干预的技巧

建立在精神分析基础上的自我取向干预主要有两种方法:自我支持和自我修正。这两种方法在适用人群、干预聚焦、改变的本质、关系的运用、心理测试、社会环境、干预期限等方面都存在着差异,见表6-1。

表6-1 自我支持与自我修正的差异

项目	自我支持	自我修正
适用人群	遭遇生活改变、急性或情景性危机或压力的人;自我有缺陷的人;适应不良、焦虑与冲动控制力弱的人	具有很好自我优势但在最佳使用自我功能上失调的人;严重适应不良的防卫机制或自我有缺陷的人
干预聚焦	针对当前的行为、想法和感觉;也可以聚焦于过去	聚焦于过去和当前;主要在于意识、前意识和潜意识
改变的本质	自我掌控感;提升理解力;学习和正面强化;情感矫正经验;冲突的中立化,个人环境配合更好	洞察力和冲突解决
关系的运用	真实关系的体验;正面移情、矫正性关系、工作人员与服务对象环境中的他人之间的关系	理解正面和负面的移情

项目	自我支持	自我修正
心理测试	指导性、维持性、教育性和结构化的测试	非指导性、反思性和解释性的测试
社会环境	环境修正和重整；资源的提供和动员；改善状况	并不重视社会环境，但并非不用
干预期限	短期或长期干预	一般而言是长期的

　　总之，自我支持聚焦于现在的行为、有意识的想法和环境改变，其方式是经由与社会工作者有价值的关系来学习和掌握新技巧，一般是短期的。自我修正集中于过去和现在的潜意识感受和驱力，避免环境改变，努力的方向是获得对感受的洞察和解决情感上的冲突，运用非指导性和反省性的技巧，通常是长期的。

第三节　精神分析理论的适用限度

　　弗洛伊德对社会工作的影响力并没有消退，只不过是经由心理动力理论的后继发展而间接起作用的，如自我心理学和自体心理学等。自我心理学在社会工作实践中具有重要意义：检视并解释症状的符号意义是重构过去事件，尤其是儿童时期的创伤的重要路径；揭示相应的被压制的部分并带回到意识层面是助人过程中不可或缺的部分；表达情感冲突有助于将个人从创伤性记忆中解放出来；对重构并理解困难的早期生活事件具有治疗意义；将服务对象和社会工作者的助人关系视为关键体验的微观环境是助人关系的重要组成部分；建立自我意识和自我控制是社会工作干预的目标。

　　然而，精神分析及其基础上的自我心理学都过于聚焦于个人，似乎没有很好回应性别、性取向、阶级和文化的多样性等议题。心理分析是一种医学模式，社会工作者的助人行为就类似于病人患病，而治疗专家提供治疗；服务对象与社会工作者之间的较为平等的关系并没有得到强调。另外，相比较而言，环境因素并没有受到重视，尽管自我心理学在这方面已经有所触及，如关注到了个人的关系环境。从一个宏观角度或激进的视角而言，心理动力理论并没有考虑社会层面的变革，有责怪受害者之虞，这无疑排除了社会工作的若干重要维度。

◉ 思考题

1. 请简述精神分析理论的历史发展过程。
2. 请简述精神分析理论的主要概念及观点。
3. 精神分析理论的实践原则是什么？
4. 什么是精神分析理论的自我取向评估？
5. 精神分析理论的干预技巧是什么？
6. 请简述精神分析理论的适用限度。

第七章　心理动力理论之客体关系取向

　　客体关系取向及自体心理学是心理动力理论的最新进展,它由弗洛伊德精神分析学说发展而来,它们的本质是一致的,都是对人的心理机制、自我形态和无意识身份的考察,都关注早期的儿童经验。只不过客体关系这一取向偏离了经典的、教条式的精神分析,尤其是驱力理论和心理决定论,强调个人与环境的相互关系,这样的理论进展与社会工作尤其相容,从而成为心理动力社会工作的重要组成部分。

　　同为心理动力理论的精神分析取向与客体关系取向的社会工作是有较大区别的。例如,在面对同一个问题时,这两种取向在各自表现上的差异是明显的:灰姑娘嫁给了深爱她的王子,但是,不久灰姑娘就向社会工作者求助,诉说婚姻出现了问题。弗洛伊德应该从探讨性本能压抑开始,探索她尚未得到解决的呈现在婚姻中的"俄狄浦斯情结"。因此,灰姑娘的问题要透过对不同防御机制和自我与本我之间的结构冲突来寻求解释。而客体关系心理学将关注的是灰姑娘早期忍受的母亲方面的心理缺失,这可能导致灰姑娘运用分裂的心理防御机制。在此防御机制下,她理想化了某些女人,如仙女,也经历了若干"坏"女人,如后母;她将王子理想化了,而迟早她会看到王子真实而有瑕疵的一面,这必然引起她的不满。这是因为她关于自己和他人的内部意象被扰乱了。可见,客体关系心理学聚焦的是灰姑娘的内部世界和真实世界的人与情境之间的差异。在治疗过程中强调灰姑娘自己具体的体验,尤其是对治疗师的移情。分析她的移情显示,她的自体是贫瘠的,渴望强大的和理想化的客体,她需要一个理想化的客体对其进行肯定,在空虚和愤怒的感觉下,灰姑娘可能会理想化治疗师,也可能将治疗师视为同后母一样的人。

第一节　客体关系理论的脉络及主要观点

一、客体关系理论的形成与发展

　　客体关系心理学分为英国传统和美国传统,英国传统的代表人物是克莱恩(Klein)、菲尔贝恩(Fairbairn)和温尼科特(Winnicott),美国传统的代表人物是马勒(Mahler)和雅各布森(Jacobson)。克莱恩(klein)是提出客体关系理论的第一人。他认为人的内驱力是朝向客体的,内驱力是表达关系的。菲尔贝恩(Fairbairn)更为激进地修正了弗洛伊德的理论,他认为所有的内驱力都是对关系的驱动,而非生物本能的满足,因为人有与他人建立关系的基本倾向。自我寻找与客体的关系多于试着去控制难以控制的本我,这样,力比多的能量贡献给了自我。温尼科特(Winnicott)使用了"主观感觉性客体"这一概念,因为他相信婴儿是从与主观客体的关系逐渐地发展到能够与客观感觉到的客体建立联系的。马勒(Mahler)是客体关系心理学美国传统的代表人物,她承认驱力的重要性,但认为儿童跟最初的爱的客体——母亲的关系是人类发展的核心所在,儿童的心理发展是从对母亲的依恋过程开始的,伴之以逐步的分离过程,而且,较早的共生期未完成的危机和残渣以及分离并成为个体的过程,将影响一个人一生的人际关系。雅各布森(Jacobson)在《客体的世界》中致力于重新界定弗洛伊德的概念并加入客体关系因素。她区分了真实的自体和客体与内化的自体和客体意象,展示了儿童如何基于他们与他人的关系而形成自体和客体的意象,以及这些情感经验是如何与性驱力和侵犯驱力相关联和相协调的。

自体心理学是由科赫特(Kohut)引入的,尽管他最初受的是传统的精神分析训练,并且在很长一段时间内是在传统精神分析的框架下进行工作和研究,但他随后的努力代表了一个扩展的、全新的方向。他是从对自恋的研究进入自体心理学的,他认为原始的自恋可以发展为成熟的自恋,而非为客体爱所取代,成熟的自恋表现为一个人的理想、野心、同理能力、创造力、幽默感,甚至智慧。艾尔森(Elson)的《临床社会工作中的自体心理学》是全面揭示自体心理学对于社会工作的意义的重要文本。

二、客体关系理论的主要概念

客体关系心理学将传统精神分析的聚焦转变到关系层面,即个体与外在世界的关系影响人类成长,而自体心理学则考察自体的发展对个人生活的影响。其主要概念如下:

1. 客体

客体就是与人在其外部世界进行互动的婴儿、儿童和成人。一般而言,母亲是最初的重要客体。客体关系心理学区分真实的客体和幻想的客体,前者表现为外部世界的他人的客观特征,而后者表现为婴儿关于他人的主观体验,更准确地说是一种幻想。婴儿会对自己或他人形成某种意象,一旦形成这样的意象,自我和他人的意象就成为基本的内在结构,这一结构会影响个人看待自己和他人的方式。

2. 分离—个体化

分离—个体化过程共有三个阶段:正常的孤独性、正常的共生、分离与个体化。而分离－个体化阶段又有六个亚阶段：(1) 孤独性阶段，指从出生到一个月，这一阶段没有客体，属于未分化的阶段。(2) 共生阶段，指出生后的两个月左右，婴儿朦胧地意识到一个满足需要的客体，妄想自己与母亲有一个共同的边界，这一时期婴儿缺乏分离的认同，没有"内—外"、"自身—他人"之分，处于前客体水平。(3) 分化亚阶段，指出生后的 4～5 个月，婴儿逐步把身体与母亲拉开，从共生关系中转移到更为外在的指向，开始将自我意象与照顾者的意象分开。(4) 实践亚阶段，在这一阶段，自我的意象和客体的意象、个体化过程伴随着婴儿自主功能的发展而上升。(5) 和解亚阶段，这一阶段儿童在独立和依赖之间摇摆，倾向于将自己或他人看成全好或全坏，对分离和客体对象的失去的担心加剧。(6) 客体恒定亚阶段，由于有了恒定的客体，儿童在母亲并不关注的情况下有了更多的自主，能够维持对客体的一个正面精神意象，即便是客体并不在场。这六个不同的阶段要完成不同的任务，如果没有完成就会造成个人的困惑。

3．自身客体

自身客体是指那些被经验为自体部分的人们或客体，或为自体服务而促使自身发挥功能的人或客体。孩童的残遗自体和自身客体融合在一起，参与在其组织良好的经验之中，经由自身客体的作为而使其需要得到满足。也就是说，自身客体只有当和体验中的人有关联时才具有意义，它不是一个客观上的人或一个真实客体，或一个完整客体。自身客体概念表达的是客体关系的经验本质。

4．自身客体移情

一般情况下，一个人从出生到死亡的每个阶段都具有三个需要，如果有无法满足这些需要的情形，就会造成心理上的问题。这三个需要是：另我或双生移情关系、理想化移情关系、镜像或夸大移情关系。这三者结合起来就是"自身客体移情"，即我们从别人身上得到我们所需要的以维持自我的整合之时，别人并非被认为是独立的个体，而是提供自我需要的来源。成熟和独立并不表明个体不需要别人而孤立起来，而是在需要的时候，能够有能力自由地寻找并得到与当时年龄相称的自身客体的来源，这样就是成熟的自身客体经验——这无疑是成长为心理健康的成人的必要条件。

5．蜕变性内化

蜕变性内化即成长性的过程机制，通过此机制，病人能够内化所需的自身客体的功能，并获取缺失的自体结构。该机制有两个步骤：首先，必须在自体和自身客体之间建立基本的同理联结，在治疗过程中，自体和自身客体间的协调或联结使自身客体体验到不断的传递。其次，必须要有能被处理的且非创伤性的同理失败,这些失败是成长过程不可避免的,不是因为治疗师技术上的失误所致,而是因为治疗师的任务是理解和解释病人的需要,而不是去满足他们。

第二节　客体关系理论的实践框架

一、实践原则

1. 客体关系心理学在社会工作中的实践原则

介人的重点就是放弃坏的客体或者对不同客体的坏的意象。介人成功的要素是服务对象将社会工作者当成一个好的客体来体验,这样的关系有利于服务对象的正面发展。介人时应坚持的原则如下:

(1)早期婴儿——照顾者的互动导致个人内化了自己和他人的基本态度、关系模式、防卫以及内在能量的库存。主要的发展过程包括:依恋、分离—个体化、早期的客体丧失、经历到不良客体、从依赖到独立的转变。这是考察服务对象的基本视角。

(2)服务对象的问题源自早期的客体关系病态,诸如适应不良的依恋形式,分离—个体化亚阶段面临的困难,自恋、狂躁、分裂性障碍,以及严重的和慢性的抑郁。

(3)服务对象会将病态的内化的客体关系、原始防卫、发展缺陷以及能量和优势带入干预的情景之中。

(4)治疗应该聚焦于修正病态的内部结构或者创造一种有利的、治疗性的体验以获得新的、更加强大的结构。

(5)治疗中的变化过程源自修复性的和新的体验,在这一过程中,治疗关系本身和洞察可以修正病态的客体关系。

(6)提供一个治疗性的支持环境,指出功能失调的关系模式和防卫机制,采用一系列发展性共鸣技术,聚焦于移情与反移情的动态过程。

2. 自体心理学在社会工作中的实践原则

自体心理学认为,所有的心理病态都源于自体缺陷,因此,要给予人们第二次机会以完成自己的发展,从而形成或强化某种人格。自体心理学倾向于从一个更具建设性的视角来考察服务对象。鼓励服务对象发展出某种内在自由感和按照自己的方式行事的能力比帮助服务对象直面现实更为重要。因此,自体心理学的干预目标是建立新的自体结构和更大程度的自体一致感。自体心理学的实践原则如下:

(1)婴儿生而具有自体发展的内在能量,但需要具有回应性的照顾环境,从而发展出一个强大的、具有一致感的自体。个人需要一个理想化的照顾者、被认同的体验、与他人一样的感受，以及其他同理性的自身客体回应性。

（2）如果照顾不良，自体结构就很脆弱并容易受到伤害，自我概念和自尊也会受到损害，个人很有可能出现自体障碍或自恋，并出现慢性问题或急性事件。

（3）服务对象将早期没有得到满足的自身客体需要带到治疗情景中，这是自我成长的第二次机会。

（4）治疗旨在强化自身结构，形成新的自我一致感和自尊，促进自我实现和享受生活。

（5）变化源自社会工作者对服务对象的主观经验的同理性理解，对服务对象需要的最大限度的回应，对服务对象当前需要和问题与早期被照顾经历之间关联的同理性解释。

（6）实现同理性共鸣和回应性，帮助服务对象形成和维持自身客体移情，探索过去的照顾者的错失，消除服务对象同理的障碍，这些是治疗的重要组成部分。

（7）社会工作者要进行"近距离体验的同理"。要尝试理解对于服务对象而言这意味着什么，将自己嵌入服务对象的经验之中，放弃专家的角色和自己的看法，认识到社会工作者和服务对象并存于一个互为主体的脉络中，两者相互影响。

二、评估

客体关系心理学和自体心理学在评估层面有很多共同之处，评估的过程也是干预的一个重要组成部分。社会工作者一般聚焦于服务对象的四个相互关联的层面：当前的问题；涉及服务对象生理、心理和社会情景中的因素；这些问题与当前问题的关联程度；服务对象动机和期望。就此，社会工作者要对服务对象提出以下四个问题：服务对象当前的症状或问题是对当前生活压力的反应还是长期人格障碍的证据；服务对象的症状和问题在何种程度上体现为客体关系或自我的病态；服务对象当前的症状和问题是否体现了内在心理结构、冲突或发展缺陷；服务对象解决问题的内在能量、动机、环境资源和社会支持是什么。

回答上述问题需要一个评估指引。这个评估指引包括以下十点内容：

（1）探索服务对象当前生活情景中的有意义的关系和社会支持，并明确它们是如何影响服务对象的。

（2）探索服务对象是否正在经历生活转变或生活事件，它们可能激发了分离—个体化议题、重要自身客体及其支持的丧失、罪恶感或自我惩罚的感觉。

（3）思考服务对象的当前问题是否对其独特的与自己、他人和世界的观察方式和联结方式有关。

（4）明确服务对象的当前问题是否与其将自体的需要屈从于他人需要、寻求他人提供某种自我感或依赖他人满足特定的自我客体需要的方式有关。

（5）理解服务对象自体概念的本质是否是现实的，服务对象是否接受生活中并不乐见的部分。

（6）辨识服务对象是否拥有稳定的、整合的、关于自己和他人的概念。

（7）评估服务对象的依恋方式、分离—个体化成就、防卫、内在能量的本质。

（8）调查服务对象重要的早期经历和关系以理解服务对象问题的发展是如何进展的。

（9）尊重服务对象的文化背景、性别、性取向和其他层面的多样性以及服务对象独特经验的影响。

（10）确认关系的性质和可以动用的环境资源。

三、专业关系

从客体关系心理学和自体心理学的角度而言，干预的核心在于形成一种有利于治疗的环境，这样可以让服务对象感到安全，从而有利于表达自己的感情，激励其动机，促进工作关系的形成。治疗关系应提供这样一个情境：服务对象于其中能够得到他们小时候未曾有过的照顾和接纳。社会工作者与服务对象的关系聚焦于移情和反移情，关系以服务对象的自身客体移情为中心，或者社会工作者成为替代性的安全客体。客体关系理论倾向于认为社会工作者是服务对象可以利用的客体，社会工作者就如同服务对象的母亲一样，可以在这样的安全关系中重新成长，此时，社会工作者就是服务对象良好的内化对象，即"足够好的母爱"。社会工作者要对服务对象想要获得一个可使其满足的理想自身客体的持续需要具有同理心，这样的同理心是一种近距离的体验，在此基础上可以帮助服务对象重新开始其原本陷入僵局的发展。

四、干预技巧

客体关系心理学和自体心理学沿袭了精神分析的很多干预技巧，并在新的概念体系下进行了一定的发展。下面介绍澄清、解释和修通这三个重要的干预策略。

1. 澄清

它旨在修复适应性系统，主要帮助服务对象区分客观现实和外部世界的扭曲，从而能够面对服务对象心理现象的产生过程，并进一步加以观察，挖掘出有意义的细节。这样，服务对象可以对自己的行为模式有更好的自我认识，并形成一种新的视角去解释自己的行为和问题。

2. 解释

它是心理动力社会工作的核心治疗活动,体现的是社会工作者对服务对象的精神生活的理解,旨在让服务对象认识到阻抗,并使潜意识的意义、来源、历史和模式变为意识。因此,解释的目的是辨识服务对象当前的状态与其早期历史的关联,洞察服务对象生活经验中的冲突,检测服务对象的特定动机对自身观察功能的干预,揭示治疗关系中出现的移情。解释可以分为根源解释、动态解释、阻抗解释和移情解释。

3. 修通

它形成一种新的路径,旨在打破经验和记忆中情感与冲突的禁锢。它是解释的延伸、深化和拓展,它将环境中的服务对象及重要他人置于活生生的情景之中进行自我形象的重构,协助裹足不前的服务对象在面对其一直认为是危险的冲动和客体时尝试新的反应和行为模式以促其改变。修通的目的是继续个体的发展,直至形成一个能够进行移情性交流的自我,这样的交流是一个人和他的自我客体之间的交流。因此,修通就是个体发育的恢复。

第三节　客体关系理论的适用限度

客体关系心理学和自体心理学作为心理动力理论的最新演进,在一定程度上超越了弗洛伊德的传统精神分析框架,更加注重个人成长过程中的关系环境,这对于社会工作具有重要影响,也在某种意义上延续了心理动力理论对社会工作的传统影响。客体关系理论对临床社会工作具有重要意义,因为它有助于理解自我早期和后来的人际关系,是洞察服务对象内部世界的一面镜子,为治疗师帮助服务对象用一种新的方式反观世界提供了方法。自体心理学是从一个全人的立场出发去考察个人的早期经历中的自身客体、主观体验和自身客体移情。在诸多问题领域,客体关系心理学和自体心理学的干预效果得到了经验证据的支持。

然而,客体关系心理学和自体心理学都是一种以谈话为主的理论,对那些具有实际困难的服务对象而言恐怕并不适合,因为他们并不善言辞,且容易将社会工作者视作权威人士,在这样的关系情景下,他们可能更容易处于弱势。另外,如果仅仅停留在心理层面的干预,而不重视其实际的物质需求,服务对象受益就极为有限。环境因素没有受到足够的重视,而仅仅从一个比较狭窄的心理视角来看待服务对象和思考服务对象的问题,这无疑限制了社会工作者的视野。心理动力理论就其本质而言是中产阶级取向的,是以接受现存秩序并内化问题为取向的做法,它很少考虑社会变革,还在一定程度上弱化了社会工作"社会"的一面。

思考题

1. 请简述客体关系理论的形成和发展的过程。
2. 请简述客体关系理论的主要概念。
3. 客体关系心理学在社会工作中的实践原则是什么？
4. 自体心理学在社会工作中的实践原则是什么？
5. 客体关系心理学和自体心理学的评估取向是什么？
6. 客体关系心理学和自体心理学的专业关系如何？
7. 客体关系心理学和自体心理学在社会工作中的干预技巧有哪些？
8. 请简述客体关系心理学和自体心理学在社会工作中的适用限度。

第八章 社会工作的认知行为理论

认知行为理论来自不同的心理学理论流派。在临床治疗中,人们发现精神分析理论太艰涩,行为主义又过于呆板,所以人们折中地采用认知行为模式。尽管认知治疗和行为治疗是从不同的理论路径进入到社会工作领域的,但两者在发展过程中不断交融,认知行为治疗即为两者整合的成果。它以结构化的方式干预个人的行为或认知,大量的经验证据表明其具有有效性,已成为流行的、应用广泛的社会工作实践模式。埃里斯认为:"人们之所以烦恼,并不是因为事物本身,而是因为他们对事物的看法……人们的烦恼是由发生在他们身上的事和他们的看法、情绪与行为带动的。"

第一节 认知行为理论的历史脉络及主要观点

一、认知行为理论的历史演进

1. 行为理论

行为治疗起源于 20 世纪 50 年代末 60 年代初,是建立在有一百年历史的行为科学原理之上的。行为科学的理论基础来自巴甫洛夫关于狗的实验的经典条件反射学说。20 世纪 30~40 年代,行为主义心理学崛起,第二次世界大战期间成为人格和智力的主要测量工具。行为主义理论的一个基本取向就是将心理与行为分离开来。行为主义者认为,我们只能观察和影响人的外显行为,除了一些天生的反射行为外,大多数行为都是通过学习获得的。这同时也说明人类的行为来自于自身之外的影响,因此,人类可以学习新的行为、改变旧的行为。这成为行为治疗的理论基础。行为治疗应用经典条件反射和操作条件反射的原理治疗各种问题行为,它是在心理学的行为主义思潮的基础上发展起来的,是对弗洛伊德理论的某种反动。众多研究表明,行为技术训练是有效的,并且成为传统精神分析的可行的替代选择。20 世纪 60 年代,班图拉发展出了社会学习理论,将经典条件反射、操作条件反射与观察学习结合在一起。他的另一个贡献是将认知视为行为治疗的一个重要组成部分,这深刻地影响了认知行为治疗的发展。尽管 20 世纪 60 年代之前,行为治疗对社会工作的影响甚微,但 20 世纪 70 年代以来,行为治疗已经作为一个重要力量进入社会工作领域,并得到了广泛的应用。

2. 认知理论

认知学派源自阿尔弗雷德·阿德勒与弗洛伊德精神分析学派的分道扬镳。在阿德勒看来,人类行为来自性方面的动力远不如来自社会方面的动力,而人的行为是由个人整体生活形态所塑造的,这包括个人对自我的认识、对世界的看法、个人的信念、期待等。而在这个过程中,认知起着至关重要的作用,它不仅影响人的行为,更会影响个人整个生活形态的形成。认知力量基于这样的观念:在我们想什么、怎么感觉和怎么行动之间有一种相互作用。我们的思维决定我们的情绪,我们的情绪决定我们的行为。与心理动力理论比较起来,它更关注当前的事件而非潜意识的冲突,其目标在于改变服务对象的思维过程,使之更为"理性"。认知意义的凸现被称为行为科学中的"认知革命",这一革命已经渗透到社会工作领域。埃里斯的理性情感治疗聚焦于非理性思维和非理性信念,他坚信它们是导致自我伤害行为和心理痛苦的重要因素。1976 年伯克基于对抑郁的研究提出认知治疗,考察思维模式与抑郁和焦虑之间的关联。随后,很多学者尝试将社会学习理论、认知理论和行为理论整合起来形成认知行为治疗。同时,认知模式也被整合进社会工作实践。

社会工作中的认知理论包含以下内容:人类认知的成长和发展存在于整个生命周期;个人在任何既定领域的认知能力会因个人功能发挥的情境而变化,认知既是个人对环境事件的接触,也是个人对这些事件意义的建构;个人的行为是为了回应对环境事件的认知意象,例如,我们会选择性地注意或解释事件的意义;思维、感觉、行为及其结果都是因果相关的;认知意象,包括对自己的思考,会影响社会功能和情感愉悦感,并且可以改变;行为改变可受到认识改变的影响。

总之,无论是认知理论还是行为理论都有一种整合对方的取向,旨在进一步拓展解释能力和应用空间。

二、认知行为理论的基本假设和主要概念

认知行为理论坚信两个信念:一是"事情本身无所谓好与坏,主要是看人怎么想"。二是"重要的是一个人怎么做,而不在于他怎么说或怎么想;在乎的是现在做什么,而不是过去是怎样的一个人"。认知学派认为思考是人类情绪、行为和想法的关键决定因素,经由分辨、挑战和改变思考的形态,即可改善那些足以导致个人情绪、行为和解决问题失能的情况,而达到协助服务对象增进生活调试功能的目标。行为学派强调此时此地和当下行动,例如,把因上台作报告而产生的焦虑或恐惧症状就视为问题本身,是长期在易引起害怕的情境中所学得的不适当反应或自动形成的习惯,只要给予不同的刺激或干预即可重新制约行为反应的形式和结果,从而解决焦虑或恐惧的症状或问题。也就是说,认知行为理论不再像精神分析观点那样去追溯潜意识的压抑经验,而是直接教导服务对象学习各种行为修正技巧,以及教导服务对象在认知思考上重新对引起害怕的情境做理性的评估,并以新的自我对话告诉自己"上台报告是不会伤我毫发的",如此双管齐下,更容易达到解决焦虑或恐惧的心理异常问题。

(一)认知行为理论中的基本假设

(1)交互决定论。就"人在情境中"的适应观点而言,既不执著于部分认知学派主张个体主观的"志愿论",亦不拘泥于极端行为主义固守环境客观的"决定论",而是倾向折中的以社会认知观点提出的所谓"交互决定论",或"综合认知行为模式"。它认为个体的生理、行为、认知和情绪等是与外在环境二者之间相互影响和彼此回馈。认知行为学派假定人不断在处理由本身内在和环境外在所获得的资讯,并将其解读作为如何适应生活情境和追求个人生存意义或生活福祉的因应策略及行动依据。此种信息处理和解读的认知功能是受到个人认知结构及认知过程的影响,特别是此种认知结构中的基模、概念和倾向是携带着个人家庭及文化背景有关日常生活经验的符号、意义和形态的。尽管如此,个体也可以针对其所认知的外在环境状况发展个人独特的因应行为,且乐观地相信认知会随着个体生命历程而成长与改变。因此,个体的知识及信念的形成,并非只是单纯的"接受",像空的容器被注满,或是仅仅被动"处理"输入的信息而已,而是主动地运用既有的认知能力与经验,解读外在环境事件的意义,进而积极建构个人新的知识和生活形态。

(2)个体认知对人格形成至关重要。个体的人格是有弹性的,尽管不免受到物质环境和社会因素的重要影响,然而仍可以决定如何塑造和改变其内在和外在环境,或纵使人们不是自己生命或命运的主宰,不过却可以选择面对的姿态和因应方式。存在主义观点更进一步将此论点和立场发挥得淋漓尽致,强调意义潜能对人生过去、现在和未来的重要性和影响。一个人唯有经由认真思考才能发现自我的存在以及生命的意义,和如何追求及实践一个有价值的人生。

(3)认知行为理论认为,人的特性不仅仅是协调的、平等的、人性的和合作的,人的本质更是竞争的,强调同胞爱和伙伴在人生和生命中的重要,倡导人是有创意的,并可以选择如何过一生,特别是运用思考选择人生目标和采取行动,借以改变自己和周遭的环境。

(4)许多人类情绪是人们思考、自我告知、假定或相信他们自己本身及其所处情况的直接结果。若人们的思考、信念、自我告知是理性的,则其情绪呈现正常功能的运作;反之,若人们的思考、信念、自我告知是不理性的或扭曲的,则可能逐渐发展成正常功能无法运作的情绪、情感和行为。因此,假定无法履行日常正常生活功能的情绪和行为,就是错误想法的直接结果,故只要改变此类错误或不理性的想法,即可改变他们失能的情绪和行为。因为这些错误或不理性想法的形成过程,是在所谓"自动化思考"的机制下不自觉发生的,因此,改变之道仍须回归理性和深思熟虑的意识层次,加以省思与检讨。

(5) 行为学派认为,所有行为均系学习而来,且可以被定义和改变。学习原则主要有三项:古典或反应制约、操作制约、观察学习。所谓问题即指"不想要的行为",可以透过系统性的探索和修正后,加以了解和改变,并透过增强和惩罚的机制,使不想要的行为消失,使想要的行为形成或取而代之。

(二) 认知行为理论中的主要概念

1. 认知

所谓认知包含各种心理现象和活动过程,如知识、意识、智力、思考、想象、创意、规划、策略、理性、推论、问题解决、概念化、分类、归属、象征化、幻想、梦想等,可谓涵盖广阔,甚至连知觉、记忆和专注等高级心理活动也属于认知的范畴。因为在一定程度上,几乎人类的所有心理活动都与认知有关,或者至少涉及认知领域。正是因为认知处理人类生活中的各种信息并建构生活的意义,因而从认知的角度切入助人实践,在理论上具有重要意义。认知包括三个层面:最表面的自动思维、更为深层次的条件性假设、最深层次的图式或核心信念。

"自动思维"是自发出现的,个体没有经过选择和努力。在心理障碍中,自动思维往往是扭曲的、极端的或不正确的。抑郁源于抑郁者的负面思维,这样的认知错误包括:① 专断的推论。在没有足够支持性证据的情况下得出特定结论或者证据与得出的结论截然相反。② 选择性抽象。聚焦于情景中的细节或者从细节概念化成整体。③ 过分概括化。从一个或更多的孤立事件出发得出一个普遍结论。④ 夸大和贬低。夸大或贬低一件事的重要性,这就构成了扭曲。⑤ 个体化。服务对象将事情揽向自身,即便是与服务对象毫无关联的事情也是这样。⑥ 二分法思维。服务对象将自己的体验放置在两个相反类型之一的趋势。

"图式"是关于个体如何看待他们对世界、对人、对事件和环境的重要信念和假设,基本的认知图式是积极适应或消极不适应的。图式包括五个因子:每个图式都有一个强的情绪因子,它和信念系统有关;个体拥有这个图式的时间不同;图式是从别人那里获得的,这个人越重要,这个图式就越重要;图式的细节和分散程度的认识是在人的思维之中的;图式有行为成分,它决定个体如何根据信念而行为。图式或潜在的认知结构或核心信念组织服务对象的经历,并在思维上形成混乱的基础。

2. ABC 人格理论

ABC 人格理论是从埃里斯的理性情绪治疗中提炼出来的,它是构成认知理论的重要组成部分。A 代表一个事实、一个事件或一个个体的行为或态度的客观存在,C是个体的情绪和行为的结果或反应,这一反应可以是健康的,也可以是不健康的,但A(诱发性事件)并不必然导致C(情绪结果),B(个体关于A的信念)在很大程度上导致了C,即情绪反应。如果进行干预,则会产生D(质疑不合理的信念),进而产生E(新的信念),这样就会出现新的情感或结果。认知治疗也是致力于纠正功能失调的思维,并从一个更深的层次揭示隐藏在其后的潜在图式。这一潜在图式表达服务对象的经历,并为认知扭曲提供基础。潜在图式在一定意义上与非理性信念类似,只不过这样的图式辨识起来更难,只有洞察服务对象的不安或困扰之后才能让其显示出来。

3. 反应性制约

反应性制约是最早出现的行为理论,也称为经典制约或刺激—反应理论,它来自于巴甫洛夫在这个领域进行的关于狗的实验:狗听到铃声就可以获得食物,不断重复之后,铃声能够造成狗的获取食物的反应。当一个本来不会自然引发某种反应的刺激能够引起或伴随这种反应,这就是行为的条件化,如我们可以训练我们的眼睛看到食物时流泪。这类刺激或反应我们称之为条件刺激或条件反应。如果在条件刺激和条件反应之间的联系不再持续,消退就发生了。反应性制约关注的行为是对刺激的反应,条件作用就是这样一个行为习得的过程,即在行为与刺激之间建立不同牢固程度的联系的过程。当我们针对一个刺激习得某种反应,我们就改变了我们的行为。系统脱敏法就基于这一原理。

4. 操作性制约

操作性制约与反应性制约的不同之处在于强调后果或随之而来的行为,即强化,也称为工具性制约。它认为当前行为的后果决定未来的行为。前导事件A导致行为B,行为B的目的是处理事件A,由于行为B,结果C产生了,行为造成的后果会以增强或惩罚的方式来强化或弱化此行为。强化可以是奖赏、行动、后果或事件,从而可以提高过去行为重复出现的可能性,包括正面的强化和负面的强化。正面强化是在行为发生之后的行动、刺激或后果,它们导致满意度提高。正面强化可以以不同的形式出现。负面强化是让人逃脱或回避难堪情景的后果。惩罚是一种导致减少行为的、令人讨厌或恶心的后果,惩罚可以是正向的,也可以是负向的,它可以减少过去某种行为的重复出现。

5. 社会学习

行为是经由观察其他的人或事而习得的,一个人可并不亲自实践而学会某种行为。观察者可以通过看、听、读而获得或学习新行为。观察包括注意到出现的过程和结果,这样观察者可以做出这样的推论:什么是可以预期的,以及指导示范者行为的规则是什么。观察者对他们所见到的事物形成内在符号呈现,并将自己的行为与之匹配,由此,他们可再产生自己观察到的行为。相应的,行为、外在环境和内在事件(包括认知)三方之间存在互动,环境透过认知的中介而影响个人行为,个人的行为和认知依次影响环境。四个相互关联的过程促进观察性学习——注意、保持、动作再现以及强化和动机。首先,示范要能够吸引观察者的注意,美丽、地位、权力和感情似乎更容易引起注意。其次,观察者要能够记住并储存即保持所观察到的东西。对观察到的事物可以用两个系统进行编码而呈现:其一是图像式的,由观察到的事物的图像呈现组成;其二是口头式的,由形容所见事物的词语组成。第三个过程是动作再现,即将所谓的符号呈现转化为行为,人们将行为与心理意象或口头呈现进行匹配,在这个过程中,人们可以纠正错误、做出调整。第四个过程是强化和动机过程,并包括再现已观察到的行为。当人们意识到示范受到奖赏而非惩罚,或者观察到的行为受到奖赏的时候,就更倾向于再现或复制这一行为。行为改变、维持或控制都可以经由使用强化、惩罚和自我规制而实现。

第二节　认知行为理论的实践框架

认知行为理论的干预目标是清晰地改变行为或者改变认知,在改变行为或认知之前辨识出它们的前导因素,澄清前导因素与关注问题之间的关联,尝试以新的认识方式去思考或以新的行为方式去应对,从而消除或化解前导因素与关注问题的必然联系。

一、认知行为理论在社会工作中的实践原则

认知行为理论指导下的各个实践模式都有一定的差异,但认知取向和行为取向的基本实践原则是可以辨识的。这些原则都立足于前述的概念框架。认知行为治疗体现出了较强的结构性,并严格遵循实证逻辑,干预的时间跨度是受到控制的,社会工作者扮演指导性和教育性的角色,行为技巧和认知技巧都经由社会工作者—服务对象关系一般化到真实的社会情境。

1. 行为治疗的主要原则

行为取向的治疗是以改变行为为直接目标的。行为治疗的主要原则如下:

(1)聚焦于让服务对象和他人焦虑的服务对象特定行为,如果行为改变,治疗就完成了。

(2)以行为主义原则和学习理论为治疗基础。

(3)社会工作者在直接观察的基础上分析和描述问题,并明确界定干预前评估、干预和干预后评估的方法。

(4)通过改变情境中的因素和搜寻所导致的改变来辨识行为的影响因素。

（5）发现并运用服务对象有价值的部分。

（6）引入服务对象环境中的重要他人。

（7）运用有研究证明其有效性的干预方法。

（8）监控进步的方法是运用客观和主观指标，将现在的数据与干预前的数据做比较。

（9）社会工作者致力于在服务对象关注的方面取得成效。

（10）社会工作者要帮助服务对象在不同的情境下运用新的行为，并在干预撤除后保持改变。

2. 认知治疗的基本原则

认知治疗聚焦于认知，并由此导出改变。认知治疗的基本原则如下：

（1）聚焦于服务对象的特定类型的认知，包括自动思考、认知错误和认知图式，如果这样的认知代之以更为理性的认知，问题或行为就会得到改变。

（2）认知治疗是立足于对已有的关于认知、信念、图式和自动思维的研究。

（3）社会工作者首先要辨识出服务对象所存在的特定认知，并以此提出特定的假设，经由过程中的监督而检测认知的改变并检验假设。

（4）教导服务对象以新认知应对能力和实现认知重建是重要的。

（5）逐步让服务对象成为自己的治疗师。

二、在社会工作中认知行为治疗的评估

认知行为治疗的评估聚焦于认知或行为，这个聚焦是清晰的，与其他的视角比较起来，更具有操作性，社会工作者的评估任务也更加明确。

1. 行为评估时应提出的具体问题

行为是受多种线索或暗示影响的，包括社会的、环境的、情感的、认知的和物质的，社会工作者应针对上述领域提出问题。具体来说，行为评估所应提出的问题包括：你在何时何地有这样的行为；你与谁一起时发生这样的行为；这样的行为一般会持续多久；行为出现之后发生了什么；行为的同时你有什么身体反应；这样的反应持续多长时间；这样的行为以怎样的频率出现；当行为出现之时，你周围的人经常做什么。

2. 认知评估时应探索的具体问题

认知评估的问题主要是辨识与服务对象相关的认知扭曲。对服务对象思维评估采用苏格拉底式的提问，向服务对象提问直到服务对象自己找到答案。认知评估时可以探索以下问题：当你最难受的时候脑子里想什么；你信念背后的逻辑是什么；支持服务对象观点的证据是什么；服务对象的认知是否有另外的解释；特定的信念是如何影响你赋予特定事件以意义的。社会工作者要与服务对象就其思维模式达成初步的结论。

3. 认知行为评估的框架

这是一个比较综合的评估框架,包括从不同视角对问题进行描述;追踪问题的开端、如何变化、什么影响了问题;评估改变的动机;辨识问题行为事件发生之前、之中、之后的思考模式和感觉;辨识服务对象自身及其环境中有助于改变的优势和资源。具体评估焦点与内容见表8-1。

表 8-1 认知行为评估框架

焦 点	评 估 内 容
聚焦于引起问题的可见行为	谁、什么、时间、如何、和谁在一起。做过什么、什么没有做过、什么做得太多、什么做得太少、什么出现的地点或时间错误
人们对刺激的意义的归因	由所牵涉的人解释的及由行为或期望行为的缺失所暴露的怀疑、担忧、害怕、挫折、抑郁等
与此相伴的行为、想法、感觉	寻找过去的原因会分散注意力,努力控制问题的范围以限制行为的范围。在现在的影响因素中探索什么东西维持了这个行为。习得此行为的历史,如不适当的反应、学习上的无能、在辨识情境关键方面上的无能
目标行为序列	什么行为需要增加或减少;为了做出新的行为,要学习什么新技巧或减少何种情感
辨识控制条件	问题在哪发生的,前导事件是什么,在这个序列中有什么发生,序列完成后有什么发生
辨识人们对此如何加标签,要避免有偏见的归因	相关人士如何描述或解释这个问题,非解释性的、偏见性的程度如何
在形成清晰假设的聆听中,注意聆听的弹性	不要太过任务或行为中心,以至于压缩人们故事中的复杂性。探索那些看起来似乎无关的或被排除掉的事情。就需要改变的行为及如何改变形成一个清晰的陈述

三、认知行为治疗中的专业关系

在认知行为治疗中,社会工作者要扮演一种更为积极和指导性的角色,包括明确问题、聚焦特定议题、实施认知和行为技巧等角色的扮演。社会工作者要向服务对象解释认知行为理论、进行结构化面谈、询问服务对象、布置家庭功课。在认知疗法中,社会工作者是一个擅长于经由服务对象的视角看待事物的人,是逻辑的思想家,能够从别人的推理中发现细微的瑕疵,并探求同一事物的不同解释。这决定了认知治疗取向的社会工作者是活跃的,且占据主导地位的。在行为治疗中,学习居于干预的中心。社会工作者假定特定的行为技术的应用是服务对象得以改变的重要原因,所以社会工作者与服务对象的关系聚焦于提供一个良好的环境去学习新的行为技巧并实践之,因此,行为治疗在一定意义上是一种教育方法。由此可见,在认知行为治疗中,社会工作者更像一个教育者、一个导师。但社会工作者会鼓励服务对象不断提高自己的学习能力,并最终成为自己的"治疗师"。

四、认知行为治疗的干预技巧

认知行为治疗中有很多应用广泛的干预技巧,它们甚至已经成为社会工作实践的主要方法,如社交技巧训练、认知重建、系统脱敏法和压力免疫训练等。

1. 社交技巧训练

社交技巧训练是一种行为治疗的策略,它广泛应用于各个问题领域和不同的人群,并被应用于不同的实践模式。它旨在根据社会学习和认知理论促进个人在人际交往、就业和自信方面的应对、沟通和控制能力的提升,这样可以促进服务对象与环境的交流。社交技巧训练利用一系列问题情境中的角色扮演,教会参与者更有效的互动技巧。其主要方法包括行为预演、示范、强化、形整和激励。行为预演是通过模仿或角色扮演来进行的一种社交技巧实践,要求服务对象完成他们过去已经能够行使的技巧,在他们认知到困难并得到替代方式的建议之后,服务对象以更有效的方式实践这一技巧。示范是指由他人对角色示范所期望的技巧进行预演,随后由示范的观察者,即服务对象进行模仿。在小组社交技巧训练中,其他的服务对象和社会工作者可以进行行为的示范。当一个服务对象能模仿示范的行为时,社会工作者和在场的他人应给予赞扬和强化,并给予那些随后成功地完成这一符合期望技巧的服务对象以正面支持和强化,这一过程被视为形整。另一个用于社交技巧训练的方法是激励或指导。社会工作者或训练者提供暗示,以提醒服务对象在一定情境下的某些要求以及某技巧必须满足的要求。

2. 认知重建

认知重建应用于辨识与问题或症状相关的服务对象的错误和非理性的观念,这样的认知是解释其感受的、未曾证明的假设,它的目标就是辨识、挑战焦虑思维,并代之以更精确的思维。首先,要帮助服务对象辨识伴随其问题的非理性自动思维,用家庭功课记录和描述相关体验,即发生了什么、服务对象在想什么、服务对象的感觉如何。随后,社会工作者挑战服务对象思维的合理性,让服务对象探索替代性的解释,并比较可能的结果与想象的结果之间的差异。所以,社会工作者要鼓励服务对象建立在某种场合下出现的替代性思维和反应。

3. 系统脱敏法

系统脱敏法立足于交互抑制原则,即人们可以凭借竞争性刺激对抗神经质焦虑从而减轻它。采用的策略是运用一个更强的刺激去抑制稍弱的神经质焦虑。更强的刺激导致肌肉深层放松,从而产生一种与焦虑相反的生理反应。放松减少了服务对象被要求想象的引发焦虑场景的影响。系统脱敏法分四步进行:首先向服务对象介绍相关的量表,如主观焦虑量表,社会工作者要求服务对象给自己最差的体验评定为 100 分,而绝对平静状态为 0 分,并评定自己现在的状况,分值在 0 到 100 分之间;然后服务对象开始学习肌肉深层松弛;随后,社会工作者在服务对象的协助下建构一个引发不良反应的事件的层级,确定每个层级都与不同主题联系;最后,实施脱敏程序,先进行放松训练,在服务对象达到一个非常深入的放松状态、双眼紧闭的时候,社会工作者询问服务对象的放松程度,然后给出一个控制的场景,如果这个场景不导致焦虑,社会工作者就从任一等级列表的最低级开始,要求服务对象去想象。服务对象在想象到场景的时候就以竖起手指为信号。5～7 秒之后,临床社会工作者要求服务对象停下来并给出评分。这样就可以慢慢升级实现脱敏目标。

4. 压力免疫训练

压力免疫训练的目标是通过教导服务对象在困难的情境中如何说和做来减轻和预防压力。我们也可以对服务对象所处环境作些改变以减少压力。它的主要目标就是协助服务对象建立应对压力技巧的方式。社会工作者的身份是接触服务对象,从其日常体验中收集诱发压力的数据,并选择相应的应对压力策略。服务对象学会了解其适应不良的思维、解决问题、控制情感反应和执行应对技巧。它整合了众多的认知技巧、行为技巧以及问题解决技巧,如放松训练、逐级暴露、明确自动思维和示范等。

五、认知行为治疗的一般步骤

认知行为治疗的一般步骤如下:

(1) 确定不正确的、扭曲的思维方式或想法,确认它们是如何导致负面情绪和不良行为的。

(2) 要求服务对象控制自己的错误思维方式或者进行自我对话。

(3) 探索其错误思维方式与潜在感觉或信念之间的关系。

(4) 尝试运用不同的、具有正面功能的、正常的思维方式。

(5) 检验服务对象新建立的对自我、世界和未来的基本假定在调整行为和适应环境上的有效性。

第三节　认知行为理论的适用限度

认知行为理论之所以受到社会工作者的青睐,是因为它们的聚焦是清晰的,方法是结构性的。认知治疗、行为治疗和认知行为治疗以及具体的实践技巧在不同问题领域的有效性得到经验证据的支持。认知治疗在抑郁、焦虑、社交恐惧症等领域都有较好的证据表明其有效性。

认知行为治疗的优点是有明确的实践指导和常用评估工具，这对社会工作领域的新手而言比较容易掌握。然而，这样的结构性似乎会限制社会工作者对服务对象问题的弹性反应，或者说将服务对象标准化，消解了服务对象的独特性。认知行为理论的特殊聚焦可能在一定程度上忽视了人类生活的丰富性，导致众多的层面没有考虑其中，这使得它在回应人们的多元需要时有心无力，难以应用到宏观实践层面。在这种情况下，一个更为融合的视角也许更为合适。

认知取向的治疗强调思维影响情感经验，而实际上情感经验也会影响人们的认知，认知理论对此没有予以重视和回应。与心理动力理论相比，认知治疗重视意识，忽视无意识。认知治疗是个人聚焦的，过分强调理性和客观性，是一种基于个人主义的科学方法，这势必受到后现代主义者的批判。行为取向的治疗重视行为的学习和模仿，但行为是在互动的场景下实现的，有时候在控制情景下，学习的行为模式在特定的生活领域并不一定有效。认知、行为和环境之间的交互关系是复杂的，甚至是难以辨识的，而认知行为的基本理论框架是建立在对三者的交互作用的认识上，这可能是一个过于简单化的认识。最后，认知行为治疗显然不适用于那些缺乏认知能力的人。

◎ 思考题

1. 请简述认知行为理论的历史演进。
2. 请简述认知行为理论的基本假设。
3. 请简述认知行为理论的主要概念。
4. 认知行为理论在社会工作中的实践原则是什么？
5. 认知行为理论在社会工作中的评估取向是什么？
6. 请简述认知行为治疗中的专业关系。
7. 认知行为治疗中的干预技巧是什么？
8. 请简述认知行为治疗的一般步骤。
9. 请简述认知行为理论的适用限度。

第九章 社会工作的系统生态理论

人在情境中错综复杂的生活适应与问题,可谓是既复杂又混乱的社会环境与人类行为的综合。系统理论观点给人提供一个系统的和有条不紊的认知架构,有如身陷森林时的一张地图,或漫步在陌生的城市街道建筑中的旅游指南,可以让人按图索骥,不致迷失方向。

第一节 系统生态理论的脉络及主要观点

一、系统生态理论的历史发展

2005 年哈雷(Healy)认为社会工作有三波系统理论:第一波为贝塔朗菲的一般系统理论。这一生物学理论主张所有的机体都是系统,各个系统由不同的亚系统组成并相应的是更大系统的一部分。由此,人是社会的一部分,且由流通系统和细胞构成,它们由原子构成,而相应的,原子由更小的物质构成。这一理论被应用于团体、家庭和社会等社会系统以及生物系统,尽管这一理论面向社会系统发展得不如生物系统或技术系统那样成熟。系统理论的主要观点包括:系统具有边界,在边界之中而非边界之外,物质和精神能量可以进行交换;封闭的系统没有跨边界的交换,如同一个封闭的真空杯;当能量跨过可以穿越的边界时,开放的系统就出现了。赫恩(Hearn)是将系统理论应用于社会工作的早期贡献者之一,他提出了"全人"或"全貌"的概念,挑战了心理动力的个人聚焦,并要求社会工作者给予环境变化以更多的关注。而平克斯(Pincus)和米纳汉(Minahan)则较为详细地讨论了如何将系统观点纳入社会工作的实践模式,这一模式迅速在美国流行起来。

系统理论的第二波是生态系统视角,这一视角是在 20 世纪 70 年代兴起的。布朗芬布伦纳(Urie Bronfenbrenner)在 1979 年出版的《人类发展生态学》中对发展进行了生态学式的理解。在他看来,发展过程可以这样理解:首先,一个发展着的个人不能仅仅被视为被环境所影响的傀儡,而是一个不断成长的、动态地重构环境的实体;其次,个人与环境之间的互动是双向的,这是一个相互适应的过程;最后,环境不能仅仅理解为家庭、朋辈群体这样比较贴近的情境因素,而是要包括更大的社区和社会。在布朗芬布瑞纳看来,环境应该包括四个层面:微观系统,即面对面的群体;中观系统;外围系统;宏观系统,包括更大的文化与社会体系,如意识形态、信仰系统、风俗和法律等。他对个人—环境实践的启示是:个人—环境的配合体现在不同的层次,个人与环境之间存在着复杂的交换关系。梅尔(Meyer)综合不同传统提出了一个综融性的生态系统框架,强调应该将聚焦调整至个人所处的生活空间,关注个人的生活经验、发展时期、生活空间和资源分布等人与环境之间的交流活动,并从生活变迁、环境品质和适合度三个层面的互动关系指导社会工作的实施。梅耶尔的生态系统特别有益于评估,且聚焦于家庭和环境支持的网络,利用"家庭图"和"生态图"作为视觉工具。杰曼(Germain)和吉特曼(Gitterman)提出的生命模式是应用生态视角的一个重要干预方式。生命模式认为人在持续地与其环境的不同层面进行交换并适应之。他们改变环境,亦为环境所改变,这是一种交互性适应。社会问题污染社会环境,降低交互性适应的可能性。生活环境必须与其环境保持良好关系,这样我们经由适当的输入就可以维持自己并发展,即调试度良好。肯普(Kemp)、惠特克(Whitaker)和特雷西(Tracy)提出的个人环境实践是一种助人过程的社会生态学视角,这一视角是在整合已有的生态理论的基础上,结合社会工作理论的最新进展而提出的。这一视角的提出是为了纠正社会工作实践过分沉迷于个人中心,而忽视了脉络,没有考虑到环境这个复杂的网络。这一视角已经在直接实践中具有一定的影响,尤其是社会网络的评估对社会工作的启示意义巨大。个人环境实践是这样一种直接实践模式,它策略性地应用时间以完成三个目标:一是改善服务对象面对压力性生活情景、环境挑战和充分利用环境资源的控制感;二是经由积极的评估、涉入和干预而实现这一目标,在这个过程中进行多维度的思考,尤其重视个人社会网络的动员;三是经由集体行动促进社会层面的赋权的方式以联结个人的关注。个人环境实践既强调社会层面的赋权,也强调个人层面的赋权。生态视角在21世纪头10年有了新的进展,包括提出了生态—社会视角、深生态学视角,乃至于生态女权主义视角等。总之,生态系统视角的生态模式是其中的引领者,它聚焦于系统之内和系统之间的互动,个人与环境的不适应就成为问题的原因。这一理论视角是一个具有整合意义或折中意味的社会工作实践视角,它融合了不同的人类行为理论和社会工作实践理论,为社会工作提供了一个广泛的、折中的知识基础和实践框架,并成为社会工作综融模式的主要理论基础。

　　系统理论的第三波是复杂系统理论,包括复杂论和混沌论,主要源自数学、物理学和工程学的理论进展。20世纪90年代以来,它们逐渐被尝试应用于不同的学科领域,包括社会工作。澳大利亚的皮尔(Peile)是复杂论的最早支持者之一,并将其引入了社会工作;哈德森(Hudson)也进行了同样的尝试。这一理论的主要观点包括：系统大于部分的总和，非线性、变化的常态性，敏感于系统的原初状态，系统具有深层次的模式结构，系统具有阶段变化等。这些重要观点都对社会工作具有启示意义。然而，复杂系统理论过于抽象，它在社会工作领域的应用才刚刚开始。

二、系统生态理论的主要概念及主要观点

系统理论与社会工作一直坚持的"人在环境中"的观点是一致的。平克斯和米纳罕将人们生活于其间的社会环境分成三类：非正式的或原生的系统，如家庭；正式系统，如社区组织；社会系统，如学校等。从系统论的观点来看，个人都生活在系统之中，但是，个人能否与其所生活的系统之间形成积极的互动关系则直接决定了一个人的生活状态。服务对象的问题来自系统，而不是单纯的个人问题。个人所面对的问题来自环境支持的薄弱、社会分配的不均，乃至社会环境与社会制度的限制等。问题本身以及各层次的系统之间都是动态的、不断发展变化的。社会工作者需要将问题和服务放在动态系统之中进行考察。生态系统认为，人生来就有与环境和其他人互动的能力，人与环境的关系是互惠的，并且个人能够与环境之间形成良好的相互调和度，个人的行动是有目的的，人类遵循着适者生存的法则，个人意义是环境赋予的，因此，要理解个人，就必须将其置于环境之中。个人的问题是生活过程中的问题，对个人问题的理解和判定也必须在其生存的环境中来进行。系统生态理论的一些主要概念和观点如下：

1. 系统

系统理论包括五个重要的概念：① 输入——即能量跨过边界进入系统；② 流通——即能量在系统之中如何被利用；③ 产出——即透过系统的边界所产生的能源对环境的影响；④ 反馈回路——即信息和能量传递至为输出所影响的系统以显示输出的结果；⑤ 熵——即系统以自身的能量保持运行，这意味着除非它能接受边界之外的输入，否则它将退化且毁灭。例如，你告诉我关于某个同事的消息（输入我的系统），这肯定会影响我的行为（我的系统），我的行为发生了变化（产出），而你注意到这种变化，由此你接收到反馈，这样我已经听到并理解了你所说的话（反馈回路）。

一个系统的状况可以由五个特征进行界定：① 稳态——即它经由接受输入和使用而维持自己；② 均衡——这是一种维持自我本质的能力，例如，我吃青菜，但我不会变为青菜，我还是我，青菜被消化，为我提供能量和营养，其中部分经由热量、活动和排泄而变为输出；③ 分化——随着时间的推移，系统因更多不同类型的要素而变得更加复杂；④ 非加总性——整体不仅仅是部分的总和；⑤ 交互性——如果系统的一部分发生变化，这一变化跟其他部分相互作用，由此，它们也会变化。交互性的结果是，系统呈现等效性（即以不同的方式达到同

样的结果)和多结果性(即同一情景导致不同的结果),因为系统的各个部分以不同的方式发生交互影响。生态社会系统也具有协同作用,即它们可以自己创造能源以维持自身。

2. 人类发展

人类发展是一个复杂的生理、心理和社会文化因素的产物,这是一种全人的观点。这种观点在评估中很重要,因为这样可以全面检视生理、心理和社会功能的多重影响,以及服务对象涉及其间的多个系统。与此同时,这也是一个互动的观点,个人的行为是目标取向的,因回应环境的需要而做出调整。例如,家庭是一个发展单位,它要经历正常的、可预期的生命阶段,从而测试家庭的适应能力,每次变化都带来一系列新的状况需要家庭去适应。家庭作为一个系统可以这样理解:每个成员都占据一定的家庭位置,成员之间相互依赖;家庭是一个以界限维持的单位,有一定的弹性;家庭是一个适应性的和寻求平衡的单位,互动模式可能会自我复制;家庭是一个完成任务的单位,既要符合外在环境要求也要满足内部需要。

3. 适应系统

系统必须适应外在环境的要求而做出调整,这个问题的实质就是系统如何在成长或改变的同时保持其稳定性。适应性系统不断变化,且越来越复杂,但维持在一个稳定的状态。适应性系统的内部组织需要能够作用于环境或回应环境。信息对组织的运行和适应性而言是至关重要的。反馈回路或控制错误是适应性系统异变的关键。适应性系统能够发展出一系列的替代性观念和行为。开放是适应性系统异变、延续和变迁能力的核心因素。开放的系统其边界更具渗透性,能与环境进行积极的能源交换,具有分化的能力,能为个体的发展提供潜能,亚系统之间有动态的交互界面。适应性系统具有关于环境的清晰认识;适应性系统能够有效回应环境的要求;适应性系统能够选择性地与其环境进行配合;适应性系统的结构变化有助于更具竞争性地作用于环境;适应性系统的选择过程可促进成长;适应性系统能够从不同的初始状态和以不同的方式达到同样的最终状态。

4. 社会工作系统

平克斯和米纳汉认为社会工作系统包括社会工作者这样的改变主体系统、服务对象系统、尝试改变的目标系统和实际上的行动系统。他们注意到服务对象的周边社会环境有三类系统可以帮助他们:家庭、朋友和同事这样的非正式支持系统,社区组织和社团这样的正式系统,医院、学校和社会工作者这样的专业支持系统。然而,服务对象可能无法使用这样的助人系统,因为此类系统可能不存在,或者与其问题不契合,或者不知道甚至不希望利用它们。例如,担心家丑外扬;系统里的政策可能给服务对象带来新的问题；系统之间可能相互冲突，服务对象无所适从等。对社会工作系统的认识与掌握有助于辨识干预或聚焦的层面。

5. 生命周期、时间与空间

生命周期是影响个人发展的相关社会结构和历史变迁的生活事件，它们都对个人的生活产生意义，我们可以经由不同的方法重现服务对象所经历的集体历史事件，并探索服务对象所受到的影响，尤其是时间线方法。生命周期是在空间和时间这两个重要的环境维度中展开的。这里的空间包括建筑风格、地域关系、个人对空间的认知等。空间也可体现为栖息地与生态位，即表示人所处的文化环境。栖息地是指个人所在文化脉络中的物理及社会情景，生态位是个人在其所在的周边环境或社区中拥有的成员地位，经由栖息地与生态位可以看到个人与环境沟通的中间脉络。时间包括时钟时间、生物时间、心理时间、文化时间、社会时间和进化时间。生命周期在一定意义上就是一个随个人、家庭和历史时间而变动的个人与环境之间的互动过程。

6. 人际关联与角色

人际关联就是个人拥有与他人联结而建立关系的能力，这种人际关系的发展开始于亲子间的依附关系，并因此建构了个人在未来生命周期内所发展出来的各种互惠性照顾关系。角色是在人际关联中形成和发展的，它表现的是一种互惠性期待的社会层面的角色，并非个人的角色期待，是个人内在历程与社会参与的桥梁，受到个人的感受、情感、知觉和信念的影响。

7. 胜任能力与调适

在个人与环境的交流过程中，个人与环境间相互影响和反应以达到最佳的调适度。生态观点认为，适应良好并不是非病态、非偏差的成果，而是天时、地利、人和的成功交流，而适应不良是由于个人的需要和环境所提供的资源、支持之间无法搭配和调和。调适就是这样一个相互作用过程，它可导致有机体和环境之间的良好配合或配合不好，从而导致适应良好或适应不良。良好配合可以理解为个人所处的环境是具有滋养性的。"调适"，这个生态学的隐喻表明，具有滋养性的环境能够在适当的时间以适当的方式提供必要的资源、安全和支持，这样的环境可以改善社区成员的认知、社交和情感发展。胜任能力是指经由个人与环境之间的成功交流经验建构个人有效掌控环境的能力。这样的胜任能力包括自我效能感，能与他人建立有效而关怀的人际关系，有做出决定的信心以获得想要的结果，有能力动员环境资源和社会支持。

8. 生活中的问题

将服务对象的问题、人格发展和环境需要的需求定义为"生活中的问题"，而非行为病态或道德瑕疵的问题，这样的理解在一定程度上可以摆脱对服务对象的污名。这在一定程度上体现了社会学的想象力契合。生态视角将更大的经济和政治环境对个人在其内部的生活和在其外部的经历所包含的意义展现出来。或者说,我们只有这样才能注意到:生活中被称为"天意"的东西,其实主要是历史和社会力量的产物。个体复杂而微妙的生活方式能够反映我们的生活经历。基于生态视角的生命模式认为,生活中的问题就是人与环境之间的失衡,包括三个类型:其一是困难的生活转型或创伤性实践,它是指个人或家庭生活周期阶段的交替和演进,包括生理和社会的变动,预期与非预期的,长期或突发的,这会带来个人地位和角色的改变。其二是环境压力,个人从环境中获得资源以增进自己的适应性,但环境本身的结构也会阻碍个人的适应性发展,如不平等的机会、难以对付和没有回应的组织,都会影响个人的生活。其三是功能失调的人际过程,如机会的剥夺、不协调的期望和不良的人际过程等,都会影响个人生活的结果和对环境因素的应对。

第二节　系统生态理论的实践框架

系统生态理论的关键在于将服务对象放在一个系统之中,将服务对象与其所生活的环境作为一个完整的整体来看待,通过改变系统来实现个人需求的满足。

一、系统生态理论在社会工作中的实践原则

在系统视角下,社会工作者试图找出服务对象及其与环境的互动之中是什么因素导致了问题的出现。在这里,并非是服务对象和环境被视为"有问题",而是它们之间的互动有障碍。系统模式实践原则较好地阐述了系统理论如何以不同的方式应用于社会工作,强调要在社会网络和社会系统内寻求可能的行动策略,洞察其间的权力关系,并在整个社会工作过程中考虑如下因素:

（1）系统的观点有助于维持实践的一致性,从服务对象所处的情境出发,看到他们的限制和机会,辨识服务对象和社会工作者的权力、责任及其可能发挥的影响力。

（2）认识到情境的重要性,情境决定社会工作者的目标和可能的回应方式。

（3）采取积极的视角,要在不利境遇中看到改变和进步的可能性。

（4）辨识行为模式可以看到积极的可能性和应改变之处。

（5）系统理论重视过程,即关系和互动是如何产生的,内容和结果如何,要看到服务对象的正面技巧和积极的关系,并尝试将此转移到另外的情景中。

（6）与他人一起工作也是系统理论的重点,包括重要的他人、个人支持网络、机构和社区资源。

如果是从系统的视角进行家庭层面的工作,也需要首先将家庭看成一个从

属于更大系统的小系统,其实践原则如下:

(1) 假设家庭是一个具有独特结构和沟通模式的系统。评估的目的就是与家庭一起确定是什么导致了其功能的失调。

(2) 与家庭一起明确其成员,从而确定家庭系统的边界。观察功能和行为以及文化规范,了解家庭与更大社会系统的交换范围,从而评估相对开放或封闭的边界的特征。

(3) 确定家庭与其环境的配合程度。评估家庭需要获得或接触另外的什么样的资源以改善家庭—环境的配合度。

(4) 理解家庭的组织从而发展出一个家庭结构图。探索社会化过程,亚系统是如何形成的,层级的本质是什么,角色分化的机制是什么,从中了解文化是如何影响组织结构的。

(5) 检视家庭的沟通系统。跟踪系统之间和系统与环境之间的信息、资源的传递。评估系统反馈的特点,考察它是如何与家庭互动模式联系在一起的。询问家庭是否可以描述一下其规则。与家庭一起辨识沟通中功能失调的三角关系。询问家庭成员以了解特定的文化沟通暗示。

(6) 考察家庭对压力具有怎样的回应性。与家庭成员一起辨识家庭结构和沟通模式,并致力于寻求新的平衡。探索系统降低压力、迈向新水平的适应的方式,也可能是重构。

生态视角认为,社会工作实践要立足于以下原则:视个人与环境是不可分离的;社会工作者要成为助人过程中的平等伙伴;检视个人与环境之间的交换;评估影响服务对象适应性的所有层次的系统;评估导致高压力水平的生活情景和生活转型;致力于透过正面的关系和生活体验提高服务对象的个人胜任感;寻求在不同层面影响服务对象与其环境之间的调适度的干预;聚焦于寻求解决方法和服务对象的赋权;干预之时要善用个人的生活体验和非正式的支持网络;干预之时要谨记问题的产生并非单一因素,因此,解决之道应该是多元的。

二、社会工作中的生态评估

根据系统视角,评估首先要决定服务对象系统的界限,明确何谓系统、何谓环境。其次要确定一个聚焦系统,并且考察系统之间的成员是如何相互关联的。系统实践的评估是一个多元的综合性的评估,要考察的内容包括个人、家庭、学校、社区以及更大的社会、文化与政治背景,所以系统视角的评估一定要保持文化的敏感性。对于外在环境的评估,要认识到实际的环境、服务对象所认知的环境和社会工作者所认知的环境之间的差距,并思考社会工作者和服务对象是如何看待这些环境的,以及改变的策略是什么。

生态视角之所以成为综融实践的重要基础,就是因为它提供了一个很好的视角以指导评估。生态评估包含的要素是多元的,其评估也是容易操作的。生态视角认为社会工作者应该进行的评估工作包括如下几个方面:

(1)描述核心系统,辨识需要初步关注的系统,无论是个人、家庭还是邻里;

(2)理解服务对象的压力水平和服务对象回应需要的应对和利用资源的能力之间的不平衡;

(3)理解作用于服务对象效能的情境和因素,包括服务对象对环境的行动能力;

(4)检视服务对象关系或依恋的范围和品质,回应不同的情感关系、人们和其微观与宏观环境之间的情感和社交联系;

(5)洞察服务对象—社会工作者之间的关系以及服务的氛围,包括组织架构和项目结构;

(6)探索更大的或宏观的系统的社会脉络,涉及制度、资源、法律、卫生、教育、学校、社会、媒体和技术服务。

"生态图"是生态视角进行评估的主要工具,这一图表可以清晰展现服务对象所在的环境,以及可能的环境压力或环境资源。另外,社会支持网络图也是很好的评估工具。

三、系统生态视阈下的社会工作专业关系

系统视角下,社会工作者面对的是一个服务对象系统,包括服务对象、家属、非正式的群体、社区乃至组织和政府。社会工作者提供的服务包括直接服务、间接服务或者服务的整合以及宏观层面的指导,因此,社会工作者与他们的关系可能是合作性的,也可能是协商性的,甚至是冲突的。所以,社会工作者要分析每一个系统的关系的实质,且以适当和诚恳的方式介入关系。社会工作者作为促进服务对象改变的变迁主体,其作用在于协助服务对象认识到功能失调和问题解决的根源;引导家庭或个人检视系统内外的结构和沟通模式;指出及时的行为可能有助于问题的解决;和服务对象系统一起寻找问题的解决方法和资源,并提供系统的功能。

社会工作者本身是服务对象所在环境中最为重要的支持源。所以社会工作者与服务对象的关系很重要,他们主要形成一种伙伴关系,有共同的前提并成为一个团队。服务对象与社会工作者形成一个良好的相互关系,这一关系是基于开放、相互尊重和信任的。服务对象与社会工作者、服务对象与服务对象之间是一种相互给予的互惠关系,社会工作者帮助不是单向的。社会工作者的角色包括:启动——强化服务对象的动机,确认并支持服务对象,协助其控制情绪;教导——协助服务对象学习解决问题的技巧,澄清认知,提供合适的信息、行为示范;推动——保证服务对象免于非理性控制的行为自由,界定问题,动员环境资源;中介——协助服务对象与环境中的资源接触;倡导——采取社会行动,动员其他的机构介入;组织——将服务对象联络起来或创建新的社会网络。总之,社会工作者要根据不同的问题领域或聚焦而确定自己的角色。

四、系统生态理论中社会工作的干预技巧

平克斯和米纳汉认为社会工作的任务是:协助人们使用和提升他们自己的能力以解决问题;建立人们与资源系统之间的新的关系;协助或改善人与资源系统之间的互动;改善资源系统内的人们之间的互动;协助建构和改变社会政策;提供实质性的帮助。系统实践的阶段和技巧见表 9-1。

表 9-1   系统视角的实践技巧

阶段	活动	技巧和方法
评估问题	陈述问题	任一问题都应该有三个部分需要陈述:社会境遇、确定这一境遇为问题的人以及这一决定的原因
	分析系统	考虑它们如何影响社会情景
	设定目标	包含达到目标的步骤;决定目标的可行性和优先次序
	设定策略	四个系统之中谁参与其中,这些系统和资源的切入点,需要的关系和预期的障碍
	稳定改变努力	关注服务对象因改变而出现的问题并试图阻止
收集数据	询问	口头的、书面的或进行投射测试
	观察	查看服务对象在家的情况、模拟或运用模拟方法
	检查记录	书面的、其他的、口头的
进行初步接触	可得性	服务对象系统中的人
	联络	在接触到一个之后再接触系统的另外部分
	克服含混性	去除接受帮助的障碍
	改善	显示机构的工作对服务对象系统的目标的作用
协商合约	初次	社会工作者与服务对象之间
	第二次	社会工作者与别的系统之间
	界定内容	各方的重要目标、各方应承担的任务、描述改变的过程
	建立良好关系	解释合约的目的、条文清晰、处理不同意见
	处理对抗	接触系统的另外成员或别的系统,接纳和了解对抗,提供新信息,鼓励希望,设立试验性目标,为群体影响运用团体

续表 9-1

阶段	活动	技巧和方法
形成行动系统	决定大小和组成	服务对象＋社会工作者;服务对象＋家庭＋社会工作者;社会工作者＋另外的机构;服务对象＋社会工作者＋另外的机构
	操作程序	合约的时间长短,见面的次数,频率、地方、行为准则
维持和协调行动系统	避免系统负熵	建立良好关系,让角色、沟通、权力、忠诚、价值和目标一致;避免改变或要清楚角色、操作程序、系统活动和系统的改变
影响行动系统	影响系统的任何一方都影响到另外的各方——多结果性	运用知识和经验、物质奖励和服务以及建立关系、声望、魅力和个人权威的合法性
中止改变努力	总结鉴定	全面评估过程中呈现的进展
	关系分离	/
	稳定改变努力	/

　　生态视角的干预技巧实际上融合了不同的实践模式。基于生态视角的生命模式的实践包括三个阶段:初期、持续和结案。评估涉及明确主观和客观事实,形成供检验的假设,并且同时保持对进一步信息的开放态度,回应服务对象的愿望。在初期,社会工作者思考并探寻问题的理论解释,对服务对象的感觉和反应进行同理性理解,在这期间,反思和了解自己对服务对象的感觉和反应是重要的。持续阶段集中于改变聚焦领域。生态视角的生命模式实践的阶段、助人过程和行动见表 9-2。

表 9-2　　　　　　　　　　生命模式实践

阶段	助人过程	行　动
初期	创造一个接纳性和支持性的服务环境	在与服务对象接触中表达同理心,鼓励其表达希望和选择;清晰地描述服务、机构和社会工作者的角色;消除其群体经历的压制感受
	类型	根据服务对象的选择和生活压力的类型选择个案、小组和社区工作
	方法	选择时段性的、紧急的、短期的、有时间限制的结果开放的服务
	技巧	评估个人—环境的配合度:背景,即基本的个人和家庭数据;界定生活压力;辨识服务对象对社会工作者和机构的期望;服务对象的优势和限制;物理环境

阶段	助人过程	行　动
持续过程	帮助应付压力性生活转型和创伤性事件	1. 表示与服务对象在一起,以强化其能力; 2. 以下列方式探索和澄清议题:提供聚焦、方向、细化问题,看到模式,提出假设,鼓励反思与回馈; 3. 以下列方式动员优势:辨识能力,确认或给予希望; 4. 指导:提供和纠正信息,给予建议,讨论和界定任务; 5. 促进:辨识问题回避模式,挑战错误的接触方式,直面不协调
	帮助应对环境性压力	1. 辨识社会福利机构的角色和结构; 2. 辨识支持性社会网络; 3. 探索物理空间的影响:适当的个人空间、改变半固定空间(可移动的物品);减少固定空间的影响(建筑设计); 4. 统筹并联结服务对象与组织资源;与服务对象合作;与组织协调; 5. 组织指令性的、自信的和劝导性的互动
持续过程	给予家庭过程以帮助	1. 辨识家庭发挥的功能:儿童的养育和社会化;温饱;家庭成员的保护;促进接纳和自我实现的气氛;与外部世界的联系; 2. 加入家庭小组:确认正确的信息,追溯不同的生活故事;创造一个家庭在其间可以取得进步的治疗情境;监督家庭的范式; 3. 与家庭互动:重构认知、布置家庭作业;给予反思
	给予小组过程以帮助	1. 辨识小组的聚焦:教育、问题解决、特定的行为改变、实施任务和社会性目标; 2. 辨识内部压力:小组形成问题、结构和价值议题; 3. 组成小组:获得组织支持、辨识组织和结构、招募成员; 4. 提供支持,辨识差异和分离的需要;协助成员
	减少社会工作者与服务对象之间的人际压力	1. 辨识压力的来源:机构权威和规定;工作人员的权威和权力;工作人员的专业社会化,社会差异,人际控制的抗争;禁忌内容; 2. 为可能的议题做准备:开放地探索人际障碍
结案	组织时间和方法因素	辨识机构关于结案的政策、时间、方法的适当适用
	关系因素	不断变化的工作人员—服务对象关系;服务对象或社会工作者的不同背景
	阶段	1. 辨识结案的工作人员—服务对象的负面感受并回应; 2. 认识到成功的苦与乐;认识到不再承担工作责任的解脱

五、系统生态理论在社会工作中运用应注意的问题

（1）人们遇到的许多问题不完全是由个人原因引起的，社会环境中的障碍也是导致问题的重要因素。

（2）社会工作者为服务对象提供帮助的着眼点不能仅放在个人身上，要从与之相关的不同系统的角度分析问题和着手。

（3）服务对象与各个系统之间的关系是动态的。社会工作者必须不断地对服务对象与环境的关系做出新的判断。

（4）对服务对象的帮助要从整个生态系统出发，把他们的问题放到不同层面的系统中去看待和解决。

第三节　系统生态理论的适用限度

系统视角避免了对行为或社会现象的直线的、决定主义的因果解释，因为同样的和多重的结果可显示众多的能源流如何以不同的方式影响系统。关系模式、边界如何共享以及相互之间的交错都是重要的观点。尤其是，它在一定程度上摆脱了社会工作的医学模式，即摆脱了致力于寻求单一原因，而从一个多因的脉络理解人类行为。系统理论为如何理解提供了一个情境以显示个人与环境如何交互影响、不同的变迁主体如何牵涉其间、社会工作者及其机构如何成为改变的目标，这促使社会工作者要从一个更为广阔的社会情境出发以实现对服务对象问题的理解并寻求可能的解决方案，从而真正践行"人在情境中"这一核心理念。这一视角的说明性特质使得观点易于把握，同时让社会的不同层次与个人行为建立联系。它的包容性使得其理论体系之中可以纳入来自各个领域的知识进展。与此同时，它没有放弃人类行为层面的理论，而成功地与心理学理论联结起来，并将它们整合进更为广阔的架构，这成为系统理论盛行的重要原因。不过系统视角的解释力太弱，它不能告诉我们要做什么以及如何影响系统，我们也难以控制系统中干预的效果，这使得干预有时候流于肤浅或者不着边际。它的包容性过强，从另一个侧面表明它过于普通或者一般化，没有提供很特别的贡献，难以应用于任何特定的情景，对整体的关注可能导致"见林不见树"。

生态视角比系统视角更加强调系统内的互动，它在操作层面比系统视角更加清晰，尤其是多个具体实践模式的提出，进一步澄清了若干重要概念，舍弃了系统视角中那些很抽象的概念，这使得其理论架构更具人性化的特点。生态视角的社会工作实践容易受到新手的青睐，因为它易懂、易学。生态视角以其结构化的特点和专业术语的运用，形成了一种与传统的强调个人化和心理学的社会工作理论风格不同的理论，它是以社会学为基础的综合性的社会工作理论之一。

它的优点在于：强调不断变化的环境而非心理学取向；它是互动性的，集中于个人与环境的交流，而非内在的思想和感觉；"生活中的问题"这一概念可以减少产生于行为和组织的多样性的污名。它是一个整合的视角，包括为个人、小组和社区服务，并不强调任何特定的介入方法，这是一种折中主义。它改变了对行为或社会现象的直线的、决定主义的因果解释，在一定意义上，生态视角体现了社会工作致力于寻求一种整体性理论的尝试，尽管这样的尝试只是初步的。然而，生态视角跟系统视角一样具有以下缺点：它更像是说明性的，而非解释性的；将很多因素纳入一个框架，反而难以解释这样的现象是何以产生的；对问题的深入把握不够，显得比较肤浅，并且从实证上难以验证；它的包容性过强，反而显得没有特色；它只是一个非常概括化的理论，难以应用于任何特定的情景，并不能显示出在特定议题上的优势，因此它似乎更适合于社会工作的初级实践。

🌀 思考题

1. 请简述系统生态理论的历史发展。
2. 请简述系统生态理论的主要概念和主要观点。
3. 系统生态理论在社会工作中的实践原则是什么？
4. 社会工作中的生态评估取向是什么？
5. 系统生态视域下的社会工作专业关系是怎样的？
6. 系统视角的社会工作实践技巧是什么？
7. 生态视角的社会工作实践模式是什么？
8. 请简述系统生态理论在社会工作中运用应注意的问题。
9. 请简述系统生态理论的适用限度。

第十章　社会工作的社会支持理论

身处芸芸众生当中,个人必然与他人产生互动,包括日常生活与特定的危机情境。站立街头时,我们如何感到自己属于这个地方,可能因为我们有亲人住在这个城市,在这里有工作及同事,有邻居与朋友。当一个人遭遇丧偶时,他或她如何度过极度的悲伤,除了时间的愈合效应外,若有人可以给予心理支持或实际生活问题的协助,或许能使丧偶者更快地走出伤痛。就生态观点而言,个人的生存与心理调试依赖于与外界之间的交流状况,社会网络与社会支持即属于个人与他人之间交流的内涵之一,相关研究大多着重于它对于个人心理健康的影响,特别是当处于逆境与危机时。社会工作应从"人在情境中"关照个人的问题来源与解决途径,更应重视在问题中的个人从社会网络中获得支持的程度,协助个人发展或维持社会支持网络,以提升其因应生活压力事件的能力。于是,在西方社会工作中社会网络实践模式产生了。

第一节　社会支持理论的脉络及主要观点

一、社会支持理论的发展脉络

社会支持一直存在于人的生活当中,且被视为理所当然。对于这方面的重视与相关文献并没有明确的历史起源,在 20 世纪各种研究领域中都涉及过这个概念。鲍尔拜首先在精神医学领域中提出了"依附理论",强调早期社会关系的重要性,特别是与父母的关系。生物学的观察发现在生命初期经历极度的分离时,安全的依附会受到伤害。公共卫生领域在社会支持方面,强调以心理卫生为核心,发展以社区为基础的医疗、社会和福利服务网络。实证研究方面,从他人那里得知别人如何看自己的重要性。柯伯和卡塞尔通过相关文献研究提出两个重要概念:工具性支持与情绪性支持。综观 20 世纪 70 年代至今,关于社会支持的研究主要集中在三个方面:第一是着重于社会支持概念的发展,第二是试图了解影响个人发展及使用社会支持的因素,第三是研究社会支持影响个人心理状态的机制,特别是压力、社会支持、因应和心理健康之间的因果关系。

美国社会网络干预开始于 20 世纪 60 年代的费城,斯拜科特在进行家庭治疗的过程中发现,只要给予鼓励,每个人都有极大的互助潜能。在治疗者的鼓励下,家庭成员中自然会有人承担起治疗者的角色。后来,斯拜科特以社会网络治疗的方法训练治疗者,推广社会网络治疗理论,治疗者对在家庭治疗内的网络干预方法接受度较高。在 20 世纪 70～80 年代"社区支持计划"迅速发展,为社区提供完整的服务以解决因实施去机构化政策伴随而来的精神病患问题。其主要模式是促进病患在社区中的生活,其中包括增强非正式网络的社会支持,使病患有机会学习社交技巧和参与休闲活动,这是病患社区复健的重要一环。1987 年美国的国家心理卫生组织提出需要针对精神病患进行完整的支持网络干预,强调对病患的服务应该在自然的环境中,采用最少的限制方式,并且运用自然网络中的人协助病患融合于社区中,各心理卫生中心的个案管理者也都将非正式支持系统纳入其服务计划。

二、社会支持理论的主要观点和范畴

社会支持网络指的是一组个人之间的接触,通过这些接触,个人得以维持社会身份,并且获得情绪支持、物质援助、服务和新的社会接触。依据社会支持理论的观点,一个人所拥有的社会支持网络越强大,就能够越好地应对各种来自环境的挑战。个人所拥有的资源又可以分为个人资源和社会资源,个人资源包括个人的自我功能和应对能力,社会资源是指个人社会网络中的人所能提供的社会支持。社会支持理论取向的社会工作强调通过干预个人的社会网络来改变其在个人生活中的作用。

1. 社会支持理论的主要概念

关于社会支持的定义较多,基本认为社会支持是一个具有多向度的概念,如可以区分为工具性支持、情绪性支持、信息支持和自尊支持等;文献中也区分为实际的支持和感知的支持,前者指客观的事实,后者指个人主观的评量,而且这两者之间有时不见得一致,这要看个人对他人的期待是多还是寡,当期待他人给予支持越高时,主观感受支持的程度可能不如实际得到的多。另外,支持的来源主要有家人、朋友、邻居、同事等,不同来源提供的支持侧重点不同。

关于社会支持的概念可以从"社会"和"支持"两个向度进行探讨。就社会向度上来看,社会支持隐含个人和社会环境的联结,可区分为三个层面:社区、社会网络和亲密伴侣。社区是最外层的一般关系,个人和社区的关系反映其与社会的整合度、其对社区的归属感,也就是个人对社区的认同与参与。这种一般关系具有非个人的性质,但是这种归属感以及成为社会的一分子,对于个人在社会生态中的定位相当重要。社会网络是更接近个人的一层,即是个人可以直接或间接接触的一些人,关系的来源包括亲戚、同事和朋友。这些人对个人而言比上一层的人更具特殊性,他使个人有"联结感",而且涉及的是实际联结的关系,虽然有时是间接的关系。最靠近个人的是"亲密伴侣",这是一种紧密关系,在这个关系中的人拥有共识、彼此期待且互惠与相互交换,并且对彼此的福祉有责任感。这一层的人当然比社会网络中的人更少,往往是少数知己、密友或配偶。这三层关系中,越靠近个人的那层关系对个人的影响越大,也越具有意义。就"支持"向度来看,林南认为有两类:工具性支持和表达性支持。前者指运用人际关系作为手段以达到某种目标,如找工作、借钱或帮忙看家等。表达性支持其本身是手段也是目的,它涉及分享感受、发泄情绪和挫折、寻求对问题或议题的了解、肯定自己和他人的价值与尊严等。在这里他用表达性支持而不用情绪性支持是在强调社会互动与交心的含义。因此这两类支持其实已经包含了以往的各类支持,如工具性支持包括了引导、协助、有形的支持与问题解决行动等;表达性支持包括了心理支持、情绪支持、自尊支持、情感支持和认可等。因此,社会支持就是由社区、社会网络和亲密伙伴所提供的感知的和实际的工具性或表达性支持。

　　从社会资源的角度来看社会支持,人们经过长久以来的观察得出:人际互动的次数与频率和这些人的社会特质与心理组成相关,即"相似性原则"和"类我假设"。也就是说物以类聚,具有相同特质、态度和生活型态者倾向住在类似的社区、出现在类似的社会和工作环境。他们的特质促进彼此互动的紧密度,而互动的密切又更增强彼此共同的特质。由此人际联结的强度也将由互动时间多寡、对彼此的情绪强度、亲密度(相互交心)和相互援助表现出来。而"强联结"对自我的社会心理活动有重要影响,互动的目的在于维持既有的联结,而"弱联结"则是联结个人到更广的社会圈,互动的目的在于拓展联结的多样性。社会资源是蕴藏在个人网络中的资源,资源发挥的功能有赖于个人采取的行动。工具性支持目的的达成有赖于弱联结的运用,因为弱联结中蕴涵的资源类型较广,而个人之所以需要工具性支持,是因为个人欠缺某方面资源,这方面的欠缺很难在同质性极高的强联结中获得。另外,表达性支持是通过强联结的运用,因为网络中的人彼此的嗜好、兴趣、观点与价值观相近。因此,强联结的存在对个人的心理健康有很大的影响,如研究表明,当女性面临负面生活事件时,与先生或男友之间的亲密关系是缓解精神困扰产生的最重要因素。

　　2. 影响社会支持程度的因素

　　是什么原因造成个人的关系网络广度与所获得的社会支持程度不同,这是评估服务对象问题的一部分,关系到服务对象对于人际网络与支持的期待,其人际互动的长处与缺失,这方面的知识有助于了解服务对象现状的根源,以及协助计划与方案制定。一般而言,影响个人社会支持程度的因素有三个:发展因素、个人因素和环境因素。

　　根据发展的观点,社会支持是两个要素互动的结果,一是个人内在资源与特质,另一个是个人的外在环境。一个人内在的对人际关系的看法直接影响着个人社会关系的建立。一个人内在的对人际关系的看法是从出生就开始发展的，早期形成的关于人际关系的看法影响着其日后对所遇之人的经验与感受。也就是说，个人处于外在环境之中自幼接触的人以及形成的关系、互动的品质与经验，使个人逐渐建构起对"人"与外在环境的基本观点和看法，如果一个从小在高朋满座的家庭中成长的人，就比较习惯于人际互动，并视其为生活的常态；如果过去与人际交往的正向经验多于负向经验的话，则可能因而有较高的社会交往倾向；如果成长于一个较为封闭的家庭且人际交往少，可能较不擅长与他人交往及建立关系。生命中可预期的与不可预期的事件也都直接影响着个人人际互动的发展与看法的形成或改变，如上学、就业、结婚与生子等可预期的事件，天灾人祸所造成的失落则是不可预期的事件。因此，从发展的观点看社会支持，思考的焦点在于个人过去的经验如何影响其社会生活；另一方面也期待在这方面有欠缺的人，能够通过未来的新经验改变其内在对于人际互动的观点与看法。

个人因素主要是指个人的人格特质对个人发展和使用社会支持能力的影响。人格特质包括自尊程度、社会性和控制场域（内控与外控）。研究表明，比较多疑、保留和害羞的学生，社会关系的成本有时高于效益；坚毅的人格特质在压力事件产生时可作为保护因子，坚毅的人相信其能控制或影响生活经验、能够充分投入生活的各种活动，视改变为生命中的一种挑战。研究发现，这是一种保护健康的因子。自尊程度是另一个人格特质因素，低自尊被视为是一个不利的因子。社会性和自主性这两个人格特质也影响个人在压力情境下的反应，前者指个人对于向他人求助以满足其需要的信念与态度，自主性则指个人愿意投资和付出努力发展自己的能力以达到成功。当生活事件关乎社会失落或拒绝时，社会性较高可能是一个不利因子；若是与个人失败或对环境失去控制有关的事件，自主性高则成为不利因子。因此，同一事件对不同的人会产生不同的生意义，而事件的意义对个人的自我感受相当重要。一般而言，具有坚毅性格的人倾向于运用社会资源解决问题；自尊程度高的人可能有较高的社会支持；一个对自己有正向感受与评价的人，呈现的形象容易被他人接受，因而可能有较多的关系网络与社会支持；社会性高的人倾向于运用外界资源以满足需求，因此社会支持网络可能较为丰富；而自主性高的人属于凡事求诸自己，可能较不倾向于运用他人资源来解决自己的问题。社会功能是另一个影响社会支持程度的个人因素，社会功能较差者，所获得的社会支持程度较低。研究发现，精神病患的行为问题越多，其社会功能就越低，因此，其社会支持程度也就越低，长期的疾病症状对于社会支持有负面的影响，某些疾病的症状表现为社会退缩，如抑郁症、恐惧性焦虑或被害妄想症等，社会支持程度必然低。

环境因素在个人的社会支持网络的形成过程中的作用体现在不同类型的生

活环境。20 世纪末的一项研究表明,环境因素对于个人社会支持程度的影响重于遗传因素。在瑞典的一项针对双胞胎的大型研究中,把研究对象确定为在1886 年到 1958 年间出生的 25 000 对同性双胞胎。在研究中,把 50 岁以上者作为次样本,并区分是否在同一环境生长以及是同卵或是异卵双生。研究与分析发现,感知社会支持的变量有 30%可被遗传因素解释,其余变量则由生长的环境因素解释。

总的说来,发展因素、个人因素以及环境因素对个人社会支持网络的形成有重要影响,而且这三个因素对个人社会支持网络形成的影响往往呈现出不同的组合方式,这也就决定了每一个人的社会支持网络都是不同的,而每一个人对社会支持网络的运用也是不同的。

3. 社会支持理论的基本假设

(1) 人类的生存需要与他人共同合作,以及依赖他人的协助。

(2) 人类生命发展历程都会遭遇到一些可预期和不可预期的生活事件。

(3) 人类在遭遇生活事件时,需要资源以因应伴随事件而来的问题,其中包括个人的内在资源与外在资源。

(4) 社会支持网络属于外在资源的一类,一般又分为正式支持和非正式支持两类。

(5) 尽管社会网络也可能对个人造成负面的影响,但一般而言人类通过与他人之间的联结可以建构社会整合感,从而感到自己属于社会的一部分,这关乎个人的基本生存。

(6) 在压力事件之下,社会支持网络可以缓解压力带来的负面影响。

(7) 社会网络中的人可以提供个人压力因应的方法,或是直接参与压力因应过程中,有助于个人的问题解决。

(8) 一些弱势群体的社会支持网络较为薄弱,需要专业人员协助以增进网络范围和社会网络的支持功能。

第二节 社会支持理论的实践框架

一、社会支持理论在社会工作中的实践原则

无论是重要的他人还是泛泛之交,社会支持网络都是属于个人所处生态的一环,社会关系网络反映个人与其生态中其他系统之间的关系状态,社会支持多寡则呈现个人与他人之间的交流状态。一般而言,若个人在需要支持时能够接近且运用网络中的人发挥支持功能,那么个人与环境之间的配合度较佳,即处于适应良好状态。从社会支持的来源可将其划分为正式支持和非正式支持两类,

前者指来自专业人员的协助,后者指来自个人自然网络中人们的支援,包括家人、亲戚、邻居与朋友。社会工作所接触的服务对象多是弱势群体,个人周围的关系网络可能不多,且根据相似性原则,其所接触的人也是资源不足的群体,或是因服务对象多年的问题,原有的社会支持网络中的人已远离服务对象以避免干扰。因此,社会工作专业人员除了希望能提供服务对象正式支持以外,还可致力于协助服务对象重建过去的联结,或是建立新的联结,并使关系网络中的人能够发挥支持的功能,这就是社会支持理论的重要实践原则。

社会支持理论的另外一个重要原则就是要充分运用社区的社会支持功能。一般而言,社区支持体系可发挥三个层面的功能:预防、治疗和康复。在预防方面,社区支持可以增进个人的福祉和功能,也可以减少压力事件的负面影响,例如,对一位身为单身母亲又需要照顾年迈父亲的女性来说,若能提供相关的教育和训练方案,可减少其负荷的程度。在治疗方面,非正式支持体系可以协助正式支持体系的专业人员进行治疗工作,如监督病患用药,或是鼓励服务对象遵循医嘱等。在康复方面,社区支持体系可提供生活的协助、友谊和教育的训练,以协助病患重新回到社区。社区支持体系是社会支持网络的一环,专业人员的实践原则是希望运用非正式支持的资源,以解决服务对象的问题,提高服务对象的生活品质。

二、社会支持理论的评估技巧与方法

社会支持干预过程首先是由评估服务对象的社会关系网络和社会支持程度开始的。社会支持网络的评估可分为"结构"和"功能"两个方面,结构指的是网络的组成,包括人数、网络中人们的类型、网络中人们彼此的距离等。功能指的是所发挥的支持影响或作用,可大致区分为工具性支持和表达性支持。评估的对象可分为个人层面和社区层面。

1. 个人社会支持网络评估

欲了解个人关系网络状况,首先可区分个人生活范围,分别就这些范围列举与服务对象有关的人,并询问这些人彼此是否有关系,以及各关系中的人们对服务对象的相对重要性。个人关系网络如图 10-1 所示。

如果服务对象的生活范围包括家庭、邻里、朋友和工作场所,那么就可请服务对象分别就这三方面列举他比较熟悉的人,并将他们放置于图中,当然熟悉程度

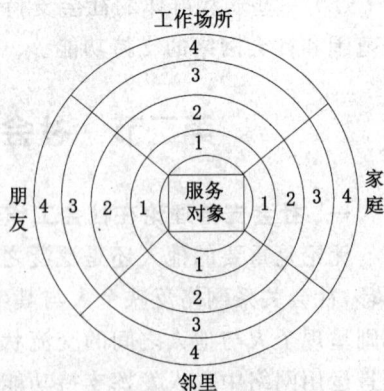
图 10-1 社会网络图

由服务对象自己来认定。其中 1、2、3、4 分别代表不同的重要程度,越靠近服务对象个人的,关系越重要。接着,请服务对象将彼此认识的人用线加以连接。至于网络中人们与服务对象之间的互动状况,或是网络中的人们对于服务对象所提供的支持类型与程度,则可以使用社会支持的相关量表。在评估过程中,专业人员还可以询问服务对象,如果遇到困难或问题时是否有寻求他人协助的动机,若有,则主要是网络中的哪些人,还愿意或向往去联系哪些人。这样,专业人员在协助服务对象的过程中不仅知道可优先联系服务对象网络中的哪些人,还可以知道服务对象希望哪些人是他的潜在资源,可以帮助他拓展支持网络。

2. 社区社会支持网络评估

一般情况下,进行社区支持网络评估时应回答下列问题:

(1) 社区中高危险群体的问题与需求是什么?

(2) 社区有哪些非正式资源可满足这些需求?非正式支持体系的限制是什么?

(3) 社区有哪些正式资源可用以满足这些需求?有哪些限制?

(4) 正式资源和非正式资源之间的关系如何?

(5) 如何增进此两者间的联结?

(6) 有哪些问题或需求尚未能被现有的资源解决或满足?

在评估时应尽量与机构现有的评估工具结合,以避免重复和浪费时间。获得现有资料的途径有以下几种:

(1) 人口统计分析:经由官方的研究报告,如普查资料,了解一些问题群体的人口特质,如性别、年龄、收入、居住状况等。另外民政部等相关单位或许能够提供有关正式资源的信息。

(2) 社区调查:机构若有足够的资源和时间也可以与学术单位合作,进行社区调查,以回答上述问题,包括服务对象群体的问题和需求、资源配置状况、需求满足状况以及未满足的需求等。

(3) 使用服务对象接案表格:如果机构中既有的接案表格当中有相关的信息,可通过内容分析整理这些资料,以掌握上述问题的状况。另一方面,机构也可将这些问题设计在接案表格中,从而系统地分析机构所有服务对象的支持网络优点、缺点和阻碍。

(4) 关键人调查:即访谈掌握服务对象群体某方面信息的人,如机构工作人员、社区守门人或非正式支持者等。

三、社会支持理论在社会工作中的干预模式

社会支持理论认为,对服务对象的干预模式包括对服务对象个人本身的各种有助于其社会网络建立与运用的干预;对服务对象所在社区的社区组织的干预；对服务对象所在工作机构中的相关人群的干预；对服务对象的家庭及朋友等重要人群的干预等。它是一种综融式的干预模式，此处不再详述。

第三节 社会支持理论的适用限度

社会支持理论的发展已有四十多年的历史，在美国的 20 世纪 70～80 年代因为正式社会服务资源不足以因应服务对象多重的需求而被重新受到重视。社会支持网络属于个人与外在环境关系的一环，有助于个人的环境适应，因此，其可以整合到生态观点或生活模型当中。这种干预的优点是通过使用服务对象周围自然的资源，协助服务对象应对问题，而网络中的人们也可以发挥创意，提供协助服务对象的替代方案。另外，虽然要使网络中的人们持续协助服务对象，需要一些实质与非实质的诱因，不过基本上成本低于专业人员提供的专业服务。这并非意味着网络中人们的协助可以取代专业服务，而是他们的服务可以整合成为对服务对象完整服务的一部分，网络的运用仍有待专业人员担任分配、统整与监督角色。

当然，由此可见，这种工作需要通过外展寻求服务对象既有网络、试图扩大网络与维持持续网络，工作的过程相当耗费时间，工作人员持之以恒方能达成目标。目前此类干预的限制之一是专业人员本身相关的知识与技巧不足，学校教育应使学生了解社会支持网络的功能，社会支持类型以及运用社会支持资源的策略，这些内容可以纳入人类行为与社会环境的课程以及社会工作实务理论的教学之中来。尽管在实务中这类干预呈现正面效果，但是在缺乏实验设计的研究结果之下，仍然很难断定此项干预与服务对象改变之间的因果关系。

思考题

1. 请简述社会支持理论的发展脉络。
2. 请简述社会支持理论的主要概念。
3. 请简述影响社会支持程度的主要因素。
4. 请简述社会支持理论的基本假设。
5. 社会支持理论在社会工作中的实践原则是什么？
6. 请简述个人社会支持网络评估的内容。
7. 请简述社区社会支持网络评估的内容。
8. 请简述社会支持理论的适用限度。

第十一章　社会工作的存在主义理论

存在主义是一种构成了某种哲学层面的反思和挑战的特殊社会工作理论模式。它强调每个人都是自由的,都可以进行选择,并对自己的选择和行动负有责任,这样,每个人都被视为自己生活蓝图的艺术大师。在此理论指导下,社会工作者确信:一旦个体认识到他们是制造自己生活困境的角色,他们就会相信,只有自己才有力量改变这样的情境。在存在主义看来,社会工作是一种艺术,一种帮助他人寻求一种有意义的存在方式的艺术,这样的认知无疑是基于人本传统的,并且与实证传统形成了对立。

第一节　存在主义理论的脉络及主要观点

一、存在主义理论的发展脉络

作为一种社会工作干预模式的存在主义无疑发轫于作为哲学流派的存在主义。存在主义聚焦于人类的局限性和生活的悲剧、不幸、孤立、异化和焦虑。克尔凯郭尔对关注恐惧进行了研究,讨论了害怕、焦虑和担忧在生活中的作用,人的目的就是创造我们自己。尼采强调了主观的重要意义,因为人类更多的是意志的产物。这样,如果我们赋予自己以掌握权力意志的自由,我们就会发现自己的创造力和本有的潜能。海德格尔鼓励寻求真正的体验,我们可以通过情绪和感觉了解我们的生活是如何构建的,如果从一种模糊的感觉转换为明确的自觉,就可能对未来提出更为积极的答案。萨特认为,人的价值就是我们可以选择,但选择要负有责任,正是由于人们不同的选择而成为不同的人。可见,存在主义哲学关注人类对其生存这一事实的意义思考。它聚焦于人们获得个人权力以控制其生活和改变规制他们如何生活的观念的能力。人既被视为"客体",也被视为"主体",人既作用于环境,亦为环境所影响,环境包含模糊和异化的体验以及苦难,所有这些正是理解人生意义的重要基础。

存在主义作为一种助人模式是从心理治疗开始的。弗兰克尔(Frankl)、罗洛·梅(Rollo May)、詹姆斯·布根塔尔(James Bugental)、欧文·雅洛姆(Irvin Yalom)是存在主义心理治疗的四个先驱人物。弗兰克尔在 20 世纪 30 年代主张,心理治疗的对象并非心理动力理论所说的人的"潜意识",而是"存在"这一人类的本质。他主张应该从人类的存在出发,分析人生的意义和存在的价值,帮助服务对象寻求生活的意义,发现和发挥自身独特存在的意义。然而,我们生活的现状就是无意义,而治疗的目标就是促使个体经由爱、苦难和工作而发现意义,"通过意义而进行治疗",这样,服务对象就会更具有责任感和伦理性。罗洛·梅的《存在:心理治疗和心理学的一个新的方面》进一步确认了我们的选择决定着我们成为什么样的人。雅洛姆(Yalom)辨识了人类四个基本的考虑:死亡、自由、存在疏离、无意义。他撰写的教科书《存在主义心理治疗》和《团体心理治疗理论与实践》是具有开创性意义的著作。他的心理小说《当尼采哭泣》更是一个了解存在主义心理治疗的文学读本。

在社会工作领域,克瑞尔(Krill)在1978年提出了存在撰写主义社会工作这一概念,并进行了较为系统的阐述。1992年汤普森(Thompson)撰写的《存在主义与社会工作》一书无疑是最重要的文本。他们都致力于将存在主义引入社会工作的理论体系,从而推进人本传统。

二、存在主义的主要观点和范畴

存在主义作为一个哲学流派,包含众多概念,并且相同的概念在不同的哲学家看来含义迥异,尽管他们都是存在主义者。正如汤普森所说,试图以一种简单和清晰的方式表达某些哲学概念无疑会有过分简化之虞,它可能损失特定概念的丰富含义。尽管如此,概念的梳理与介绍还是十分必要的。

1. 存在

存在是存在主义的核心概念。萨特区分了两种类型的存在:自在的存在和自为的存在。自在的存在是纯粹的存在,自在即"是其所是",所以自在的存在是不思、不想、不动。它仅仅在那儿,无所谓好与坏,没有分化,没有意见,是中立的、静止的,没有内在的意义。自为的存在是我们意识到的存在,自为即"是其所不是",所以自为的存在是一个动态的、不断变化的过程,它是有意识的、有潜力的、可以改变的,体现了积极性和创造性。更为重要的是,自为的存在将意义引入世界,并对人和世界进行区分。从自在的存在转变到自为的存在对个人而言是一个重要的过程,社会工作可以作用于这个过程,帮助服务对象认识到改变是必要的且可能的。

2. 自由与责任

自由与责任对于人类存在而言是对立统一的。人可以自由选择不同的道路,这样人就成为塑造自己生活的主体。然而,人们应该为自己的自由选择承担责任。因为,我们在创造自己的命运之时,也制造了自己的问题。毫无疑问,承担责任是变化的基本条件,因此鼓励服务对象直面自己的责任是极其重要的。人们因此而为自己的行动承担全部责任,这是存在伦理的重要层面。我们有行动自由,但没有免于回应我们的环境和施加给我们压力的责任的自由,这些都是存在的事实。认识到自由和责任的辩证关系对于个人是关键的,尤其是在生活转变时期。

3. 自欺

绝对自由意味着绝对责任,一个人只要选择了一个事件,他就得为这一事件的后果承担全部责任。他不能把责任推诿于他无法控制的条件,不能把自己的选择及其后果说成是不可避免、命中注定、迫不得已、顺乎自然、随波逐流的等。人不能逃避自由,却能找出种种借口推卸责任,这些借口就是自欺。很多人相信自己不能做出选择或没有责任,这就是自欺。可见,自欺是一种自我描述,旨在回避因存在自由而产生的焦虑,但这注定会失败。自欺也是一种"虚假意识",这会阻碍我们去体验存在自由的潜在解放效果。自欺的伦理后果是,如果我们以自欺的方式行动,我们就加诸自欺于他人,如果我们否定自己的自由,也就否定了别人的自由。社会工作者就是要让人们认识到自欺,并尝试回到本真性。

4. 本真性

没有自欺即为本真,本真的行动与自由和责任保持一致,这样的行动是与人类自由和自我创造相一致的。要实现本真性的存在就要控制自己的生活,包括接受选择和责任、学会与焦虑共存,并且要以自己的价值观进行选择,而非屈从于外部影响。所以本真性就是存在的自我发现,它消解了自欺腐化性的一面。

5. 意向性

意向性即人具有根据他们希望未来如何而行事的能力。存在主义拒绝关于人或社会应该如何的任何先前的期望。这与行为主义或心理动力理论的观点不一样,它们宣称过去对现在有重要影响。因此,我们如何解读它并为了未来而如何行动为我们的生活赋予意义。结果是,人类能够透过他们的个人自由去创造或界定自我。人格和社会结构是自由的人类选择的结果。然而,他人将我们的行动贴上标签,这让我们不得不紧紧握住。因此,我们开始接纳被应用于我们的所作所为以及我们是谁的社会期望的局限。这是我们应对关于生活的"荒诞"感觉的一种方式。

6. 关系

人们努力取得认同和与他人的关系。我们都在试图与他人建立关系,这样才可以免于孤独、焦虑和异化。但我们经常会体验到没有自我,为他人而活,或者成为自我的陌生人。因此,我们经常处于一种独立和与他人相连的矛盾处境。这样,与他人建立一种共同成长的关系就是重要的,与此同时,找回自我也是变化的重要条件。存在主义社会工作也是某种关系为本的社会工作形式,可见关系的重要性,因为存在的即是关系的。

7. 焦虑

焦虑是存在主义的一个核心概念，焦虑来自生存的抗争，从而确保个体的存在，它是死亡、自由、隔离和无意义导致的结果。焦虑可以视为成长的潜在来源或成长的刺激，没有焦虑就无法生活，也不能面对死亡。为此，干预的目标不是消除焦虑，而是鼓励服务对象直面生活、坚定立场、做出选择，从而体验到新的生活方式的满足感。

8. 死亡

存在主义对死亡有着较为积极的认识，因为认识到死亡是人类存在的一个基本状态，可以赋予生活更多的意义。这样，我们就了解到死亡是不可避免的现实，因此对死亡的思考是必要的。只有这样，死亡才能激励我们更为完整地生活，抓住当前的任何一个有意义的事件。总之，关于死亡的积极思考可以拯救我们的生活。治疗师可以在治疗过程中直接谈及死亡，因为直面死亡的恐惧可以帮助我们将死气沉沉的生活转变为更为真实的生活。

三、存在主义社会工作的主要观点

存在主义的核心是个人的存在，个人具有选择的自由。人的自由表现在选择和行动两个方面。只有通过自己所选择的行动，人才能认识到自由，因为人的本质是由自己所选择的行动来决定的。尽管不同的存在主义者之间对于如何看待他人的问题存在分歧，但是有一点是共同的，即他们都认为人与人之间是可以做到彼此理解的。

存在主义社会工作在实践中强调个人的自由和责任。社会工作者必须明确，服务对象的行为是可以改变的，社会工作者的作用就在于帮助服务对象选择他们的目标，克服实现目标的限制。社会工作者要致力于将负面的因素转化为积极的正面因素。在实践中，社会工作者关注服务对象的主观经验。存在主义取向的社会工作依据存在主义思想提出了社会工作治疗过程的如下五个基本概念：

（1）觉醒。即个人意识的觉醒。这个概念指的是人的自我意识要经历一个对自我不真实生活的幻灭，进而到对真实生活的正视过程。个人的成长必然经过这种负责任的行动，才能实现个人的独特性。

（2）痛苦是生命的一部分。痛苦是必然的，痛苦对人的生命具有指导性。存在主义强调，对过去经验的解释对于未来的行动具有十分重要的意义。

（3）选择的自由。存在主义强调个人的主观性和选择的自由，强调个人在主观上具有选择与改变的能力。

（4）对话的必要性。存在主义认为，人是无法独立生活的，个人必须通过他人的反应创造自己的意义，并根据这个意义来选择行动，个人的成长就是在与他人的互动过程中实现的。

（5）实行。实行是指在社会工作治疗过程中，社会工作者如果希望服务对象肯定自己的独特性，就必须通过社会工作者对他的肯定来实现。

存在主义取向的社会工作临床治疗者强调，没有预先设定人们应该如何生活，而应该肯定人们有独特的生活方式，有选择的能力与自由。此时，社会工作者只是起到协助的作用，协助服务对象肯定自己的本质。

第二节　存在主义理论的实践框架

一、存在主义社会工作的实践原则

存在主义社会工作的基本目标是让服务对象直面并接受令人敬畏的自由和行动的责任，洞见到自己生活的非本真性或"自欺"的成分，转向本真，做出决定，寻求改变。汤普森（Thompson）在1992年提供了一个立足于萨特的存在主义思想的、关于社会工作的实践理论架构。这一架构提出了若干具有实践操作意义的基本原则，见表11-1。

表 11-1　　　　　　　　　　　　　存在主义社会工作的实践原则

原　　则	实　践　内　容
自由和责任是人类经验的主要基石	避免认为服务对象的行为是既定的或不可改变的。寻找服务对象可进行选择的生活领域并帮助他们这样做。旨在认识限制服务对象的选择的情景之中的要素并将其移除
自由是解放和负担	将自由的负面，如焦虑、担忧和自欺，转化为积极的一面，如自我控制、自信与本真
本真性是解放的关键，"自欺"是处理	社会工作者必须瞄准本真性，即接受和采用他们自己的能力为他们的生活和他人的生活"制造差别"。服务对象要在别的工作被完成前确立本真性
问题的普遍原因	服务对象依赖于他人或规章和制度的金箍去把握他们的生活
存在被体验为无能为力；每个人都应该接受责任	服务对象与众多问题抗争。社会工作者要协助他们在可能的有限领域承担责任。如果这个实现了，承担更多的集体责任则是可以实现的
存在主义需要共享的主观历程和伙伴取向	出发点是接受和认识到服务对象对其经验的感觉以及分享承担责任、采取行动的过程
认知到控制性、权威性与非指导性工作之间的张力	将了解和洞察社会工作的这两个层面之间的复杂冲突统一于认识到形成于服务对象的自由和责任的总体观点的冲突之中
存在是运动	自然的稳定是不可能的。社会工作寻求发展和进步而非四分五裂
存在的自由和自我创造的过程是自我解放的基础	在有可能实现后者之前要先实现前者

存在主义思想强调"整全主义"的人本主义价值,即视个人和社会系统为一个整体。"总体化"意味着尝试形成我们对情景及其历史的综合理解,这样的综合有助于我们从不同观点的交织和冲突之中形成理解。"辩证理性"就是这样一个我们透过持续的、内在的和存在主义式的争辩而发展出我们对世界的总体看法的过程。

人具有自我知觉的能力。人都能够进行自我知觉、思考和决策。知觉得越多,获得自由的可能性就越大。所以,扩展我们的知觉就能够增强充分生活的能力。这对于人的成长是最基本的。当我们把自己世界的门打开之时,可能会有更多的抗争,也为更多的成就赋予了可能性。

人类可以实行自我定义和自我创造。如果我们能够接受和利用我们的自由,在我们诱致或作用于持续变动的人格和社会情景的时候,我们就可以乐观地期待"自我定义"或"自我创造"。自由即创造我们自己的责任,而可怕则来自知晓在我们的创造过程中还创造了负面的东西和正面的东西。

社会工作者要协助服务对象寻找意义。从生活中寻求重要性和意义是人的重要特点。但价值观的混乱可能成为意义缺失的重要根源,因为人们无所依托,甚至会体会到空虚和肤浅的无意义感乃至无能力感。因此,寻求一种与自己生存方式一致的价值观或建构生命的新意义是改变的重要动力。即便是苦难也可以经由赋予新的意义而成为人类成就的肇始。

二、存在主义社会工作的评估

存在主义社会工作的评估并没有一个明确的、结构化的评估指引,这与其基本实践立场是一致的,因为它认为应该基于服务对象的独特性展开实践。然而,从其概念框架出发,我们可以辨识出评估主要有以下几个方面:

(1)辨识服务对象生活中关于自由、责任、焦虑、关系、选择、命运乃至死亡的主题,这样的主题可以从服务对象最初的诉说中发现,如他可能觉得没有选择、命运不济等。

(2)探索服务对象目前的选择困境和影响选择的因素、生活情景中的重要关系和资源,以及生活的期望。

(3)探索服务对象的"自欺",了解服务对象对世界和人生的看法,考察"自欺"的影响。

(4)了解服务对象价值系统的来源和他们认可的权威或偶像,这是价值重建的重要前提。

三、存在主义社会工作的专业关系

存在主义社会工作将社会工作者与服务对象的关系置于最为重要的地位,因为在干预情景中,这样的关系本身就是激励积极改变的因素。因此,在专业关系上,它秉持了人本传统,即以诚实、同理、支持和正直来面对服务对象,让服务对象体会到社会工作者的勇气、态度和责任。这样的关系应该为改变提供能量和支持,社会工作者成为服务对象漫长、艰辛的改变历程中的伙伴。在这个意义上,存在主义社会工作不主张干预的客观性和专业距离,而是一种非控制性、非指导性的介入,它旨在极力创造一种对服务对象的关怀与密切关系,从而形成一种良好的在场感。

四、存在主义社会工作的干预技巧

存在主义社会工作并不以特殊的干预技巧见长,它往往会依照服务对象的独特性而做出反应。下面只介绍三种可能的策略。

1. 增强沟通

存在主义认为,一个家庭的不同群体需要跟一个具有整合性的群体进行交往。社会工作者也需要寻求改善整合,即为群体利益做贡献。这有助于在追寻所有的个人计划之中提供相互支持。很多关系难以经由行为的一般原则实现最好的理解。相反,我们可考虑它们的具体计划以及限制它们付诸实施的障碍。成功关系的重要层面就是能够对特定状况进行沟通。例如,父母担心和心烦意乱时,如果小孩了解父母的处境,他们就理解对于一个要求的冷漠反应或激烈反应;如果他们不理解,就会感到很困惑;如果他们理解,且沟通是有效的,他们就会接受自由行动的责任。

2. 消除限制感

在存在主义者看来,人们会遭遇到诸多的限制,这些限制让他们无法自由进行选择,久而久之,人们会接受这样的限制,他们会感觉到比他们面对的限制更多的限制。存在主义将此视为接受选择自由的非现实性限制的"自欺"。社会工作者要试图消除服务对象的这种受限制感,从而使其做出更多的选择。

3. 赋予意义

社会工作者要与服务对象一起赋予生活以"意义"。对存在主义而言,这只能来自进行选择和已经做出的选择。当前的问题可能会阻碍人们对他们做出的选择以及仍将做出的选择的价值形成一个现实的评估。已经形成的自我感可能被当前的问题所破坏,根据存在主义的假设,这需要重构。

第三节　存在主义理论的适用限度

存在主义将人带回了中心位置,关注人类生存的中心,如问题、知觉、自由、责任乃至死亡等。尤其是,死亡被看成是一种积极的力量,人际关系受到了高度的重视。存在主义社会工作强调了人类存在的精神生活和生命意义,充分关心人类独特的存在意识,并致力于挖掘深蕴的心理体验,这沿袭了社会工作的人本传统,实现了从决定论到自由论的转变。在某种意义上,它是对心理动力理论、认知行为理论的纠偏,因为正如汤普森所争辩的,大多数社会工作理论在考虑人性等层面上比较薄弱,这使得在理解社会关系和人际关系方面难以令人满意。存在主义社会工作还从一个特定的层面展现了社会工作的艺术性,因为它试图颠覆实证传统的冷漠和机械,以更为人性的、具有同理性的方式与服务对象建构关系并一起成长。存在主义社会工作主要适用于面对发展危机、有痛苦体验、面对死亡、自觉命运不佳、遭遇生活焦虑的服务对象,对那些处于生活交叉路口、质疑当前生活状况且乐意接受挑战的人效果更佳。然而,在社会工作文献中,关于存在主义社会工作的干预研究较少。从这个意义上说,存在主义社会工作的影响主要是哲学或价值层面的。

汤普森将萨特的存在主义引入社会工作还只是初步,他还没有很好地整合存在主义诸多流派的精髓,也没有将存在主义心理治疗的进展纳入其中。但这样的尝试是值得赞赏的,因为这对社会工作理论的演进具有重要的意义。存在主义社会工作缺乏干预的具体框架和实践技巧,并且使用了具有神秘主义色彩的语言和抽象的概念,这对许多社会工作者而言可能是充满困惑、无法理解、难以接受、无法接近甚至是望而却步的。因此,存在主义实践要进一步澄清其概念,明确其干预程序,凸现其干预技巧,以使干预过程具有可测量性。存在主义可能对部分服务对象是不适合的,因为哲学层面的思考可能无法使那些思维受损的服务对象受惠。

思考题

1. 请简述存在主义理论的发展脉络。
2. 请简述存在主义的主要观点和范畴。
3. 请简述存在主义社会工作的主要观点。
4. 存在主义社会工作的实践原则是什么?
5. 存在主义社会工作的评估内容是什么?
6. 请简述存在主义社会工作的专业关系的特点。
7. 请简述存在主义社会工作的干预技巧。
8. 请简述存在主义理论的适用限度。

第十二章　社会工作的增能理论

　　"增能"是"增强权能"的简称。增能是美国社会工作领域里长期存在的一个概念。但这个概念真正进入到社会工作理论中始于学者巴巴拉·索罗门,他在1976 年出版了一本名为《黑人赋权:压制性社区社会工作》的著作,这本书构成了一个增能的初步实践框架,而且这一框架在 20 世纪 80 年代以来得到了长足的进展。甚至有人认为,20 世纪 80 年代以来社会工作实践进入了所谓的"增能取向的时代"。作为激进社会工作的发展与实践和反歧视社会工作的一个方面,增能实践框架已经成为一种富有吸引力的工作方法,并且体现了某种可以付诸实践的理想主义。

第一节　增能理论的脉络及主要观点

一、增能理论的发展脉络

　　增能的概念尽管在 1976 年才得以系统阐述与实践架构,但具有增能主题与理念的社会工作却有一个世纪之久。例如,早在 1890 年时,社会工作专业的实施中就已经触及服务对象自决与增能的行动了,随后每一个时代的社会工作者仍继续参考各种有关权能的想法与运动,逐渐积累成今天关于增能概念的成熟建构。

　　增能理论的一个重要的先驱性论著就是巴巴拉·索罗门的《黑人赋权:压制性社区社会工作》一书。她关注的是黑人这个少数民族群体,她认为这个群体缺乏必要的个体性资源与经济资源以完成自己的角色,这就是所谓的个体或社会群体的无力感,即缺乏技巧、知识和(或)物质资源以及情绪管理能力,以致无法令自己满意地有效扮演重要的社会角色。而这样的无力感却引来负面评价,负面评价不仅存在于歧视少数民族的实践、组织与事件之中,而且也存在于贬抑、蔑视他们的语言之中。索罗门的研究表明,大多数人都要经历这样的发展:在早期的家庭生活中获得的良好经验带给了他们参与社会互动的信心与能力,而这样的信心与能力增强了他们协调人际关系、充分运用社会制度去进一步提高自己能力的能力,而这些能力的拥有有利于他们接受并良好扮演重要的社会角色。但对于很多受压制的群体而言,他们可能面临一系列的权力障碍,包括间接性的和直接性的。间接性权力障碍可能对这个发展过程产生影响。负面的早期生活经验会减少人们参与社会互动的信心,从而影响人们的人际关系协调和社会制度的运用,并进而直接制约人们对重要社会角色的扮演。直接性权力障碍也有负面的影响。例如,劣质的服务可能导致糟糕的健康状况,并阻滞个体的发展;教育过程中的歧视可能限制人们的学习机会,也可能妨碍人们对重要社会角色的扮演。她认为,由于社会工作更多地集中在如何改变个体而非社会制度,因此,在处理、消除权力障碍方面,其功用是微弱的。

基于这样的背景,增能的目标就在于从如下几个方面帮助人们:将自己看作解决问题过程中的因果行动者;将社会工作者看作拥有服务对象可以利用的知识与技巧的人;将社会工作者看作解决问题的朋友与伙伴;将权力结构看作复杂而部分开放的,它在一定程度上受到外部作用的影响。这样,社会工作者可以消除服务对象身上的起源于负面评价的各种消极反应,让他们看到自己能够在解决自身面临问题的过程中发挥作用,同时发现并消除影响服务对象的障碍,发现并实施有利于有效解决问题的支持性措施。弗雷勒(Freire)的"受压迫者的教育学"提供了一种关于希望、关怀、思考和行动的教育学,它鼓励人们争取自己的权力,而他本人也曾经担任过社会工作的教师,因此,他的看法与社会工作有先天的亲和性。所有类型的社会交换都包含着是接受还是否定现存的社会秩序这一政治选择,而增能就是一种教育性活动,经由对话与合作,服务对象参与到一定的实践之中,体验并采取行动去应对由自己的行动引致的现实,而这种体验与应对本身又会进一步影响以后的行动。因此,这样的实践是反思性的。

巴伯(Barber)认为"习得性无助理论"与"增能理论"有着密切的联系,并且为增能理论的发展提供了很多研究性支持。习得性无助理论是建立在对动物与人的实验的基础之上的。如果人们有过无力改变自己面临问题的这种经验,那么,他们就可能形成这样的心理预期,即自己的行动很少能产生有用的结果。因此,他们在其他情境中学习有用行为方式的能力将受到损害,他们的学习动机就可能丧失,他们在思考、学习过程中可能变得更加焦急和沮丧。这个研究结果清楚而有力地支持了索罗门的有关无力感的看法。终生无权势的人们背负着沉重的习得性无助感。巴伯认为解决这个问题的办法就是要做到环境丰富化,改善这些人所在的生活环境,让他们体验到可以主导自己的生活,获得成功的生活经验。这与增能体验具有很大的关联性。

增能理论中的自主、个人责任、自我实现理念与认知理论、人本主义理论具有一定的关系。因为它们都强调承认并发展服务对象的力量或能力对于这个过程的重要性。由于增能强调对服务对象与其所在环境的互动能力的重要性,所以它与系统生态理论其实也是相互关联的。然而,对这种能力的重视,又属于认知理论范畴,这个能力包含着一个归因的过程,即人们如何知觉并解释有关环境的信息。增能对服务对象自身力量的关注与人文主义关注人们自身界定与环境互动过程的能力极为相近。但是增能更强调权力的分化、阶层的不平等和压迫性体制,而这是上述理论所缺乏的。从而也可以看出,增能理论是多元融合的。增能已经成为社会发展的一种重要方法。

二、增能理论的主要范畴

1. 赋权

索罗门认为赋权就是社会工作者针对服务对象所采取的一系列活动的过程,旨在减少基于污名群体的成员的负面评价而形成的无力感。它涉及辨识导致这一问题的权力障碍的运作和旨在减少间接权力障碍的影响以及减少直接权力障碍的运作的特定策略的实施。赋权具有三个相互关联的维度:一是更具积极意义和潜能的自我感的发展;二是建构知识和能力以更批判性地理解个人环境的社会和政治现实网络的状态;三是形成资源和策略以实现个人和集体的目标。赋权可以在三个层次进行:一是个人层次,个人感觉到自己有能力去影响或解决问题;二是人际层次,个人与他人合作促成问题解决的经验;三是政治层次,能够促成政策或政治层面的变化。在社会工作者看来,赋权涉及以下几个概念:对自身生活的控制,对自己解决重要问题的能力和信心,认识并发展自身行动能力的能力,在做出决定与具体行动过程中对可能的选择与自己独立性的意识与使用。

2. 脉络化

脉络化意味着重点关注服务对象对自身作为一个"社会人"的理解,而不是一心沉迷于社会工作者的假设或建构。社会工作者要鼓励服务对象将自己的生活经历与社会结构或社会进程进行关联,并在此基础上进行反思,辨识自己处境背后的社会政治因素。这样,建立在服务对象的现实状况基础上的对话就可能得以进行,在这个对话中,服务对象的表达、说明、对自己感受的反思以及对生活的理解需要得到充分的鼓励,这成为服务对象走向赋权的重要起点。

3. 权力

权力不仅具有压迫性,也具有解放性。赋权不仅将权力看作压迫性的,更认为权力完全可以被正面使用。个人可以通过政治权力博弈获得影响力去争取资源、解决冲突。无力感基于这样的因素:经济无保障、政治上失语、无法企及信息、缺乏批判和抽象思维、生理和心理压力感等。因此,认识到服务对象及其系统的权力状态是非常重要的。

三、增能社会工作的基本假设

增能社会工作认为,个人需要不能满足和问题的出现是由于环境对个人的排挤和压迫造成的,社会工作为服务对象所提供的帮助应该着重于增进他们的能力,以对抗外在环境的压力。增能社会工作的基本假设有以下几点:

(1) 个人经验深切而全面性的无力感,以致无法与环境交流、实现自己,例如,由于体验到经济的不安全、缺乏政治参与所需要的才能与信息、缺乏抽象及批判思考的训练等,使个人逐渐对环境的要求感受到压力与无力感。而这种无力感是由于环境的排挤和压迫产生的。社会中的弱势群体之所以会处于弱势地位,并非他们自身有缺陷,而是由于他们长期缺乏参与机会所导致的。索罗门认为造成无力感的根源有三个:一是受压迫群体的自我负向评价;二是受压迫群体与外在环境互动过程中形成的负面经验;三是宏观环境的障碍使得他们难以有效地在社会中行动。

(2) 个人或团体之所以缺乏权能或权能失灵,其实是因为其所生活的环境中存在着直接与间接的权能障碍,阻碍了个人接近权能与实现自我。直接权能障碍指的是取得物质资源的限制与不足,如贫穷人所需要的生活扶助与医疗服务缺乏等。间接的权能障碍指的是缺少维持机会均等的资源结构和社会价值,如将穷人标签化为福利依赖者或社会寄生虫等持续的负向贬低或凸显弱势群体的缺陷部分。但是环境中的这种障碍是可以改变的。

(3) 每个人都不缺少能力,个人的能力是可以通过社会互动不断增加的。

(4) 服务对象应该被视为有能力、有价值的个人,增能的历程取决于个人本身,并非依赖助人者所为,服务对象的能力不是助人者给予的。社会工作者的作用在于通过共同的活动帮助服务对象降低在标签团体中所受到的负向贬低而导致的无力感。在反对干涉主义的取向下,不论服务对象经历多少失利、无能、混乱或自毁的情况,增能观点的实务工作人员都应该强调服务对象是有能力的、有价值的个人。

(5) 增能的社会工作者只有在与服务对象建立起的协同伙伴关系中才能达成工作目标。这种协同的伙伴关系包括与服务对象一起检查个人在组织机构中的资源交流与分配问题:个人与环境间的交换关系是否对称;权能结构是否存在;接近或受到的阻碍是什么;事实的本来状态与人为的社会标准或价值是否有落差等问题。

第二节　增能理论的实践框架

尽管很多的实践模式都宣称增能是其实践的核心要素,但这样的宣称常常并没有见诸实践。实际上增能付诸实践并非易事,毕竟社会工作者更容易习惯性地从一个"助人"的角度进行思考,而服务对象要获得自己的权力是具有挑战性的。

一、社会工作增能理论的实践原则

增能实践的目标在于协助服务对象赋权自己从压制性的生活之中走出来。在这样的实践中,社会工作者要与服务对象维持伙伴关系并致力于社会层面的变迁。基于此,应坚持以下 10 个实践原则:

(1) 所有的压制对于生活而言都是破坏性的,社会工作者和服务对象都应挑战它及其存在。否认其他群体压制的狭义看法导致分裂和缺乏权力,我们应该分享应对它的专长。

(2) 社会工作者应该对压制的情境拥有一个整体的视角。多重视角对维持一个整体性的视角是必要的,既要看到树木也要看到森林。

(3) 服务对象赋权自己,同时社会工作者进行协助。自我赋权原则超越了自决原则,它强调服务对象在赋权过程中的权力和责任。

(4) 具有共同基础的人需要相互赋权。这个原则聚焦于赋权过程中的集体权力,社会工作者要经由群体而协助服务对象的赋权。

(5) 社会工作者应该与服务对象建立互惠和相互的关系。社会工作者应该重视每个人的独一无二性以及人们抵御不幸和压制的手段。

(6) 社会工作者要鼓励服务对象以自己的语言进行表达。受压制的人会以压制群体的语言进行思考和谈话。服务对象应该致力于对其现实进行重新命名或建构。社会工作者要观察沟通中的平等和对称原则以此让服务对象自由发出自己的声音。

(7) 社会工作者应该维持这样一个聚焦,即人是胜利者而非受害者。服务对象被压制是他自己无法选择的,但他可以抛弃内化的压制或挑战压制。抛弃受害者的角色,社会工作者要帮助他们获取需要的资源并采取行动。

(8) 社会工作者应该维持社会变迁的聚焦。社会工作者和服务对象主要致力于结构变迁、人类转型、公正和解放。在服务对象的抗争过程中,社会工作者要将其与更大的压制议题联系起来,并采取联合行动迈向社会变迁。

(9) 增能实践中,社会工作者与服务对象是一种双向的合作关系,这是一种相互关系、互惠关系、共享关系和平权关系。

(10) 干预可分为三个层面:第一个层面是社会工作者与服务对象建立合作关系,满足服务对象立即性的需要,包括连接服务对象所需的资源、开始提供意识觉醒、寻找和申请资源等。第二个层面是教导服务对象技巧和知识,并评估其权力动态机制,包括各类小组或团体的活动。第三层面是集体行动,旨在形成集体、参与倡导或进行社会行动。

二、增能社会工作的评估

任何一种社会工作实践理论要展开其独特性,就一定有其独特的关于评估的论述,因为在一定程度上,评估就是干预。增能评估的特点就是聚焦于压制的形式、无权力的状态和可能的资源与优势。服务对象要以对话的形式提供信息、评估情境。如果服务对象与社会工作者对某些事实的看法不一,这些不同的观点都应该记录下来。

1. 基本信息

基本信息包括以下几个方面:服务对象的基本描述;关系状况,是否生活在一起;双亲;需要照顾的小孩;社会经济地位,包括工作和收入来源;宗教;种族或民族或文化背景;健康或精神健康问题,尤其是吸毒与否;报告问题的描述。

2. 生活转变

其内容有:当前的发展议题,包括就其年龄和角色而言,服务对象处于生命周期的何处;当前出现的正常变化或例外的情形;地位和角色议题;近期的危机事件;如果服务对象是儿童或青少年,应了解其发展史;报告问题的历史。

3. 身体健康与精神健康

描述服务对象的样貌,澄清影响其生活的过去、当前或持续的问题,包括慢性和急性生理疾病;生理的或心理的挑战;机体、生化和神经问题,如发展性障碍、主要精神疾病、药物滥用以及疾病史,其他情绪问题,如焦虑障碍、抑郁反应和情境性障碍。对于所有的生理或精神疾病,要注意诊断的时间和地点、住院的历史、使用过的药物,看是否有任何的具有文化特色的回应压力和疾病的方式。另外,也应该将自我功能包括在评估过程中。

4. 人际模式

与重要他人和支持网络的关系与沟通模式,特别是弄清服务对象生活中的家庭成员和支持网络是谁;评估关系的性质,如果可能,与重要他人见面;注意问题和优势;社会工作者与服务对象关系的反思也要包含其中。

5. 环境

环境包括物理的和社会经济的。描述物理环境,包括社区、邻居、住户单位和家庭气氛;服务对象的工作环境包含在内也是有益的;环境是否提供了足够的资源和支持;描述环境的回应性和特质;问题是否与这样的环境有关联。

6. 压制的表现形式

服务对象正在经历怎样的压制;资源歧视或资源获取的障碍;关系性的议题,如性侵犯、虐妻等;何种权力的不平等体现了这样的压制。

7．无权力感或权力不足的领域

服务对象感觉缺乏什么知识、态度、意识或资源；权力的缺乏可能是个人层次的、人际层次的或政治层次的。

8．聚焦于优势

回顾前面的7个领域，从以下方面描述服务对象的优势：什么样的应对是效果良好的；有怎样的自我优势；怎样的具有文化特色的应对是有益的；服务对象可以动员怎样的人际资源；服务对象所在社区的优势何在；环境提供了什么机会；为了反对压制和获取需要的权力，服务对象承担了什么责任；服务对象采取了什么措施；服务对象怎样表现其争取赋权的潜能；服务对象是否对意识觉醒有兴趣。

9．评估过程

社会工作者和服务对象一起参与评估，并检视前述8个领域的客观和主观的事实，如什么是问题的本质；基于这一评估，我们从何处着手；要做什么等。

10．工作协议

正式且深入讨论工作协议，从而进入干预的下一步。

三、增能社会工作的专业关系

首先要说明的是，社会工作者不可能为他人赋权，这不仅仅是文字上的细微差别，相反，他们要做的是帮助人们自己赋权自己。这对社会工作者和服务对象如何构造他们的现实具有本质性的差别。因此，社会工作者一定要将服务对象视为有能力、有价值的个人，要降低服务对象因标签而带来的自我负面评价和无力感。无论服务对象的境遇如何，增能实践都是反对干涉主义的。社会工作者要与服务对象建立一种合作的伙伴关系，从而形成一种工作联盟。工作联盟可以避免社会工作者采取权威角色或卖弄专业知识。在整个助人过程中，强调权力分享、共同享受权力并且保证是参与者驱动的。这样，社会工作者可以协助服务对象认识到自己是改变的主体和载体，能够与社会工作者一起分享知识和技巧，并成为解决问题的伙伴，这样无力感就可以改变。

所以，增能实践的助人过程是一个权力分享、共同行使权力和参与者主导的过程，社会工作者在这个过程中是促进者、支持者或资源本身，而非指导者、教育者，更不是权力的赋予者。

四、增能社会工作的干预技巧

增能实践的干预技巧是多元的，但其目标都在于让服务对象重新拥有权力，并实现社会变迁。表12-1介绍一个整合了的增能实践架构，从中可以看出增能实践的基本过程。

表 12-1　　　　　　　　　　　　　　**增能实践的基本过程**

多聚焦视角	描　述	基于视角的行动	增能原则	增能实践
压制的历史视角	了解影响受压制群体的历史和政策	意识到受压制群体的历史	1.压制破坏生活,应受到挑战; 2.保持对压制情境的整体视角; 3.协助人们赋权自己; 4.具有共同点的人应该相互赋权; 5.与服务对象建立互惠关系; 6.鼓励服务对象使用自己的词语; 7.聚焦于作为胜利者的服务对象,而非作为受害者的服务对象; 8.聚焦于社会变迁	准备进入服务对象世界: 对准服务对象的世界思考他们之所感 进入并构成合力: 询问服务对象的故事,展现服务对象的承担,相互角色的定义 共同评估: 社区资源;议题的共享知识;评估家庭、自我和叙事;赋权评估 问题界定、签约: 明确服务对象和工作人员的任务;将多种压制包含其中,一起面对问题;服务对象承担赋权的责任,社会工作者同理性支持;表现出对压制威胁的理解;共同反思问题;互动;针对压制问题的批评实践;辨识个人或社区的优势 离开: 处理因结案而导致的感觉;思考收获;与社区联结;辨识权力收获 评鉴: 族群或性别敏感性;评鉴压制、优势的影响;不要过分关注简单的且可以测量的目标
生态视角	了解个人适应或应对,自我功能、学习和权力	积极的问题解决、控制负面感觉、集体行动、人类关联性/家庭、依恋、高效、自我指向、自尊、认同、文化特色的解决方式、物理/社会环境、自我/认知功能		
民族/阶级视角	重视阶级、贫困、权力和压制之间的关系	生活机会和生活条件;贫困和自尊		
文化视角	了解服务对象所在文化中的规范、细节和期望以及潜在的多样性	保持文化、自由的感觉、平等、独一无二的个人性		
女性主义视角	辨识并概念化女性不同的声音和没有限制的权力	共享的意识觉醒,统一、实践、行动的权力,个人的即政治的,承认非理性的		
全球视角	认识到全球的相互依赖和社会排斥	比较的和跨国的研究;共同的问题和解决方案;超越地域		
批判视角	批评压制,将个人与社会变迁联系起来			

第三节　增能理论的适用限度

20 世纪 90 年代以来,增能理论已经被应用于很多不同类型的社会工作之中,如精神健康领域、穷人和无家可归者、儿童和家庭、少数族群、老人和同性恋者等。增能并非仅仅限于允许或帮助服务对象采取行动,其目标更在于释放并转移一定的权力给服务对象,以使其能够控制自己的生活,并在一定程度上使社会变迁。增能无疑在于通过互助与知识共享等有利于实现更大目标的小步骤,去实现社会正义并给予人们以更大的安全和政治、社会方面的平等。

有人认为,从强权位置赋予无权势者一定权力的做法是不可能的。其实这个论断有些武断。因为,虽然人们在现有的框架下并不具有所有的权力或能力,也并不享受全面的平等,但增加可供使用的权力的总量或者促进平等是可能的。而且,服务对象常常具有他们无法使用或者他们不相信自己拥有的权力或能力。因此,在这个意义上,增能是一个更加积极的社会工作理论与实践模式。

思考题

1. 请简述增能理论的发展脉络。
2. 请简述增能理论的主要范畴。
3. 请简述增能社会工作的基本假设。
4. 在社会工作中增能理论的实践原则是什么?
5. 增能社会工作的评估内容是什么?
6. 请简述增能社会工作的专业关系特点。
7. 请简述增能社会工作的干预技巧。
8. 请简述增能理论的适用限度。

本编主要参考文献:

[1] 何雪松著. 社会工作理论. 上海:上海人民出版社,2007.

[2] 王思斌主编. 社会工作综合能力(中级). 北京:中国社会出版社,2007.

[3] 宋丽玉,曾华源,施教裕,郑丽珍著. 社会工作理论——处遇模式与案例分析. 台北:洪业文化事业有限公司,2003.

[4] [英]MalcolmPayne 著. 现代社会工作理论. 何雪松,张宇莲,程福财,丁慧敏译. 上海:华东理工大学出版社,2005.

[5] [美]O. 威廉姆·法利,拉里·L. 史密斯,斯科特·W. 博伊尔著. 社会工作概论. 隋玉杰等译. 第九版. 北京:中国人民大学出版社,2005.

[6] 朱眉华,文军主编. 社会工作实务手册. 北京:社会科学文献出版社,2006.

[7] 王思斌主编. 社会工作概论. 北京:高等教育出版社,2002.

[8] 宋林飞,朱力主编. 社会工作概论. 南京:南京大学出版社,2002.

[9] 李迎生主编. 社会工作概论. 北京:中国人民大学出版社,2004.

第三编 社会工作基本方法

　　社会工作是实务性很强的专业，非常注重社会工作方法的指导。正是因为方法的确立与发展，社会工作的专业性才得到认可。同时，社会工作的发展从某种意义上说，就是专业方法的发展。社会工作在西方两百多年的历史演进中，先后形成了个案工作、小组工作、社区工作、社会工作行政、社会工作咨询、社会工作督导、社会工作研究等不同的方法。其中，个案工作、小组工作和社区工作方法是社会工作传统的三大方法，被称为直接的社会工作方法，主要运用于直接面对服务对象的实务工作中。而社会工作行政、社会工作咨询、社会工作督导和社会工作研究是后来出现的专业方法，间接作用于社会工作服务对象，被视为间接的社会工作方法。在具体的社会工作实务中，社会工作者注注根据服务对象的需要对不同的方法进行整合与取舍，也就是说，并不是单纯的一种方法就可以达成对服务对象的服务目的。

　　下面就个案工作、小组工作、社区工作和社会工作行政四大方法进行较为基本的介绍，目的是充实社会工作者的专业知识和对四大方法的感性认识与把握。

第十三章　个案工作及其案例举要

个案工作是最早形成的专业方法,至今仍是一个极为重要的方法,可视为其他专业方法的基础,是专业社会工作者必备的技能。其最典型的特征是一对一的工作,即一个社会工作者辅导一位服务对象或一个家庭。下面阐述个案工作的内涵、主要工作模式、各个阶段的主要工作要求以及个案工作的技巧等有关知识,并与学生或读者共同分享一些典型个案工作的案例,以便增强对个案工作方法的感性认识。

第一节　什么是个案工作

一、个案工作方法的形成

"个案工作"一词早在1909年就已经提出,但作为一种专业的社会工作方法的形成则是玛丽·里士满的功劳。她在1917年出版的《社会诊断》一书,使社会工作方法成为一套独立的知识体系,它标志着社会工作个案方法专业化的形成。1922年,里士满又出版了《什么是社会个案工作》一书,对个案工作做了较为系统的阐述,认为社会个案工作是"经由个人被个人、或个人间,以及人与社会环境间,有意识的影响而发展人格的调适的一系列过程。"[1]可以说,该书以个人为着手点,看到了人与社会环境的因素,为个案工作的发展指明了方向。20世纪30年代,个案工作深受弗洛伊德精神分析学的影响,遭遇所谓"精神医学的洪流",其发展方向转向心理学的分析。20世纪40年代以后,因经济大萧条与第二次世界大战的影响,个案工作再次转而注重社会环境,并把精神分析与社会因素逐渐融合,强调个人心理与社会环境对服务对象问题的综合影响,形成"心理社会学派"。此后,伴随行为科学等学科的迅速发展,个案工作呈现多元化、综合发展的趋势。

随着个案工作的多元化发展,机构提供的服务也日益专门化,以致出现多重问题的服务对象,如受虐儿童、怀孕少女、少年犯罪者、艾滋病患者等,他们面临着向不同机构寻求服务的状况。为了更好地服务于这类服务对象,20世纪90年代一种综合性的个案管理工作出现。个案管理者从事为服务对象寻求服务资

---

[1]　转引自张雄:《个案社会工作》,华东理工大学出版社1999年版,第2页。

源、协调各种服务的工作。

二、个案工作的内涵

个案社会工作(social casework),简称个案工作,是社会工作三大直接服务方法之一,也是最早形成的一种方法。而在其近百年的发展历程中,随着社会的变迁以及社会问题的层出不穷,其工作方法和实施模式也历经了变迁。因此,许多专家学者在对个案工作的理解和界定上存在着巨大的差异性并各有侧重点。具体看来,国内外社会工作专家对个案工作的几种代表性定义如下:

(1) 社会工作的创始人之一,美国社会工作学家玛丽·里士满(Mary Richmond)在她 1917 年出版的《什么是社会工作》一书中阐述到:"个案工作包含着一连串的工作过程,它以个人为着手点,通过对个人及所处社会环境作有效的调试,以促进其人格的成长。"[①]这是个案工作的最初定义。

(2) 美国社会工作学者鲍尔斯(Swithun Bowers)在《社会个案工作的性质与定义》一文中认为:"个案工作是一种艺术,这种艺术以人际关系的科学知识与改善人际关系的专业技术为依据,启发与运用个人的潜能和社区的资源,促使案主与其所处环境(全体或部分)之间有较佳的调适关系。"[②]

(3) 美国社会工作学者斯梅丽(Smalley R.E.)认为:"个案社会工作是一种(社会工作)方法,这种方法通过一对一的(专业)关系,促使案主运用各种社会服务,以增进其个人和一般(社会)的福利。"[③]这是功能派个案工作的定义。

(4) 哥伦比亚大学社会工作学家霍丽斯(Hollis)认为:"个案社会工作是一种心理和社会治疗方法",他认为个人社会功能的丧失或不良同时受到案主本身内在心理因素和外在社会环境因素的影响。因此,个案社会工作的目标在于促使个人内在需要更充分的满足和个人社会关系更充分的功能表现。[④] 这是心理和社会治疗学派对个案工作的界定。

(5) 台湾社会工作学者叶楚生认为:"个案社会工作是现代社会工作中一种由个人入手的专门工作或方法,其实施对象是个人或家庭,主要目的在于协助发生问题或遭遇困难的个人或家庭,对于他们的问题加以详细地研究及分析,予以适当的处理,以期解决其问题或困难,促进其个人人格之健全发展与家庭生活的调试,以增进其个人的、家庭的与社会的福利。"[⑤]

---

① 转引自王思斌:《社会工作综合能力》(中级),中国社会出版社 2007 年版,第 137 页。

② 同①。

③ 转引自朱眉华,文军:《社会工作实务手册》,社会科学文献出版社 2006 年版,第 99 页。

④ 同③。

⑤ 同③第 100 页。

（6）台湾社会工作学者廖荣利认为："个案社会工作是社会工作者帮助待助的个人及其起家庭人员的一种方法。其目的在于协助个人或其家庭处理困难和问题，以及协助个人和其家庭潜能的充分发展，以促进个人、家庭、团体和社会的福利。"①

（7）美国社会工作者协会出版的《社会工作百科全书》认为："个案社会工作所注重的不是社会问题本身，而是'个案'，尤其注重为社会问题所困或无法与社会环境或关系圆满适应的个体或家庭。个案社会工作的目的是在于人与人或人环境的适应遭遇困难的个人及家庭，恢复、增强或改造其社会功能。"②

纵观个案工作的发展，可以看到：不同的时代，个案工作面对的情境不同，产生的学派也不同，而不同的学派对个案工作的定义和理解也各有特色。因此，个案工作是一个丰富而多元的概念，很难形成普遍认同的定义。尽管如此，给个案工作下定义还是非常必要的。王思斌认为，个案工作是由专业社会工作者运用有关人与社会的专业知识和技巧为个人和家庭提供物质或精神方面的支持与服务，目的在于帮助个人和家庭减低压力、解决问题，达到个人和社会的良好的福利状态。在个案工作中，社会工作者在与服务对象彼此信任合作的和谐关系中，充分调动服务对象本身及外部资源，增强服务对象解决问题的能力，达到帮助服务对象成长的目的。

无论个案工作的定义如何不同，个案工作都具有以下三个基本要素：其一是，个案工作的服务对象是生活中遇到困难的单个个人或者家庭；其二是，采用的方法是个别化的工作方式，即一对一的专业服务方式，通过社会工作者与服务对象一对一的某种活动和交流，针对服务对象的具体问题实施某种必要的帮助活动；其三是，帮助的目标是协调个人与周围环境或者与他人之间的关系，使之更加和谐。个案工作把个人视为社会环境中的个人，注重人的社会方面的发展，这是个案工作区别于心理咨询与心理治疗的重要方面。

另外，个案工作还强调以下四个方面的内容：第一，个案工作是一种专业的工作方法。它拥有自己的专业知识、专业方法和专业技能，与一般志愿者的公益活动有着根本的不同，具有很强的专业性。第二，个案工作是一连串的工作过程。它包括社会工作者与服务对象一对一的相互影响、相互作用的过程，也是社会工作者运用自己的专业方法影响服务对象的过程。第三，个案工作是帮助遇到困难的个人或家庭调动自身及其周围的资源以改善个人与社会环境之间的适应状况。第四，对人的尊重和肯定是个案工作的基本价值观，表现在个案工作的

---

① 转引自王思斌：《社会工作综合能力》（中级），中国社会出版社 2007 年版，第 137 页。

② 同①。

整个服务过程中。

三、个案工作的内容

个案工作具有鲜明的特色,它是从社会交往的关系中看待这些处在困境中的个人或者家庭,不是把服务对象的困扰简单地归结为服务对象自身的某种不良的心理特征,也不是把其简单地归结为某些外在的因素单独作用的结果,而是把服务对象放到特定的社会环境中,考察服务对象与社会环境之间相互影响的过程和方式。可以说,个案工作的内容与意义价值就是协调服务对象与社会环境之间的适应状况,恢复和增强个人或家庭的社会功能。

下面具体阐述服务对象社会功能的恢复与社会功能的增强这两个方面。

1. 社会功能的恢复

一般情况下,当服务对象寻求帮助时,他(她)通常已经在日常生活中遇到困难而又无法自己解决,且无法完全或较好地承担社会所要求的责任,即他(她)的社会功能已经部分或全部地丧失。因此,帮助服务对象增强自身的能力、提高与社会环境之间的适应水平、恢复社会所要求其承担社会角色与社会责任的功能,是个案工作的首要任务。

(1) 使之具备基本的处理问题、走出困境的能力。个人或家庭具备基本处理问题、走出困境的能力是个人或家庭社会功能的内容之一。社会功能丧失表现为个人或者家庭在与周围他人交往过程中形成困扰,不仅个人或家庭独自走出困境的能力丧失,同时特定的社会交往关系损坏,由此造成个人或家庭扮演社会角色和承担社会责任等方面的功能丧失。个案工作就是帮助个人或家庭建立起有效的社会交往关系网络,学习基本处理问题的方法和技巧,推动其独自走出困境。这就意味着个人或家庭的社会功能得到了恢复或某种程度上的恢复。

(2) 使之具备基本的社会环境适应性。个人或家庭具备基本的社会环境适应性也是个人或家庭的社会功能的内容之一。个案工作既关注个人或家庭对周围环境的影响,也注重周围环境对个人或家庭的作用。在个人或家庭自身具备了基本处理社会环境适应性问题的同时,通过改善社会环境,来协助个人或家庭更好地适应周围的环境,从而使个人或家庭的社会环境适应性的社会功能得到恢复。

(3) 使之与社会环境之间形成相互促进的良性循环。个人或家庭与社会环境能够形成相互促进的关系也是个人或家庭社会功能的内容之一。个案工作的焦点就是使个人或家庭具有处理自身问题的能力,并能够与社会环境的改善相互促进,形成良性的循环,持续改善个人或家庭与社会环境的适应水平。

2. 社会功能的增强

恢复个人或家庭的社会功能只是个案工作内容的一部分,个案工作同时还关注发挥个人或家庭自身内部的潜在能力以及运用个人或家庭周围环境的资源的能力。社会工作者相信,每个人都是有能力的,不仅包括处理问题、走出困境的能力,还包括其他方面的能力。尊重和肯定个人的价值也是社会工作者帮助服务对象的基本原则。增强个人或家庭的社会功能包括以下内容:

(1) 对个人或家庭自身拥有能力的关注。增强个人或家庭的社会功能首先要关注个人或家庭自身所拥有的能力。除了提高个人或家庭克服困难、走出困境的能力之外,个案工作同时还关注服务对象自身所拥有的其他方面的各种能力状况,激发服务对象充分发掘和运用自身的潜能与资源,扩展自身的发展空间。

(2) 使之运用周围环境资源的能力增强。增强个人或家庭的社会功能还表现在增强个人或家庭运用周围环境资源的能力上。个人或家庭的发展不仅表现为个人潜在能力的发挥,同时还表现为对周围环境资源的充分发掘和运用。借助发掘和运用周围环境的资源,个人或家庭才能为自身的发展提供更为充分的发展空间。

(3) 使之困难解决能力和问题预防能力同时增强。增强个人或家庭的社会功能又表现在个人或家庭困难解决能力和问题预防能力的增强上。

社会功能的恢复和增强这两个方面不能截然分开,只有个人或家庭解决困难问题能力提高了,才能为扩大自身的发展空间提供保证,同样,个人或家庭预防问题能力的提高才能有效地防止问题的再度发生。

四、个案工作的功能与意义

功能是用来表示一个系统中不同部分之间的相互依存性的概念。英国功能主义人类学家拉德克利夫-布朗(A. R. Radcliffe-Brown)和马林诺夫斯基(Bronislaw Kaspar Malinowski)将这一概念引入对人类生活的分析,认为社会可以概念化为一个由具有相互联系的部分组成的整体。不同部分满足不同的社会需要,为维持这个社会整体的运行发挥着功能。如果某个部分出现不良反应,就会阻碍社会整体功能的发挥。而个案工作正是通过在不同层面上进行作用,最终协助有问题的个人和家庭解决问题,促进个人健康的成长和发展。个案工作的功能与意义具体如下:

(1) 从个人层面来看,个案工作可以改变个人的行为动机。行为动机是行为的原动力,一定的行为必然与一定的动机相联系。社会工作者可以通过与服务对象一同工作,反思其行为动机,分辨出哪些是合理的,哪些是不合理的,从而予以修正,以更好地表现出适应社会环境的行为。其次,个案工作可以改变个体的行为。个体的行为虽然是与动机联系在一起的,但是有时候行为与动机并不完全一致。这往往会给个体在心理上造成很大的压力。社会工作者可以通过与服务对象一同工作,探索其行为的根本原因,从而使服务对象摆脱心理的紧张,表现出良好的行为。最后,个案工作可以强化个人的社会生活适应能力或发挥个人的潜能。社会工作者可以与服务对象一同工作,完善其人格和自我,改变心理动机、行为习惯等,发展潜在能力,以增强服务对象处理和解决问题的能力,而且还能预防服务对象原有困难或问题的再度发生,并预防新的困难和问题的产生,最终增强其社会的适应能力,提高生活的自信心。

(2)从家庭层面看,个案工作可以有效地调整家庭内部的各种关系,为个人问题的解决及发展创造一个良好的环境。如上所述,个人问题总是或多或少同家庭有关,有时家庭环境不良是直接原因。因此,个案工作也把家庭视为自己的工作对象。社会工作者通过与家庭一同工作,帮助家庭成员协调个人和家庭成员之间的互动关系,如亲子关系、夫妻关系、婆媳关系等,从而为服务对象的改变创造一个小的良好环境。

(3)从社会生活环境层面看,个案工作可以改变同问题相关的社会环境,以便为个人的改变创造契机。服务对象问题的产生除了受内在人格影响外,往往还会受到外部环境的制约,如社会宏观环境的大变化,由产业结构升级而产生的结构性问题;或是其个人生活小环境变化,如职位调整、邻里变化等。因此,个案工作可以通过改变服务对象周围的环境(或者呼吁改变大环境),来为个人的改变创造契机。例如,通过运用社会福利项目来改善服务对象的外在社会环境。通过这些个案工作,消除社会不安定的因素,维持社会秩序;通过为社会成员争取应有的权利,并改善环境,从而避免由社会不公平导致的社会矛盾激化的问题,在一定程度上也维持了社会的公平和正义。

第二节 个案工作的主要模式及案例举要

在进行个案工作的过程中需要运用个案工作的服务模式。个案工作的模式是社会工作针对某个服务对象开展个别化的专业服务、设计专业服务程序和确定专业服务方法的重要依据。个案工作服务模式是个案工作者群体在长期的具体个案工作实务中归纳总结出来的有效地为服务对象服务的一整套相对独特的个案工作的理论假设、实践原则和干预方法技巧。一般而言,个案工作的主要模式有:心理社会治疗模式、认知行为治疗模式、理性情绪治疗模式、任务中心模式、危机介入模式、人本治疗模式和家庭治疗模式等。

一、心理社会治疗模式及其案例举要

心理社会治疗模式,可以追溯到1917年玛丽·里士满出版的《社会诊断》一书,书中提及重视社会环境对个人的重大影响。1930年美国汉金斯首次使用"心理社会"这个概念。1937年,美国哥伦比亚大学的汉密尔顿在《个案工作的基本概念》中系统阐述了心理社会治疗模式的有关理论。20 世纪 60 年代,美国哥伦比亚大学的另一位学者霍利斯在《个案工作:心理社会治疗》中综合了各种相关的理论,对心理社会治疗模式加以发展,使之成为个案工作中一种重要的服务模式。

1. 心理社会治疗模式的内容

心理社会治疗模式的内容主要包括理论假设和治疗技巧两个方面。

(1) 心理社会治疗模式的理论假设

心理社会治疗模式具有一个很重要的特征,即开放性。也就是说,它在吸收众多不同理论之后形成自己独特的理论逻辑框架。其理论假设的核心主要包括以下四个方面:

① 对人的成长发展的假设。心理社会治疗模式认为,人生活在特定的社会环境中,包括生理、心理和社会三个层面。这三个层面的因素相互作用,一起推动个人的成长和发展。

② 对服务对象问题的假设。心理社会治疗模式强调服务对象的问题与服务对象感受到的来自于过去的压力、现在的压力及问题处理的压力等有关。过去的压力是指服务对象在成长早期感受到的因愿望没有获得满足或者情绪冲突没有被解决而产生的压力。现在的压力则是指服务对象感受到的当前社会环境的压力,压力过大会导致成长早期的问题浮现出来。而问题处理的压力是指服务对象对外部环境的理性处理能力以及对自己情绪的控制能力欠佳所导致的压力。这三个方面的压力相互影响,最终使服务对象内部心理出现困扰,人际交往出现冲突。

③ 对人际沟通的假设。心理社会治疗模式认为,人际沟通是保证个人与个人之间进行有效交流的基础,是形成个人健康人格的重要条件。

④ 对人的价值的假设。心理社会治疗模式认为,每个人都是有价值的,即使是暂时面临困扰的服务对象,也具有自身有待开发的潜在能力。

(2) 心理社会治疗模式的治疗技巧

根据服务提供的方式把心理社会治疗模式的技巧分为直接治疗技巧与间接治疗技巧。所谓直接治疗技巧是指直接对服务对象进行辅导、治疗的具体方法。与此相对应,间接治疗技巧就是通过辅导第三者或改善环境以间接影响服务对象的具体技巧。

在直接治疗技巧中,又根据社会工作者与服务对象的沟通状况分为非反思性直接治疗技巧和反思性直接治疗技巧。

非反思性直接治疗技巧是指社会工作者直接向服务对象提供各种必要的服务,而服务对象只处于被动服从位置的各种辅导技巧。这种辅导技巧不关注服务对象自身感受和想法的反应,它主要包括的技巧有支持、直接影响和探索—描述—宣泄。支持是指通过社会工作者的了解、接纳和同感等方式减轻服务对象的不安,给予服务对象必要的肯定和认可;直接影响则是社会工作者通过直接表达自己的态度和意见促使服务对象发生改变;探索—描述—宣泄是指社会工作者通过让服务对象解释和描述自己困扰产生的原因和发展过程,为服务对象提供必要的情绪宣泄的机会,以减轻服务对象内心的冲突,调整服务对象不良的行为。

反思性直接治疗技巧是指社会工作者通过与服务对象相互沟通交流,引导服务对象正确分析和理解自己的问题的各种具体技巧。这种辅导技巧比较关注反映服务对象内心的感受和想法,它的技巧主要包括现实情况反映和心理动力反映和人格发展反映。现实情况反映是指社会工作者帮助服务对象对自己所处的实际状况做出正确的理解和分析的技巧;心理动力反映是指社会工作者协助服务对象正确了解和分析自己内心的反应方式的技巧;人格发展反映是指社会工作者帮助服务对象重新认识和评价自己的以往经历、调整自己人格的技巧。

除了直接治疗技巧之外,心理社会治疗模式还拥有间接治疗技巧,即通过改善周围环境或者辅导第三者以间接影响服务对象的技巧。间接治疗技巧的运用对象(第三者)很广,包括服务对象的父母、朋友、同事、亲属、邻里和社区管理人员等,它扩展了个案服务介入的焦点,是心理社会治疗模式技巧中不可缺少的有机组成部分。

2. 心理社会治疗模式的特点

心理社会治疗模式的特点表现在个案工作开展的过程中,它依据生理医学模式的概念,把服务过程分为研究、诊断和治疗三个实施阶段。这三个实施阶段相互影响、紧密关联,形成心理社会治疗模式自身的特点。

(1) 注重从人际交往的场景中了解服务对象。心理社会治疗模式的研究阶段是指从第一次与服务对象接触到完成与服务对象问题有关资料的收集。心理社会治疗模式认为,在收集服务对象资料的过程中,只有把服务对象放回到具体的人际交往的场景中,并把服务对象目前的内心冲突与以往的经历联系起来,才能准确揭示服务对象困扰产生的真实原因。实际上,研究不仅停留于资料的收集过程,诊断和治疗过程也伴随着研究。

(2) 运用综合诊断的方式确定服务对象问题产生的原因。心理社会治疗模式的诊断阶段是指对服务对象的有关资料进行整理和分析,寻找服务对象问题产生、变化的原因和过程。心理社会治疗模式的诊断包括三个方面:心理动态诊断、缘由诊断和分类诊断。心理动态诊断是指对服务对象人格的各部分之间的相互关系进行评估;缘由诊断是指对服务对象困扰产生、变化的过程进行分析;

分类诊断是指对服务对象问题的生理、心理和社会三个方面的影响因素做出判断。

（3）采用多层面的服务介入方式帮助服务对象。心理社会治疗模式的治疗阶段是指对服务对象的心理困扰和人际关系失调的各方面因素进行调整和修补。它采用多层面的服务介入方式帮助服务对象，主要用于五个方面的治疗工作：一是减轻服务对象的不安；二是减缓服务对象系统功能的失调；三是增强服务对象的适应能力；四是开发服务对象的潜在能力；五是改善服务对象的人际交往关系。

3．心理社会治疗模式案例

该治疗模式适用于"许三多式"的新兵或新生的军营或校园生活，以及人际适应问题与适应困扰。

案例 13-1

吴先生是独子，父亲早逝，与母亲相依为命。吴先生技校毕业后，分配在一家工厂做工，太太小他三岁，婚后生有一子。母亲在他结婚第二年过世，只留下一点钱。吴太太先下岗，两年后吴先生也下岗。在接案会谈中，吴先生给人的初步印象是木讷、无助、忠厚、老实，由于吴先生和吴太太都有工作能力，不符合社会救助条件，但可以转介他们申请城市最低保障和就业辅导及评估他们家庭的需要。

（1）开始接触。社区就业援助员在与社会工作者联系中表示，吴先生显示出害怕挫折、被动寻找工作及被动面对问题的行为与态度，就业援助员认为吴先生在抗拒，就业援助员感到协助上的无力，因此，转案给社会工作者，希望帮忙处理吴先生的问题。

基于此，社会工作者开始运用了支持和探索—描述—宣泄两个非反思性沟通技巧，了解吴先生的真实情况并与他建立关系。社会工作者耐心地倾听吴先生讲话，表情和语调流露出愿意了解和接纳的态度。这种鼓励性气氛使吴先生渐渐放下了最初的戒心，以比较开放的心态谈论以前的经历和感受。在谈话中，吴先生表示，到陌生环境中找工作并看别人的脸色使他非常不习惯，内心总是充满许多焦虑和恐惧。自由宣泄也对吴先生起了情绪疏导作用，他从来没有尝试过如此详细地谈论过去几年来的经历和感受。社会工作者利用心理社会治疗法对人的尊重，鼓励他面对自己的感受并积极地计划自己的未来。

但是，吴先生与社会工作者所建立的关系并不是使其完全没有顾虑的。每当说完某些内心的感受之后，他总是带着怀疑的眼光询问社会工作者如何处理他的资料,并屡次强调与社会工作者接触是因为好奇和想找倾诉的对象。为此,社会工作者表示乐意与他讨论其想来见社会工作者的矛盾心理,在讨论中解释了社会工作者有关保密的义务,同时表示乐意成为他的倾诉对象。通过对治疗性质和专业关系的讨论后,吴先生渐渐地以积极的态度进入到治疗过程之中。

(2)心理社会研究。社会工作者与吴先生建立了信任关系后,便引导他描述家庭和童年经历,以便观察和了解他与其他系统的互动关系。社会工作者发现,吴先生焦虑和恐惧及被动的心理与行为不仅发生在求职上,在与家人沟通时他也相当被动,甚至与太太结识也是太太主动。这是一种固定性行为反应模式,属于人格的一部分。因此,社会工作者进一步请吴先生谈幼年家庭生活与同辈交往的经验。吴先生表示,由于从小没有父亲,过去在与同辈群体交往中常常受到耻笑和欺负。母亲也告诫他,家里经济条件不好,不要主动和人交往,免得被人看不起。此外,作为家中的独子,他与母亲相依为命,母亲给予他相当大的保护与宠爱,许多事情不必他动手,也很少让他参加社交性活动,因此他极少有直接面对压力的经验。在求学过程中,学习成绩不好,家里又没有钱给他补课,所以,他认为同学和老师都看不起他,最好是与人保持距离。成家后,吴先生也很少与太太和孩子有互动和深度情感分享,与邻居往来也很少,与同事的关系单纯。对于被单位辞退,他认为是自己不会巴结主管,被同事们排斥、欺负造成的。

(3)诊断。根据所得资料,吴先生出生于功能较弱的家庭系统及社会交往系统,从心理动态诊断角度看,吴先生的超我发展比较弱,具有自我贬低倾向,缺乏信心。例如,他面对问题的自我防卫反应是逃避、退缩甚至归因于他人不喜欢自己。从根本上看,童年经历了贫困和许多伤害性经验,导致吴先生过度压抑内在心理需求,并采取逃避等不当的防卫反应。

(4)治疗。首先是制定治疗目标与策略。在与吴先生的会谈过程中,工作者感到他内心对他人接纳态度过度敏感,但又有与他人改善关系的动机。因此,治疗目标是提供吴先生与他人互动的信心和主动性,改变的策略就是以直接治疗程序为主。为了能降低吴先生自我觉知个人不当行为反应的焦虑和改变抗拒,拟先就当前社会生活中的人际互动经验进行探讨与描述,配合高度支持性技术的运用,帮助吴先生宣泄内在情绪压力;在其情绪平稳后再运用反思性讨论技术,帮助吴先生察觉个人内心感觉和想法对行为表现的影响,以便了解环境压力与个人的关系。改变的重点将放在与吴先生探讨内在心理动力来源与过去生活经验的关系上,以及与行为反应的关系,以增进个人知觉问题根源,鼓励吴先生采取不同的行为,与社会工作者、家庭成员进行互动,知觉他人行为反应与人际关系是否会因此而有所不同,以增加他主动与他人交往的自信心。

二、认知行为治疗模式及其案例举要

认知行为治疗模式是行为治疗流派中的一个重要组成部分,其思想来源于行为治疗的原理,可以追溯到 20 世纪初巴甫洛夫总结的经典条件作用理论,也称为反射性条件作用理论。20 世纪 30 年代,美国著名的心理学家斯金纳提出操作性条件作用理论,并把它应用到不适应行为的矫正上。20 世纪 70 年代,另一位美国心理学家班杜拉创立了社会学习理论,强调人的认知在学习中的作用,也就是说,它强调认知在行为形成中的重要作用。之后,由于受到贝克等人的影响,行为治疗模式开始逐渐重视认知在行为改变中的地位和作用,尝试把行为和认知的因素结合起来,出现了认知行为治疗取向。1982 年,史华哲在社会工作领域对认知行为治疗模式进行了总结。

1. 认知行为治疗模式的内容

认知行为治疗模式的内容主要涉及行为治疗中的三种学习理论、学习中的认知因素和治疗技巧。

（1）行为治疗中的三种学习理论

行为治疗以三种学习理论作为自己的理论基础。这三种学习理论包括经典条件作用理论、操作条件作用理论和社会学习理论。

① 经典条件作用理论。巴甫洛夫曾经做过一个试验,在给狗喂食物之前加上中性的刺激——铃声。经过反复多次试验之后,狗一听到铃声而还没有看到食物时就会流唾液。这个试验就是经典条件反射机制建立的研究试验。所谓经典条件作用理论,就是有关在刺激与无条件反射之间加入中性刺激建立起条件反射的理论。由于人有语言能力,因此可以建立以语言为基础的、复杂的条件反射系统。

② 操作性条件作用理论。有机体采用某种行为之后,就会使环境发生某种改变,环境改变的状况又会反过来影响有机体,促使有机体调节自己的行为,这就是操作性条件作用,而依据操作性条件作用机制建立的理论就是操作性条件作用理论。斯金纳曾经做过一个非常有名的操作性条件作用试验:把饥饿难耐的老鼠关进笼子,老鼠在乱窜中无意踩踏到笼子中的杠杆而得到食物。经过多次踩动杠杆得到食物的尝试之后,只要老鼠一饿,它就会去主动踩踏杠杆。

③ 社会学习理论。观察学习是学习的一种重要方式,尤其人类的学习,很多需要借助示范、观察和模仿。像儿童对成人的观察和模仿就是很好的例子。有关观察学习的理论就是社会学习理论。

以上三种学习理论揭示了三种重要的学习方式,虽然各不相同,但在一些基本的认识上却非常一致。这三种学习理论都强调:一是以行为作为理论研究的中心,探讨行为习得、改变的规律;二是以学习作为核心,研究行为学习的具体机

制和条件;三是注重外部环境在行为习得中的作用。

(2) 学习中的认知因素

史华哲认为,在以上这些行为治疗的模式上还需要增添认知的因素,才能更有效地调整服务对象的行为,这些认知因素包括如下几种:

① 信息加工过程,即信息获取、储存和利用的具体方式和过程。

② 信仰系统,即包括想法、态度、对自己和他人的期望以及个人的经验等。

③ 自我表述,即影响自己行为和感受的个人表述方式。

④ 问题解决和处理的方式,即有效解决和处理问题的思维方式。

(3) 认知行为治疗模式的治疗技巧

认知行为治疗的技巧比较多,下面介绍七种治疗技巧。

① 放松练习。放松练习是应用最广的认知行为治疗技巧之一,要求服务对象通过身体的放松,舒缓生理和心理的紧张。最常见的是一种"渐进式紧张—松弛"放松法,即首先要求服务对象保持某部位肌肉的紧张,接着放松这部位的肌肉。这样,通过紧张和放松不同部位的肌肉逐渐学会放松整个身体。

② 系统脱敏。如果服务对象对某物或者某事感到害怕、恐惧和不敢接近,就可以运用系统脱敏的行为治疗技巧。在运用系统脱敏治疗技巧之前,首先需要根据服务对象担心焦虑的程度,按照从低到高的顺序排列成不同的等级,从低级开始,在服务对象感受到这一等级的担心和害怕之后,让服务对象做放松练习,减轻担心和害怕。接着,按照同样的方式进行下一个阶段的放松练习,直到消除所有的担心和害怕。

③ 满灌疗法,也称为快速脱敏法。为了克服系统脱敏法治疗时间长的缺点,满灌疗法采取了与系统脱敏法相反的治疗策略,从服务对象最害怕的开始,让服务对象处于最严重的紧张状态中,迫使服务对象直接面对最担心的处境,经过不断重复让服务对象对害怕的处境变得习以为常。

④ 厌恶疗法。为了帮助服务对象逐渐放弃不适应的行为,可以使用厌恶疗法,即让服务对象的不适应行为与某种厌恶性反应建立联系,迫使服务对象体会到不愉快的经验并逐渐放弃不适应的行为。

⑤ 模仿。模仿是运用比较广泛的一种行为治疗技巧,包括两个方面的内容:榜样示范和模仿练习。即首先由社会工作者或者其他工作人员示范需要学习的行为让服务对象观察,然后让服务对象练习需要学习的行为。但在实际工作中,由于条件的限制,有些时候服务对象没有练习的机会,这种模仿称为被动模仿。如果服务对象同时具有示范观察和模仿练习的机会,这样的模仿就是主动模仿。

⑥ 果敢训练。果敢训练主要用于增强服务对象的人际交往能力和提高自

信心,让服务对象根据人际交往中的不同处境做出积极有效的回应,既能主动表达自己的要求,又能敏锐感觉他人的要求。果敢训练通常分为以下几步:一是了解人际交往中的无效行为;二是分析无效行为背后的信念;三是挑战和改变无效行为背后的信念;四是寻找有效行为;五是扩充有效行为的储存库。

⑦ 代币管制。为了让服务对象的正确行为与强化物直接联系起来,增强服务对象的正确行为,可以使用代币管制的方法,即用一种替代币的方式计算服务对象做出正确行为后获得的报酬。代币管制的实施需要经历以下五步:一是确定行为修正计划,包括需要达到的目标行为、目标行为的测量标准以及修正的时间等;二是根据服务对象的喜好选择强化物;三是建立代币管制,包括代币的类型、管制的方法和人员;四是执行计划;五是逐步取消代币管制,使服务对象在自然环境中维持正确的行为。

2. 认知行为治疗模式的特点

认知行为治疗模式是在行为治疗模式基础上结合认知治疗的要素而产生的,它形成的目标就是克服行为治疗模式的限制,把人内部信息的加工过程也纳入到治疗模式的范围内。因此,认知行为治疗不同于一般的行为治疗模式,具有自身的显著特点,包括以下两个方面内容:

(1)认知因素和行为因素的结合。认知行为治疗模式非常注重服务对象行为的改变和学习规律的特点,在此基础上,结合人内部信息加工的特点,把人内部意识的变化过程也作为考查的内容。这样,借助于对人内部意识过程的了解,认知行为治疗模式能够更为准确地把握服务对象行为变化的规律,从而使治疗更加有效。

(2)采用综合的方式开展个案辅导工作。行为治疗模式注重个人行为的改变和学习规律的形成,而认知治疗模式强调个人内部信息的加工过程及其方式。实际上,个人行为的改变一定涉及其内部信息的独特加工过程;同样,个人内部信息加工过程的改变通常也会带来个人行为的变化。认知行为治疗模式既看到了个人行为改变的规律,又看到了个人认知加工的特点,使内部和外部因素有机结合起来,采用综合的方式开展个案工作。

3. 认知行为治疗模式案例

案例 13-2　对雅克的行为治疗

(1)研究。在行为修正模式中,作为个案工作一个方面的研究是以问题为聚焦的,包括观察所要改变的行为。雅克(服务对象的化名)有行为问题,他最令人反感的是打其他的孩子,踢教室里的各种东西,当其他孩子还手或是老师纠正时他就破口大骂。

（2）评估。社会工作者没有寻找服务对象行为背后的原因，或是试图解开为什么他会这样，因为搞一部"个人生活史"不是社会工作者的目标。对社会工作者来说，更重要的是描绘出服务对象的行为，确定其频度和严重性。在观察和评估行为期间，社会工作者注意到，老师和其他同学的关注和反应让服务对象继续保持现有的行为，他们所表现的关注服务对象行为的强化剂。

（3）干预。下面是社会工作者的简略陈述，描绘出她如何去改变服务对象的行为。

"要使服务对象对自己的行为感到泄气，'视而不见'可能是最好的方法。我们说'不要强化一个行为'实际上是说'不要理会那个行为'。这就是我所做的。每当服务对象说粗话、踢身边的积木，或是表现出任何攻击性行为时，我都不理会那些行为。我感到社会强化对于修正服务对象的行为会非常重要。儿童的行为如果得到奖赏就会重复，如果得到惩罚或忽视就会避免。

"服务对象任何取代攻击性行为的值得赞许的活动，都会得到持续不断的强化。例如，治疗前，要求服务对象清理他的乱摊子，他会踢搭房子的积木，投掷积木，而老师训斥他时，同伴的笑声强化了他的行为。治疗后，我不理会他的攻击性行为，而对其他清理积木的孩子给予社会强化，说：'谢谢你，波尔，真是个好帮手；你的积木这么直，这么好看。'很快所有的学生都努力把积木放好以获得表扬，过了一会儿，没有人去关注雅克（服务对象），他开始参加清理积木。我会像对待其他孩子那样口头表扬他，强化他的行为。

"通过运用行为修正模式，我可以直接使用条件反射原理和技术实施治疗，改变或去除特定的不想有的、适应不良的反常行为。"

案例 13-3 吴某的认知改变

上海的吴女士打电话到机构主动求助。社会工作者以抽样访问社区青少年的名义上门结识服务对象吴某。吴某 1995 年毕业于某机电工业学校（中专），毕业后在某厂担任技术工人，本来签订 5 年的合同，但 1998 年就被单位指定协保回家了。之后换过四五份工作，如保险、物业维修等，没有一份工作超过三个月，都因无法与同事相处而离开。与父母关系恶劣，原来与父母同住，但很少说话，不同桌用餐，曾经因为父母去单位求情而发怒砸碎家里的电视机。去年年底搬出来，与父母住同一大厦的 14 层楼，但很少往来。只是拿饭盒下去到父母那里打饭上来吃，父母送东西上来也只是放在客厅，不许进他的房间。吴某很少出门，已经近 10 年没有和朋友一起出门了，现在偶尔独自外出，也是去图书馆或者看电影,绝大部分时间闷在家里。他喜欢佛教,以前在家里大声播放佛教经文,邻居很反感,现在主要看佛教方面的书,每天念经、打坐修炼。

(1) 目标。减少吴某的孤独感;提升其社会交往的动机与自信,并以正面的信念看待社会竞争。但是,要有效实现目标,社会工作者需要注意以下几点:一是社会工作者必须与吴某建立协同合作的关系,吴某须认同工作的目标,并积极配合完成整个过程。二是吴某的心理困扰大部分是认知历程受到干扰造成的,为了改善其情绪状态与行为,必须改变认知,也就是改变吴某的一些基本信念。三是家庭作业很重要,除了"一对一"的辅导之外,社会工作者还需安排吴某进行积极的行动,使用各种认知技术与行为技术来引导吴某的改变。

(2) 理论研究。该案例主要运用唐纳德的"认知行为矫正法",这种方法的自我指导治疗聚焦于吴某的自我语言。自我陈述对一个人行为的影响就像别人的话所带来的影响一样多。该方法的一个基本观点就是"行为改变的先决条件在于当事人必须注意到他们是如何思考、如何感受、如何表现及如何对别人产生影响的"。为了要产生改变,当事人必须介入其行为的内部对话中,只有这样,他们才能够在各种情境中评价自己的行为。

(3) 介入过程。

第一阶段:自我观察。协助吴某学习如何观察自己的行为,认识到自己的内部对话主要由负向的自我陈述和想象以及消极的信念组成。吴某应明白,在辅导过程中,自己需要建立一个新的认知结构,使自己能用新的观点来看待自己的问题,这种重组概念的历程是需要经过吴某本人和社会工作者的共同努力和配合才能达到的。

第二阶段:开始一个新的内部自我对话。如果吴某希望改变,他对自己所说的话必须能引起一个新的行为链——一个与他当前不适应行为不兼容的锁链。吴某学习改变那些使他产生不适应行为的内部对话,他的新内部对话引导出新的行为,这是认知重建的结果。

第三阶段:学习新技巧。教导吴某学习更有效的应对技巧,并在现实生活情境中加以练习。认知重建可帮助吴某改变对社会交往以及社会竞争的消极看法,因此能使他更愿意参与所期望的社会活动。协助吴某观察和评估他的新的行为结果,即在情境中表现不同时他人不同的反应,并从中得到鼓励,使吴某学到的新技巧更加稳定,行为有更明显的改变。

具体方法可以选择:① 投其所好。介绍给他一些对佛学比较精通或者感兴趣的朋友,一方面可以减少其孤独感,另一方面可以与其对话,改变吴某的消极信念,提升社会交往动机与自信。② 引导吴某在参加社区青少年俱乐部的沙龙活动时,应用在辅导中习得的应对技巧,观察和评估新的行为结果。

三、理性情绪治疗模式及其案例举要

理性情绪治疗模式是由美国心理学家艾利斯根据自己多年的临床经验为基础提出的。由于对当时流行的心理分析方法和行为治疗模式的不满,艾利斯开始尝试创立自己的理性情绪治疗模式,从服务对象的理性、情绪和行为等方面着手,彻底消除服务对象在情绪和行为上表现出的困扰。1955年艾利斯和哈帕合作正式提出理性情绪治疗模式。经过十多年的努力,该模式已经成为个案辅导的一种重要治疗模式。

1. 理性情绪治疗模式的内容

(1) 理论基础——ABC理论

理性情绪治疗模式以人本主义作为其理论基础,认为人天生就有一种不断追求成长发展的趋向。这种趋向在实际生活中表现出两种不同的倾向:一种倾向是发展出健康、理性的生活方式;另一种倾向则发展出不良的、非理性的生活方式。因此,理性情绪治疗模式强调,人的自由选择是相对的,人时刻受到环境和周围他人的影响。

理性情绪治疗模式对人的心理失调的原因和机制进行深入的分析,提出比较有影响的ABC理论。A代表引发事件,是指服务对象所遇到的当前发生的事件;B代表服务对象的信念系统,是指服务对象对当前所遭遇事件的认识和评价;C代表事件发生之后出现的各种认知、情绪和行为。通常认为,服务对象的认知、情绪和行为都是由引发事件(A)直接导致的,但理性情绪治疗模式指出,服务对象的认知、情绪和行为的反应受到服务对象的信念系统的影响。如果服务对象用一些非理性的信念看待引发事件(A),如要求自己所遇到的所有人都喜欢自己等,这种非理性信念就会促使服务对象情绪和行为上出现困扰。所谓非理性信念是指那些把特定场景中的经验绝对化、普遍化、抽象化之后与真实情况不符的想法和观点。所谓绝对化是指服务对象对自己的要求过高,希望自己的生活完美无缺;普遍化是指服务对象把自己对某件事或某些事的看法概括为所有事物的普遍性,如经历几次失败之后,就认为自己天生就是笨等想法的形成;抽象化是指服务对象把具体场景中得出的经验抽象为一般的准则,如强调如果自己尊重别人,那么别人就会尊重自己等想法的形成。因此,帮助服务对象克服情绪和行为最有效的方法就是协助其质疑自己的非理性信念,使其形成一种理性的生活方式。

(2) 理性情绪治疗模式的治疗技巧

理性情绪治疗模式比较注重综合运用各种服务介入技巧,而不仅仅局限于理性情绪治疗本身。就它自身的治疗技巧而言,主要包括非理性信念的检查和辩论两大类技巧。

① 非理性信念的检查技巧。它是对服务对象情绪、行为困扰背后的非理性信念的原因进行探寻和识别的具体方法,主要包括以下四种技巧:一是反映感受。让服务对象具体描述自己的情绪、行为以及各种感受,从而识别出背后的非理性信念。二是角色扮演。让服务对象扮演特定的角色,重新体会当时场景中的情绪和行为,了解情绪和行为背后的非理性信念。三是冒险。让服务对象从事自己所担心害怕的事,从而使情绪、行为背后的非理性信念呈现出来。四是识别。根据非理性信念的抽象、普遍和绝对等不符合真实情况的具体特征,分析、了解服务对象情绪和行为背后的非理性信念。

② 非理性信念的辩论技巧。它是对产生服务对象情绪和行为困扰的非理性信念进行质疑和辨析的具体方法,主要包括以下八种技巧:一是辩论。让服务对象对自己的非理性信念的不合理的地方进行质疑,动摇非理性信念的基础。二是理性功课。帮助服务对象改变其非理性信念的语言模式,如"必须……"、"应该……"等,从而形成理性的思维方式。三是放弃自我评价。鼓励服务对象放弃用外在的标准来评价自己,逐渐消除非理性信念的影响。四是自我表露。借助社会工作者表露自己感受的方式,让服务对象观察和学习理性的生活方式。五是示范。通过社会工作者的具体示范行为,让服务对象理解和掌握理性的行为方式。六是替代性选择。借助替代性方法的寻找,帮助服务对象逐渐克服喜欢极端化的非理性信念。七是去灾难化。让服务对象尽可能设想最坏的结果,直接面对原来担心害怕的事件或灾难,从而使服务对象担心害怕中的非理性信念显现出来。八是想象。让服务对象想象自己处于困扰的处境中,并通过设法克服不合理的情绪和行为的反应方式学习和建立理性的生活方式。

2. 理性情绪治疗模式的特点

理性情绪治疗模式以服务对象的非理性信念的检查和辩论为中心形成了目标清晰、要求明确的治疗方法的特点,具体说来,包括 5 个方面:

(1) 明确辅导要求。在服务对象接触理性情绪治疗模式的开始阶段,社会工作者首先要做的,除了与服务对象建立良好的合作关系之外,还需要根据服务对象的具体情况清晰简洁地介绍理性情绪治疗模式的基本原理,让服务对象认识到,真正导致自己情绪、行为困扰的原因是自身拥有的非理性信念,而不是引发事件本身。

(2) 检查非理性信念。当服务对象了解了困扰产生的真正原因是自己的非理性信念时,就需要鼓励服务对象寻找这些情绪、行为困扰背后的非理性信念,并且协助服务对象理解这些非理性信念与具体的情绪、行为困扰之间的联系。

(3) 与非理性信念辩论。找到了非理性信念之后,服务对象接着面临的任务是与这些非理性信念展开辩论,认识和了解这些非理性信念的不切实际的地方以及可能产生的危害,并且采取具体的行动改变目前的生活状况。

(4)学会理性生活方式。了解了非理性信念以及可能产生的危害之后,服务对象就需要在社会工作者的辅导下运用理性的信念替代原来的非理性信念,并且与具体合适的情绪和行为反应方式连接起来,逐渐建立理性的生活方式。

(5)巩固辅导效果。通过一些具体的练习,帮助服务对象在自己的实际生活中学会并建立起自己的理性生活方式,并形成习惯。

3.理性情绪治疗模式案例

案例 13-4 帮助小祁确立理性的生活方式

小祁,男,17岁,某重点高中一年级的学生。

小祁自述:"小学、初中时我一直都是同学们的'榜样'、老师的'得意门生',集万千宠爱于一身。可是现在,不论我怎么努力,成绩册上都是'无名鼠辈'。于是网络成了圣地,我不像同龄男孩那样沉迷于'反恐精英'、'星际争霸',只是为了与网友聊天,经常将自己反锁在房间里,与一些不相干的人交流。每晚,我都背着父母悄悄上网,直到深夜,期待着'网上的女孩看过来',确有几位令我心仪的网上女孩,也只求一份关怀与感动。下网的一刹那,我是那样的空虚、空白、茫然、孤独,甚至恐慌,并在心中指责自己,懊悔交加。就这样眼睁睁地看着自己沉了下去,而现实生活中脾气越来越暴躁,做事情越来越冲动,常常无缘无故地发火,砸东西;常常会情不自禁地发出怪叫,同学们叫我'野狼'。直到昨天,当时同学们正在专心地听数学老师讲例题,我又控制不住地发出了一声怪叫,震惊了全班。现在我就是班级里名副其实的'野狼'。"

首次心理辅导印象:小祁走进心理辅导室说的第一句话是:"你看我的手!"他伸出了瘦骨嶙峋的手,手背朝上,只见那上面斑斑点点,新伤套着旧痕,手指骨节上的陈疤压着老茧。我表示不懂这是怎么回事儿,他挥起拳头,朝身边沙发茶几做了一个猛击的动作……小祁的脸色苍白,青春痘旺盛,身材清瘦,我感觉他是个敏感、聪明、自尊心强的人,有礼貌的举止掩饰不住他内心的焦虑和烦恼。他说:"我现在痛苦极了,数学课上的号叫,使我丢尽了脸。"

诊断与分析:小祁是由于学习压力大,环境适应不良,而逃避于计算机网络,以寻求精神安慰、解脱,并以此来麻木自己,长期消极情绪郁结,导致行为冲动。一般来讲,中学生行为冲动是以行为和情绪具有明显的冲动为主要特征的,表现为忍耐性差、容易被激怒、情绪波动大,一旦被诱发,情绪的发生强度会很大,常常会失去自控能力,出现短时间的彻底行为,如毁坏财物、谩骂、号叫、自我伤害等,事后会有后悔的情绪。平时的人际关系没有明显的异常,学习也没有太大的改变。冲动的行为难以预测,常常在当事人的行动受到阻碍或者受到批评时发生。

　　人的情绪和情感是人对各种事物的态度及体验,是人的需要是否获得满足的反映。它有积极与消极之分,一般而言,需要得到满足就会引起积极的情绪和情感,需要得不到满足就会引起消极的情绪和情感。这些不良情绪体验和不正常的情绪不仅能影响一个人的行为,损害其精神健康,而且还可能使人患病。有关心理调查分析的结果显示,影响高中生情绪情感的原因,是以他们的学校生活和学习生活为中心展开的。在情绪情感活动的具体原因上,学习动因成为他们日常情绪情感活动的直接重要原因。小祁进入重点高中的提高班以后,同学间学习竞争激烈,而他的学习成绩随时可以挂"红灯",学习好的需要得不到满足,难免让这个昔日老师的"得意门生"焦虑、烦恼。他失去了"集万千宠爱于一身"的优势,成为默默无闻的一员,虽然努力但仍然是"无名鼠辈"的失落感和受宠的需要得不到满足,令他情绪消极、低落;转而从上网、交网友中寻找精神寄托,但交结网友只暂时填补了空虚,离开网络后仍然感觉恐慌、茫然与孤独。同时又因上网严重影响学习,继而产生恐慌、深深的后悔和自责。这些消极、低落、焦虑、烦恼的情绪体验,一天天郁结起来,没有排解的途径,导致怪叫、挥拳砸东西等冲动的偏差行为。

　　辅导:由于高中时期是人格高速发展期和定型期,从小祁升高中至今,沉湎于网络不能自拔,出现冲动症状已达半年的时间,如果不能及时调解,可能会出现冲动型人格障碍。情绪障碍一旦形成,本人是难以自拔的,需要进行治疗。在心理辅导中,教会小祁掌握控制和调节情绪的方法,是解决问题的关键。一方面要使他学习有意识地培养积极情绪,教会他调节、控制自己的消极情绪;另一方面教导他把握接触网络的尺度。社会工作者把辅导的重点放在辅导小祁宣泄消极情绪法和放松法上,并给予其交网友的指导。

　　(1) 可供选择的消极情绪宣泄法

　　首先让小祁认识到,人的情绪应该是以愉快稳定为基调的,人在生活中难免会产生各种不良情绪,如果不采取适当的方法加以宣泄和调节,对身心都将产生消极影响。所以,如果一个人有不愉快的事情及委屈,不要压在心里,发泄可以释放积于内心的郁闷,对于人的身心发展是有利的。但是,激情要在理智的指控下恰当地发泄,发泄自己的不良情绪是以不伤害别人、不伤害自己为原则的,当然发泄的对象、地点、场合和方法也要适当,恰当的宣泄是人生的一种艺术。社会工作者为他提供了以下几种宣泄的方法供他选择:

　　① 扮作"野狼"尽情嚎。大喊大叫的方法,是发泄心中的郁闷、烦恼等情绪的好办法(其实小祁情不自禁的"号叫"本身就是寻求解脱消极情绪的本能行为,

只是没能控制在恰当的时间和场合而已）。于是社会工作者建议他到体育场看一场争夺激烈的足球比赛；申请加入校篮球队的拉拉队；怪叫、鬼喊，但是要在放学后无人的操场上，或在自家的后窗旁、周末郊外、寂静的树林边；晚饭前在自己房间关闭门窗，用被子蒙住头等。

②好男儿有泪也要弹。告诉他，科学研究表明，人体分泌泪水时，能较好排出体内的毒素，有利于身体的健康，是保持心理健康的好方法。建议他遇到烦心事时躲进卫生间，反锁上门，拧开淋浴龙头，大哭一场，以解除内心的抑郁与烦恼；或是干脆看一场悲剧表演宣泄一下。

③打被子虐待枕头。当房间里没有别人时，把被子和枕头想象成敌人或对手，把火气都对准它们发泄出来，打瘪它们，战胜它们。

④狂歌劲舞饰明星。用歌舞的形式宣泄心中的不良情绪。建议他可以选择在家里蹦迪，在卫生间里狂歌。

⑤运动健将训练。各种体育运动都有宣泄的高招。建议小祁打篮球、踢足球、空手翻、倒立、原地跳……只要能让自己出一身汗即可。

（2）教授放松疗法

教会小祁做放松训练。指导他采用深呼吸的方法，即深深地吸气、慢慢地呼气，使自己的身心得到放松。当过分紧张、烦恼、惧怕时，都可使用深呼吸法。

（3）指导交网友

小祁清楚自己目前的人生任务是学习，既痛心学习成绩的下降，又痴迷网络交友，就像蜘蛛网上粘住的昆虫，被互联网吸牢，不能自拔，慢慢地消耗着青春岁月……而这张网又是小祁亲手编织的。社会工作者和小祁一起分析造成这种现象的原因是，他进入高中之后，在新的学习生活环境中人际关系适应不良，由于社交行为不足，遂以结交网友作为弥补，导致沉湎于网络交流，影响了学习。

用认知疗法让他懂得，交往是人的基本心理需要，"人之生也，不能无群"。人都是有爱别人、被别人爱的需求，希望认识别人，了解别人，关心别人，并对别人负责。如果不能满足这一心理需求，人就会感到孤独和寂寞，这是一种令人极不愉快的感受。缺少知心朋友的人，会有无聊感、无目标感和边缘感。

小祁与人交往的心理需求得不到满足，就自然会转向结交网友、"钓美眉"了。由于在学校生活中缺乏亲密、满意的关系，就自然会对学习生活产生无聊感，对学习没有明确目标，并对学习产生"边缘感"，导致"学习成绩节节下降"。同时，成绩下降产生的挫败感，又都在"网上的女孩看过来"时得到抚平。这样，与网上女孩的交流既使小祁感到关怀和解脱，又满足了小祁部分交往的心理需求，而每一次的成绩下降，都使得小祁更加期待着"网上的女孩看过来"，因此出现了"沉湎于网络不能自拔"。

社会工作者与小祁达成共识，认为结交网友也具有人际交往功能，也是人际交往的一种方式，它的积极功能不可否认，同时它的消极方面也不可忽视。在这种网络交往方式中，交往对象的真实身份、动机、背景等具有隐秘性和不安全性，交往双方丰富的面部表情、声音讯号等沟通讯息受到限制，影响人际交往的一般功能的发展。少年自控能力差，上网时间等问题难以把握，会直接影响到学习。

最后小祁懂得了改变自己目前状况的方法是保证学习时间和质量，建立和改善同学间的亲密关系。为此，我和小祁共同制定了一个方案：

① 按时就寝，保证学习时间，制定合理作息时间，并严格遵守。

② 下定决心，远离网友、网络，仅在周末等特别规定的时间上网。

③ 克服害羞心理，试着从同桌、前后桌开始，与班级同学普遍建立往来的关系。

④ 积极参加班级中的各种集体活动，关心学校、班级的公益事情，时刻告诫自己"贵在参与"。

⑤ 试着以欣赏的眼光看待自己，"要让别人喜欢我小祁，先让我小祁自己喜欢自己"。

⑥ 试着学会以赏识的眼光看待同学，这是建立友谊的基础。

⑦ 学会关心、关怀身边的同学，这会使自己赢得友谊。别忘了，同学和小祁一样，都有被"爱"的需要。

⑧ 面对较要好的同学，可以适时适当地袒露自我。友谊进展的一个标志是相互关心的自我表露。

经过两次心理辅导，小祁懂得了自己的问题所在，学会了有意识地培养积极情绪、调节控制自己的消极情绪和行为的方法；上网有了一些节制，基本保证了学习的时间。

期中考试之后，他带了一位同学来到心理辅导室，要求做"个性心理测试"。社会工作者见到他的第一句话就是"让我看看你的手！"那双伤痕隐约的手坦然地伸在我眼前。他告诉社会工作者，这段时间自己使用最多的方法是"宣泄消极情绪法"；虽然学习成绩并没有多大的提高，但是自我感觉好了，当然，班级的课堂里再也没有出现"野狼"的号叫。

四、任务中心模式及其案例举要

1972年由雷依德和艾泼斯坦合作出版了《任务中心个案工作》一书，具体讲述了在有限的时间内，实现由服务对象自己选定的明确目标的任务中心模式。该模式博采众长，尝试从心理社会治疗方法中借用诊断的指示技巧，从功能模式中借用有限时间的方式，从问题解决模式中借用以问题为本的取向，从系统理论中借用整体与部分关系的理论,从角色理论中借用社会互动概念,从学习理论中借用社会行为的原则。总之,它一方面尝试以不同理论来充实自身的知识领域;一方面又避免拘泥于其中某一种理论,以保证自己的独特性。

具体而言,该模式是利用时限的结构及短期的心理社会个案工作的技巧,以协助服务对象实现并履行其自身的约定任务,进而解决其问题。而解决的问题主要包括人际冲突、社会关系不和谐、与团体的问题、角色扮演上的困难、社会转变带来的问题、情绪困扰及资源不足等。在对这些问题加以分析与诊断的基础上,确定工作任务,使工作任务与要解决的核心问题相联结,再确定具体的行动步骤。在确定任务时,社会工作者应对服务对象的能力、动机、任务、可行性、次要人物及相关任务、任务的形成过程予以界定。而后,运用沟通技巧与服务对象进行沟通,并设定完成任务的时间表。

1. 任务中心模式的内容

(1) 任务中心模式的理论假设

① 认为高效的社会工作服务介入需要有五个要素:一是介入时间有限;二是介入目标清晰;三是介入服务简要;四是服务效果明显;五是介入过程精密。因此,任务中心模式把服务介入的焦点集中在为服务对象提供简要高效的服务上。

② 认为"任务"就是服务对象为解决自己的问题而需要做的工作。"任务"是服务介入的核心,既是实现服务介入工作的目标,也是解决问题的手段。"解决问题"与"任务"之间的关系类似于目标和手段之间的关系,解决问题是目标,而任务的完成是实现解决问题的手段。

③ 认为服务对象在实现目标过程中的自主性是至关重要的。服务对象的自主性包括两个方面的主要内容,其一是服务对象具有处理自己的问题的权利和义务的自主性,即由服务对象自己决定是否需要处理问题、处理什么问题以及怎样处理问题等,提高服务对象的参与程度。其二是服务对象具有解决自己的问题的潜在能力,即社会工作者在服务介入过程中尽可能发挥服务对象自身拥有的潜在能力,增强服务对象解决问题的能力。

(2) 任务中心模式的治疗技巧

任务中心模式把沟通视为社会工作者与服务对象之间进行交流的工具,无论是辅导面谈还是辅导操作,社会工作者只有借助具体的沟通行为,才能把自己的想法传递给服务对象,推动服务对象发生改变。任务中心模式认为,有效的沟通行动必须具备两个要素和达到五种功能。

有效的沟通行动必须具备的两个要素是:其一,沟通要有系统性,社会工作者需要根据服务所处的介入阶段以及此阶段的目标和任务与服务对象沟通,这种沟通需要集中焦点,不节外生枝,同时又与整个服务介入过程紧密相连,要层次分明,循序渐进。其二,沟通要及时做出恰当反应,社会工作者需要给予服务对象及时的回应,鼓励服务对象积极表达自己的想法和意见,并让服务对象体会到社会工作者对其关心和尊重,了解和分享社会工作者的经验和感受。

有效沟通行动要达到的五种功能是:其一,实现探究的功能,即明确服务对象的问题和需要承担的任务,在确定了服务对象的任务之后,还需要进一步明确如何执行任务。其二,实现组织的功能,即规划与服务对象沟通的方式和目标,包括介入目标的解释、介入时间的安排、行动的规划和服务对象的参与方式等。其三,实现意识水平提升的功能,即通过提供相关的资料,帮助服务对象增强对自身以及周围环境的认识和了解。其四,实现鼓励的功能,即强化或者激励服务对象的有助于完成任务的行动和态度。其五,实现方向引导的功能,即向服务对象提供完成任务所需要的建议和忠告,让服务对象及时了解完成任务的有效途径。

2. 任务中心模式的特点

问题的界定、服务对象的界定以及任务的界定是任务中心模式实施过程中需要非常关注的三个问题,也是任务中心模式的重要特点。

(1)清晰界定问题。任务中心模式认为,要成为可以处理的问题需要具备四个条件:其一,服务对象知道这个问题存在;其二,服务对象承认这是一个问题;其三,服务对象愿意处理这个问题;其四,服务对象有能力处理这个问题,并有可能在服务以外的时间尝试独立处理这个问题。

(2)明确界定服务对象。不是所有的服务对象都能够成为任务中心模式的服务对象,而应具备两方面的特点:其一,愿意承担自己的任务并做出承诺愿意尝试;其二,服务对象处于正常的生活状态,且具有自主的能力。

(3)合理界定任务。在界定任务时,任务中心模式强调,只有把以下三个因素融合到任务中,这样的任务才是最好的,而且也是可行的。任务需包含的三个因素是:其一,服务对象的问题;其二,服务对象解决这个问题的能力;其三,服务对象的意愿。

3. 任务中心模式案例

案例 13-5　小红的问题及解决方法

服务对象是一个怀了孕的 17 岁女孩小红,她到儿童服务会寻求帮助,这是一所安置和收养儿童的机构。她告诉社会工作者,她有了 3 个月的身孕,她非常害怕,不知道该怎么做以及做什么。尽管他的父母对这件事情非常烦心,但是他们仍然关心她,并督促她到机构来。

(1)研究。同小红及小红的母亲进行面谈,得出了下面一些可供选择的处

理方法。方法按优先顺序列了出来,大致如下:

① 留下孩子供人领养。小红倾向于保留孩子,但也认识到她还没有做好当母亲的准备,因此把孩子生下后供人领养。

② 留下孩子,自己带,等孩子的父亲两年后从军队回来再结婚。小红愿意结婚,但她指认孩子的父亲却不想结婚,鉴于种种原因,她的父母也坚决反对这桩婚事。

③ 怀孕期间继续上高中,为毕业做准备。小红还有一年就完成高中学业了。作为优等生,她非常热衷于课业和参加课外活动。她是校合唱团的成员,会拉小提琴,并参加过学校的演出。她非常确定想上完高中再进大学。

④ 做流产。基于宗教上的原因,小红母亲反对这样做。小红也有些反对这样做,但反对不像母亲那样坚决。尽管如此,流产还是排在了单子的后面。

(2)评估。要处理的问题是为不期而至的怀孕制定应对方案。按照社会工作者的观点,任务之一是协助年少的、不成熟的小红决定如何处置未出生的孩子,任务之二是要帮助小红的父母接纳小红的决定。小红对于要做什么不是十分清楚。她想要留下孩子,但对是否准备好照顾孩子有疑问。最初她想结婚,但发现孩子的父亲并没有这样的打算。她需要实际的帮助,如住哪里,在哪里可以找到赚钱的工作,包括住院在内的医疗照顾,以及完成高中学业的机会等。

(3)干预。具体的干预任务如下:

① 允许小红在决定留下孩子时讨论和掂量她的选择。

② 安排小红在位于同一校区的专门为十几岁怀孕少女开办的高中就读。

③ 预约一位跟儿童服务会有工作关系的妇产科大夫给小红做定期的专科检查。

④ 安排小红为寄养儿童的家庭做些简单的家务,获得些工资收入。

⑤ 小红可以同社会工作者讨论她对孩子的打算。她知道机构的政策并得到保证,她有关孩子的想法会尽可能得到尊重。

⑥ 指认孩子的父亲也被纳入了工作范畴,他在财力上和其他方面协助小红做决定,实现她的打算。

快满六个月的时候,该个案终结了。小红继续了自己的学业,并拿到了高中毕业证书,计划到一所本地的社区大学就读,还拿到了资助学费的奖学金。

五、危机介入模式及其案例举要

1946 年林德曼和卡普蓝合作,提出"危机调适"的概念。20 世纪 50 年代,美国开始从事预防自杀的研究,成立了预防自杀的危机介入中心。1974 年美国将危机介入模式正式列入社会服务的重要项目,并且在社会工作领域逐渐推广。

1. 危机介入模式的内容

(1) 危机介入理论

危机介入模式是一种具体的工作方法,它虽然没有完整系统的理论基础,但在不断吸收其他理论以及总结自己实践经验的基础上,形成了一些重要的理论假设和基本的概念。这些理论假设和基本概念成为危机介入模式的理论核心。

① 危机的界定。危机是指一个人的正常生活受到意外危险事件的破坏而产生的身心混乱的状态。危机介入模式就是针对服务对象的危机状态而开展的调适和治疗的工作方法。危机通常可以分为两类:一类是成长危机,即每个人在成长过程中需要面对不同阶段的任务而产生的危机;一类是情境危机,即因生活情境的突然改变而引发的危机。

② 危机的发展阶段。危机出现之后,服务对象的身心会出现一系列的变化以应对现实生活中的危机情景。危机的发展一般可以分为四个阶段:一是危机发生阶段。在这一阶段服务对象面对生活中的意外危险事件而无法控制自己的紧张和不安,无法有效应对意外危险事件,从而导致危机的发生。二是应对危机阶段。危机出现之后,服务对象就会寻找其他的途径和方法解决面临的困难。三是解决危机阶段。在寻找应对危机的方法和途径的过程中,服务对象就会形成解决危机的方法,或者消极退缩停止解决问题的努力,或者积极面对形成新的有效策略。四是恢复期。危机产生之后,服务对象的身心处于极度的紧张状态,经过调适和治疗就会形成新的身心平衡状态。

(2) 危机介入的基本原则

危机介入模式是围绕着服务对象的危机而展开的调适和治疗工作,注重不同服务介入技巧的综合运用,目的是在有限的时间内快速、有效地帮助服务对象摆脱危机的影响。在综合运用这些不同的服务介入技巧时,危机介入模式形成了有效调适和治疗的危机介入工作的一些重要原则。

① 及时处理的原则。由于危机的意外性突出,造成的危害性较大,而且时间有限,需要社会工作者及时接案、及时处理,尽可能减少对服务对象及其周围他人的伤害,抓住有利的、可改变的时机。

② 限定目标的原则。危机介入的首要目标是以危机的调适和治疗为中心,尽可能降低危机造成的危害,避免不良影响的扩大。只有把精力集中在目前有限的目标上,社会工作者才能与服务对象共同协商和处理面临的危机。

③ 输入希望的原则。当危机发生之后,服务对象通常处于迷茫、无助、失去希望的状态中,所以在危机中帮助服务对象的有效方法是给服务对象输入新的希望,调动服务对象改变的愿望。

④ 提供支持的原则。在帮助服务对象面对和处理危机的过程中,社会工作

者需要充分利用服务对象自身拥有的周围他人的资源,为服务对象提供必要的支持,同时也要培养服务对象的自主能力。

⑤ 恢复自尊的原则。危机的发生通常导致服务对象身心的混乱,使服务对象的自尊下降。社会工作者在着手解决服务对象的危机时,首先需要了解服务对象对自己的看法,帮助其恢复自信。

⑥ 培养自主能力的原则。危机是否能够解决,最终取决于服务对象是否能够增强自主能力。虽然服务对象在危机中自主能力有所下降,但社会工作者不能认为服务对象缺乏自主能力,整个危机介入过程就是社会工作者帮助服务对象增强自主能力,学会自主面对和克服危机的过程。

2. 危机介入模式的特点

由于服务对象处于危机的状态中,社会工作者必须在非常有限的时间内快速、有效地解决服务对象的困扰,让服务对象摆脱危机的影响。危机介入模式对社会工作者提出了很高的要求,同时也形成了危机介入模式的特点,即迅速了解服务对象的主要问题、快速做出危险性判断、有效稳定服务对象的情绪和积极协助服务对象解决当前问题等。

(1)迅速了解服务对象的主要问题。在服务对象出现迷茫、不安、不知所措,而且时间又非常紧迫时,社会工作者的注意力将集中在服务对象最近的生活状况上,采用开发式的提问方式帮助其整理自己的想法和感受。

(2)迅速做出危险性判断。危机之后经常伴随服务对象的一些破坏行为。因此,作为危机介入模式的一项重要任务就是:社会工作者在了解服务对象的主要问题的过程中,需要对服务对象可能采取的破坏行为的可能性和危险程度进行评估,以便给予及时的介入和治疗。

(3)有效稳定服务对象的情绪。服务对象的情绪在危机中通常是非常不稳定的,表现出紧张、不安、迷茫、无助和沮丧等,社会工作者需要借助简洁易懂的语言、专心的聆听、感情的支持等技巧稳定其情绪,并与其建立合作与信任关系。

(4)积极协助服务对象解决当前问题。一旦服务对象的情绪稳定之后,社会工作者就需要协助服务对象分析危机产生的原因,并根据危机发生的原因制订以解决当前问题为主要目标的介入计划。在服务对象的周围他人的支持下,协助和检查计划的执行,帮助服务对象克服危机的影响。

3. 危机介入模式案例

案例 13-6　徐某遭受丈夫暴力的危机介入

服务对象是 28 岁的安徽女性徐某,与上海丈夫结婚三年,生有一子,现 2

岁。徐某表示丈夫一直没有固定工作，又爱打麻将，常常用莫须有的理由（如说她偷藏私房钱）殴打她。当其劝丈夫要好好工作时，丈夫就会说徐某看不起他并动手打她。孩子晚上哭闹时，丈夫也会拿皮带抽打孩子。有时，丈夫半夜时分趁徐某熟睡时动手打徐某。因为徐某感到经济压力大，只好到菜市场摆地摊，丈夫偶尔也会来帮忙，但多数时候怀疑徐某把所赚的钱用到了不该用的地方。徐某想离婚，但丈夫不同意。于是，徐某一直忍受丈夫的暴力。徐某被打时打过110电话，求助过婆家，但似乎没有什么帮助。这次丈夫再度打徐某，徐某只好逃出来，求助于妇女保护机构。

（1）诊断与预估

① 婚姻问题。服务对象是背井离乡的女子，婚前对丈夫的情况了解不够，没有感情基础，婚后服务对象要适应多种角色（如妻子、儿媳妇、母亲），角色复合性很强。夫妻原来的感情基础不足，再加上婚后与丈夫相处时常发生冲突，两个人似乎沟通不良。原因可能与感情、语言和文化差异有关。丈夫可能在服务对象面前原本有自卑感，当服务对象要他好好工作时刺伤了他的自尊心，认为服务对象看不起他，所以打她；也可能丈夫担心服务对象离开他，所以事事提防，事事限制，稍有不如意就打。

② 经济问题。由于丈夫不务正业，没有工作和收入，服务对象也没有稳定的工作，家庭经济确有压力。后来，服务对象虽然设法摆摊但收入有限，又受到与丈夫争执、冲突或暴力行为的影响，无法持续正常经营生意。

③ 安全问题。在婚姻冲突中，丈夫仍可能以任何理由殴打服务对象。如果服务对象不知如何防备或应付，安全就是一个问题，同时，小孩的安全也是一个问题。

④ 服务对象个人的优势。从服务对象的谈话和行动中看出，服务对象为了自己和儿子有想要解决问题的强烈动机，有不畏辛苦和肯努力的精神。之前，她想协助并改变丈夫，她会告诉婆家有关他们的情况，希望获得家庭的支持。她努力设法挣钱，去摆摊，想得到补贴家用的钱。受到暴力对待后的她会去报警，后来也寻求妇女保护机构的协助。

但是，服务对象的其他资源仍然不足，包括保护性服务措施及有关协助外来媳妇的社会政策与措施等。

根据这些情况，制订出工作计划。

（2）计划与干预。根据危机介入模式，为服务对象提供迫切性的协助是十分重要的。就服务对象目前的状况而言，自我保护是最迫切的需要。因此，服务对象逃离家庭来求助时，社会工作者应先协助服务对象和孩子到妇女紧急庇护中心。

基于服务对象的自我功能和行为能力,如果服务对象愿意尝试处理婚姻问题,社会工作者可以与她探讨如何与丈夫相处。例如,夫妻平时如何互动,常在什么情况下吵架,请服务对象将吵架过程详细描述一次,让社会工作者知道她受暴的状况,然后与她讨论此次受暴经验;通过与服务对象讨论,社会工作者与她检查从未发现或探讨过的问题。如果他们经常因为金钱发生争吵,为避免因此而遭殴打,可请服务对象减少与丈夫讨论有关金钱的问题。

社会工作者通过与服务对象的讨论,也希望增加服务对象的权能。例如,当服务对象的丈夫又无端借故为难她时,可与她从两方面来讨论:如果争端是由服务对象引起的,服务对象要如何解决问题? 如果争端由丈夫引起,服务对象又如何来应付冲突。在被打伤的情况下,要及时报110,并在24小时内验伤,以保护自己。还有,就丈夫的暴力行为进行探讨,是否因为丈夫担心服务对象离开他而百般刁难她;或担心服务对象一离开,他便一无所有,至少无人赚钱给他用;或因为丈夫的人格不成熟,将服务对象看成是财产的一部分,一旦她挑战,丈夫就盛怒不已;或者是夫妻生活不能满足丈夫,致使丈夫疑神疑鬼限制服务对象的行动。

社会工作者为了让服务对象更有优势,告诉服务对象相关社会资源,包括提供法律咨询服务和婚姻咨询的机构,以及就业训练单位等,已备服务对象主需要时利用。

六、人本治疗模式及其案例举要

1951 年罗杰斯在总结临床辅导经验后提出"以当事人为中心"的治疗模式,注重感受和反映服务对象的内心变化。1957 年在总结经验的基础上,他把辅导介入的重点转向辅导过程中的伙伴关系的建立以及双方情感和体验的交流。1974 年罗杰斯将自己的辅导模式正式命名为"以人为中心的治疗模式",又称人本治疗模式。

1. 人本治疗模式的内容

(1) 人本治疗模式的理论假设

人本治疗模式以人本主义心理学为基础,其理论假设涉及对人性的基本看法以及自我概念、心理适应不良和心理适应失调等重要的基本概念。

① 对人性的基本看法。人本治疗模式吸收了人本主义心理学的思想,认为人的本质是好的,具有发挥自身内在各种潜能、追求不断发展的基本趋向。在生理方面表现为一切生物所共有的发展动力,在心理方面则表现为人所特有的充分发挥自身各种能力的自我实现倾向。

② 自我概念。罗杰斯把自我概念界定为服务对象对自己的看法,包括服务

对象对自己的知觉和评价、对自己与他人关系的知觉和评价以及对环境的知觉和评价三个部分。罗杰斯认为，人的自我概念是在与周围他人的交往过程中通过他人的态度和反应方式的影响形成的，而周围他人在给予服务对象关心和爱护时，总是会附加一些条件，要求服务对象迎合他(或她)的标准。这样，服务对象自我概念的形成就会受到周围他人价值标准的影响。如果服务对象自我概念依赖周围他人的价值标准，并以此确定自己的行动方式，就会与自己的真实需要发生冲突。

③ 心理适应不良和心理适应失调。当他人的价值标准内化为服务对象的内心要求时，就会使服务对象的自我概念与真实的经验和感受相冲突。为了维护自我形象，服务对象通常借助曲解或者否定等方式保持自我概念与经验的表面一致，这时的内部心理状态称为心理适应不良。如果服务对象的自我概念与真实经验之间的冲突进一步加剧，无法维持表面上的一致，这个时候服务对象就会面临极大的困扰和不安，严重时甚至导致心理适应失调。

（2）人本治疗模式的治疗策略

人本治疗模式认为，如果注重分析和治疗服务对象的问题，就会把社会工作者自己的价值标准强加给服务对象，反而妨碍服务对象的自我成长。因此，有效的辅导方式不是运用具体的辅导技巧消除服务对象的困扰，而是创造一种有利的辅导环境让其接近自己的真实需要，变成一个能够充分发挥自己潜在能力的人。罗杰斯把这种能够充分运用自己各种潜在能力的人概括为以下五个方面的特征：

① 能够准确领悟周围的人和事物，具有基本的安全感，是理性人。

② 能够充分把握每一时刻，珍惜和享受生活，适应力强。

③ 能够依据自己真实愿望选择生活方式，并勇于承担行为的责任，忠于自己。

④ 面临众多的选择能够体会到心理上的极大自由。

⑤ 积极生活在不断变化的环境中，具有丰富的创造力。

2．人本治疗模式的特点

人本治疗模式改变了以往个案辅导模式的工作重点，注重以服务对象为中心，创造一种有利于服务对象自我发展的辅导环境，具有注重社会工作者自身的品格和态度、强调个案辅导关系以及关注个案辅导过程等特点。

（1）注重社会工作者自身的品格和态度。人本治疗模式把个案辅导工作的中心集中在社会工作者自身品格和态度的培养上，认为社会工作者只有提供真诚、同感和无条件的积极关怀，全身心地与服务对象交流，才能创造和谐、信任、宽松的辅导环境，促进服务对象的自我发展。

（2）强调个案辅导关系。罗杰斯对如何与服务对象建立积极的辅导关系进行了专门的研究,认为这种个案辅导关系需要具备真诚、同感和无条件积极关怀三项充分必要条件,包括六个方面的内容:其一,表里如一。社会工作者需要对自己的感受开放,让自己的意见和态度与自己的真实感受相一致。其二,不评价。社会工作者不应该按照自己的标准评价服务对象的感受和行为,把自己的价值作为标准强加给服务对象。其三,同感。社会工作者把自己置于服务对象的处境中,从服务对象的角度体会和理解对方的各种内心感受,做到感同身受。其四,无条件的接纳。无论服务对象好的方面,还是不好的方面,社会工作者都需要采取接纳的态度,关注服务对象本身。其五,无条件的爱。无论服务对象怎样表现,社会工作者都需要给予真正的关心和尊重,让服务对象能够利用自身的资源成长。其六,保持独立性。社会工作者需要让服务对象明白,每个人都是独立的个体,都需要关注自己各种潜在能力的充分发挥。

（3）关注个案辅导过程。人本治疗模式非常注重个案辅导过程,认为借助具体的个案辅导过程,社会工作者才能与服务对象进行真诚的沟通和交流,让服务对象体会此时此地的各种内心冲突和不安,了解自己的真实需要,发挥自己的各种潜在能力。

3．人本治疗模式案例

案例 13-7　退休干部杨某的"人本治疗"

（1）服务对象背景资料

① 服务对象杨某的基本情况如下:男,77 岁,个案发生的时间是 2003 年 7 月。杨某有两个女儿,一个女儿在上海,另一个女儿在外地,他离休后就离开上海和女儿共住。杨某 4 年前得了脑溢血后就在某区福利院生活,5 个月前又搬来某市社会福利院生活。杨某身体状况不好,患有多种疾病:1998 年患脑溢血,由于小脑受损,留下了身体平衡性差的后遗症,走路需拄拐杖。另外还有血管硬化、胆结石、供血不足等慢性疾病。杨某是退休干部,在经济方面没有什么问题。杨某比较善于谈吐,情绪比较稳定,谈到自己的身体状况时会流露出一些担忧。杨某与子女关系良好,老伴已经去世了。居住在上海的女儿经常会来看他,老人也能体谅女儿工作繁忙。

② 当前的问题和需求:经机构人员介绍,杨某由于曾经患过脑溢血,所以过分强调自己身体不好,不愿出去参加康复锻炼,主要的活动空间局限于房间。工作人员认为应适当地给予杨某以心理疏导,增加他的正面反应。

（2）与本案相关的理论

一般而言,年满 60 岁的老人被称作老年人。世界卫生组织把 60 岁作为老年的起始年龄。之所以把 60 岁作为老年的起点,是因为 60 岁以后,人的各种生理功能发生了较大的退化,神经系统、循环系统、呼吸系统、消化系统、免疫系统等不同程度地呈衰退和下降趋势。

① 生命周期理论。老年人的心理特点主要表现为:a. 健忘。进入老年期后智力逐渐减退,但其程度有较大差异,并且与心理因素有密切关系。有的因为本人的自信心不足,自惭形秽,自认为智力减退,而实际上并非如想象的那么严重。老年人的智力是逐渐下降的,一般认为 18 岁时智力达到最高水平,以后逐渐下降,50 岁时仅相当于 15 岁的智力年龄,80 岁以后下降更明显,85 岁时大约相当于儿童 5 岁 10 个月的智力水平。由于个体的差异,有 10%～25% 的人并不显示智力减退。老年人的记忆力下降,也是健忘的主要因素。b. 焦虑。随着衰老,精神、情感变化日益明显,表现为内心空虚,易出现焦虑、抑郁的情绪反应,常伴有自责。往往有杞人忧天之感,时有大难临头的紧张感,或是抑郁苦闷,遇到问题时缺少进取态度。在经济条件拮据的老年人门诊病人中有 48% 的人具有抑郁情绪,而身体健康、经济条件较好的老年人门诊病人具有抑郁症状者也有44%,有不少人每月发作 1 次,持续数小时或数天之久,表现为意志消沉、烦恼、抑郁、焦虑等,并对往事回忆多有自责感。c. 情绪多变。当脑组织老化或伴有某些脑部疾病时,常有明显的情绪变化,往往失去自我控制,容易勃然大怒,难以平静下来,而且其情绪激动程度和所遭受不顺心的事情之程度并不相对应。有时为周围环境及影视中有关人物的命运而悲伤或不平,会迅速出现情绪高涨、低落、激动等不同程度的变化,表现为时而天真单纯,时而激动万分等情绪多变的特征。d. 疑病。60 岁以上老年人,有半数的会出现疑病症状,这是由于老年人的心理特点已从对外界事物的关心转向自己的躯体所致。加上这些关系可因某些主观感受而加强,并因顽固、执拗的个性更易出现疑病症状,常出现头部不适、耳鸣、肠胃功能异常以及失眠等。即使稍有不适,也要向周围人诉说。有时会过分注意报刊书籍上的一些医学常识而对照自己的不适感,常为此而心神不定,惶惶不安,甚至多次求医就诊。e. 猜疑和妒忌。一般认为,人进入老年期后,对周围人的不信任感和自身的自尊心增强,常计较别人的言谈举止,严重者认为别人居心叵测,常为之而猜疑重重。由于生理功能减退,性欲下降,易怀疑自己配偶的行为,常因之而争吵。并且由于判断力和理解力减退,常使这些想法变得更加顽固,甚至发展成为妄想。每当目睹年轻人活泼好动等性格时,常因之而妒嫉和自责。

② 活动理论。此理论认为活动水平高的老年人比活动水平低的老年人更容易感到生活满意和更能适应社会。活动理论主张,老年人应该尽可能长久地

保持中年人的生活方式以否定老年的存在,用新的角色取代因丧偶或退休而失去的角色,从而把自身与社会的差距缩小到最低限度。

③ 人的需要层次理论。美国心理学家马斯洛提出了需要层次理论。它的核心内容是人的需要层次结构。马斯洛的理论提出,人的需要是一个从低级到高级发展的过程。每个时期都有一种需要占主导地位,而其他需要则处于从属地位。生理需要是人生的第一层次需要,指能满足个体生存所必需的一切需要,如食物、衣服、性欲等;安全需要是人生的第二层次需要,指能满足个体免于身体与心理危害恐惧的一切需要,如收入稳定、强大的治安力量、福利条件好、法制健全等;社交需要是人生的第三层次需要,指能满足个体与他人交往的一切需要,如友谊、爱情、归属感等;尊重需要是人生的第四层次需要,如名誉、地位、尊严、自信、自尊、自豪等;自我实现需要是人生的最高层次需要,指满足个体把各种潜能都发挥出来的一种需要,如不断地追求事业成功、使技术精益求精等。其中,底部的三种需要可称为缺乏性需要,因为只有在满足了这些需要时个体才能感到基本上舒适;顶部的两种需要可称之为成长性需要,因为它们主要是为了个体的成长与发展。从这个理论角度来看,服务对象的需求属于安全层次需要。

(3)服务介入计划

社会工作者在处理个案时都很少留意到人的思想问题,但人的思想往往是构成情绪的根源。其实,人的感情、行为与思想是不断互相影响的,某一方面的改变会导致其他方面的改变。

第一阶段:情绪疏导。工作员与服务对象谈及他的情绪困扰,反映他的感受。工作员也可以分享自己的感受及反映,目的是为了更能表达他们的同理心,以及以身作则,示范如何表达自己的情绪。

第二阶段:理性疗法。挑战服务对象的非理性观念。服务对象为老年人,虽然老年人的思维模式是根深蒂固的,受过去几十年的文化及环境所影响,但社会工作者还是要有足够的耐心,让服务对象对生命产生正面的感受。

第三阶段:行为疗法。帮助服务对象获得更为有效的行为,从而更改服务对象的非理性信念,增强服务对象对生命的正面感受。

(4)个案服务工作记录

① 第一次个案面谈记录

时间:某福利院 311 室

面谈目的:与服务对象初步接触,了解服务对象基本情况,以及对服务对象做出初步评估。

面谈过程见表 13-1。

表 13-1　　　　　　　　　　第一次个案面谈记录

过程	介入与分析
社会工作者:杨伯伯您好!我是复旦大学—香港大学社会工作专业的研究生,今年暑假来福利院实习,所以想找您聊聊	社会工作者先自我介绍,让服务对象明白对方是谁
服务对象:哦,复旦大学啊!我也是50年代从复旦大学毕业的	服务对象表现出热情与关注(表情:惊喜)。从服务对象的外表看,气色不是太好,脸显得有些苍白,由此判断服务对象不大去户外活动
社会工作者:哦,那我们是校友	社会工作者立即给案主以回应,建立初步的良好关系
服务对象:我是50年代历史系毕业的,1996年母校聚会的时候我碰到了好多同学,其中有几个现在都是大学的教授。他们也是从事社会工作研究的,我知道社会工作不简单呀!	服务对象表现出对社会工作的认同
社会工作者:杨伯伯,您知道社会工作?	
服务对象:我大体上知道一点。	
社会工作者:真是不容易,您能知道这么多	
服务对象:不瞒你说,我订了好多报纸,天下大事我都知道的	
社会工作者:杨伯伯,那您能不能跟我介绍一下您平时在福利院的生活	社会工作者试着引导服务对象讲出主要的话题
服务对象:我入院5个多月,由于身体不好,平时在福利院主要待在房间里,走廊里人少的时候我也会到走廊里走走	能够明显地感受到服务对象对自己身体状况的强调
社会工作者:哦,杨伯伯您身体不好吗	社会工作者立即做出正面的回应
服务对象:我1998年得了脑溢血,由于小脑受损,所以现在的后遗症就是走路时身体重心不稳,平衡性很差,需要借助拐杖走路。我还有其他毛病,如血管硬化、胆结石、供血不足等	服务对象表现出对自己身体状况的不满和担心
社会工作者:哦,是这样,不过您也不要太担心	社会工作者对服务对象表现出同理心,并给予安慰
社会工作者:杨伯伯您有没有在院里接受一些康复训练	社会工作者试着了解更多
服务对象:有过,不过没有什么用。没有坚持下去。什么音乐治疗啦,脑部电磁疗啦,都没有用的	服务对象的表情显得有些不屑一顾,很显然对于机构的康复护理工作不是很满意
社会工作者:为什么接受康复训练没有用	社会工作者试着让服务对象讲出更多

过程	介入与分析
服务对象:我不喜欢锻炼,我脑溢血以后走路不平衡,怎么锻炼呢?何况锻炼也没有用的,我人老了,就像机器一样老化了,再练也是没有用的。 社会工作者:杨伯伯您在这里有什么期望吗? 服务对象:福利院对我们这些老人不懂得如何更好地服务,没有服务理念,他们只知道管理。 (由于快到中午吃饭时间,社会工作者结束了与服务对象的交谈,并告知今后会经常去看望他,老人非常热情地起身相送)	社会工作者意识到原来杨伯伯潜意识里的认识存在着一些非理性的认识,对于生命的态度比较负面,但杨伯伯对机构的评价倒也存在一定的合理性,这可能也是机构今后工作的方向

社会工作者评估:

通过与杨某的初步接触,感觉老人十分善于谈吐,性格开朗,并且对人也比较友善。表面上似乎很难觉得老人有什么特殊的需求,但仔细分析,感觉老人对生命的态度似乎不是很积极,只是过多强调自己的身体状况,却完全没有意识到应该采取积极的办法去应对。老人的潜意识里存在着一些非理性的认识。机构对于老人的状况有所了解,但如何积极地去帮助老人增强正面的认识似乎也没有给予很多的帮助。

② 第二次面谈记录

服务对象:杨某　　　　　　　　　　档案号码:XXX

服务纪录:第 2 次面谈

时间:2003.8.6

地点:某福利院 311 室

面谈目的:进一步了解服务对象的内心感受,帮助服务对象充分表达自己的感觉。

面谈过程见表 13-2。

表 13-2　　　　　　　　　　　　第二次面谈记录

面谈过程
社会工作者:杨伯伯您好! 服务对象:小叶,你好!(服务对象正在吊盐水,但马上要好了) 社会工作者:杨伯伯,您身体不舒服吗? 服务对象:嗯,我身体不好,脑供血不足,所以要吊盐水。我老了,血管硬化,供血就不好了。 社会工作者:最近上海连续高温,您要注意身体呀! 服务对象:这里条件好,很好,我们蛮舒服的。你们搞社会工作应该具备很广的知识面,你们修了多少课呀? 社会工作者:我们修的课很多,今年是第二年了,差不多都修完了。 服务对象:你们搞这个工作不容易啊! 社会工作者:杨伯伯,你们院里的康复器材多不多?

面谈过程

服务对象：多。我觉得外面店有的，我们这里也都有，但是发挥作用都不大的。也不知道为什么！

社会工作者：那你们进行康复锻炼时有没有工作人员在旁边？

服务对象：有时有的。

社会工作者：您是不是认为在康复训练是要有工作人员的指导？

服务对象：就是呀，器械太多了，我们都不知道哪些适合我们，有些我想我肯定是不是能用的。

社会工作者：那您曾经练过哪些？

服务对象：我以前练过一两个项目的，但都没有坚持下去。（这时老人结束了吊盐水，当工作人员为其拔掉针头后，他马上坐起来与工作员交谈）

社会工作者：那院方有没有建议您，针对您的身体状况如何进行康复训练比较好呢？

服务对象：（服务对象略加思索后）没有，没有建议过。我认为现在的人都比较喜欢跳槽，爱岗敬业精神比较差，哪还会想如何将工作做得更好。福利院的管理概念比较老化，官僚习气重。

社会工作者：您的意思是说福利院只是做了基础的护理工作？

服务对象：对，只是护理，没有服务理念。我们常说以人为本，在这里要以老人为本，院部在这方面是很欠缺的。

社会工作者：杨伯伯您是有感而发。现在这种的工作理念正慢慢地影响着这些管理者、一线工作人员，这种改变是需要一点时间和过程的。

服务对象：是的，希望以后能改变。

社会工作者：杨伯伯您身体不好，我今天就不打扰您了，您好好休息，我下次再来看您

介入与分析

社会工作者见面就热情地和服务对象打招呼，服务对象有意识地身体动了动，表现出非常的热情。在交谈中，服务对象又非常明显地表现出他潜意识里的认知：我的生理机能已经老化了。社会工作者针对服务对象的反应，给予热情地关注，让服务对象觉得有人很关心他，生命的存在是很有意义的。服务对象在与社会工作者交谈时不时地将身体侧过来，因为吊盐水的缘故，显得有些困难。服务对象每次都对于社会工作者的专业给予了很大的关注，这种态度增强了社会工作者开展个案的信心，在一定程度上也反映了服务对象的知识层次比较高。社会工作者比较简单地回答了服务对象的问题，一方面服务对象将过多的时间集中在无关紧要的主题上。服务对象再次表示了对社会工作专业的认同，社会工作者觉得通过一番寒暄之后可以进入话题。服务对象说话时的表情有点疑惑，也有点无奈。社会工作者意识到服务对象之所以不愿进行康复锻炼似乎也存在某些客观的原因。社会工作者试着了解服务对象更多，让服务对象讲出内心深处的感受。服务对象开始流露出对机构的不满，社会工作者有意识地引导服务对象将心中的不满表达得更充分。服务对象叙述时的表情非常严肃，社会工作者适当地予以解释，安抚服务对象的情绪，经过一番交谈，服务对象显得有些疲劳，社会工作者起身告辞，并约好下周再去探望他。（服务对象起身相送）

社会工作者评估：

　　服务对象比较热情，对社会工作者的来访也比较配合。通过面谈，社会工作者发现机构所描述的服务对象情况不完全准确，服务对象还是比较理性的，只不过对于生命的认识有些消极，所以社会工作者在面谈时比较小心，希望通过慢慢引导能逐步带给服务对象对于生命的正面认识，不希望发展得太快，怕服务对象误会。服务对象始终非常强调自己的身体状况，社会工作者希望下次用相互探讨的方式让服务对象慢慢说出对于生命的正确认识

（5）本案服务评估

① 服务对象目标达成

通过与服务对象的 6 次面谈,社会工作者基本上达到了预定的目标:疏导服务对象的情绪困扰,用 REBT 的理论挑战服务对象的非理性感受,最后帮助服务对象获得更为有效的行为,从而更改服务对象的非理性理念,增强对生命的正面感受。在整个介入的过程中,社会工作者始终和服务对象保持着良好的关系,较为积极地进行沟通、探讨相关的话题。服务对象本身对社会工作者的介入也比较配合,所以在介入的后期,服务对象的改变比较明显,能主动参与一些力所能及的活动并重新改变对生命的理解。

② 存在问题

虽然经过社会工作者和服务对象的共同努力,提升了服务对象的正面感受,但是由于社会工作者在机构实习时间有限,所以不能很有效地长期跟踪,服务对象在碰到新的挫折等情况下可能会重新出现先前的消极感受。此外,由于机构没有专业社会工作者,在服务对象的康复训练方面缺乏适当的引导,很多兴趣项目也都是由义工承担,人员方面相对不稳定,所以也会给服务对象的兴趣发展带来一定影响,从而影响其有效行为的巩固。

七、家庭治疗模式及其案例举要

家庭治疗模式的流派众多,而且差异很大,要把它们概括起来作一简要的介绍确实是一件比较困难的事情。目前在家庭治疗模式中运用最广泛、影响最大的是结构式家庭治疗模式。"结构式家庭治疗模式"是米纽秦根据自己多年的实际工作经验提出的。米纽秦早年在帮助纽约贫民窟的孩子时发现,受帮助的孩子大多来自家庭结构不完整而且父母不尽职的家庭,这促使米纽秦从家庭结构的整体角度着手理解和帮助有问题的孩子。在 20 世纪 60 年代初,他提出了这一治疗模式,70 年代后该模式在家庭治疗中最具影响力。

1. 结构式家庭治疗模式的内容

（1）结构式家庭治疗模式的理论假设

结构式家庭治疗模式以家庭作为基本的治疗单位,假设家庭的动力和组织方式与个人的问题密切相关,通过家庭动力和组织方式的改变来解决个人和家庭的问题。它的基本概念涉及家庭系统、家庭结构、病态家庭结构以及家庭生命周期等。

① 家庭系统。家庭由不同的成员组成,每个成员之间相互影响,形成一个组织化的系统。家庭作为一个整体具有单个家庭成员所不具有的性质,表现为家庭成员之间的相互交往方式和过程。因此,在辅导过程中不是寻找问题背后

的原因,而是直接中断家庭成员之间循环互动的方式,把家庭当作一个系统。

② 家庭结构。每个家庭都具有一定的结构,这些结构涉及家庭系统中的次系统、系统之间的边界、角色和责任分工以及权力结构等。所谓次系统是指在家庭系统中存在着像夫妻、亲子等更小范围的系统;所谓系统之间的边界就是指家庭以及家庭内次系统之间都具有与周围分割的界限,这些界限就是边界;所谓角色与责任分工就是指每个家庭成员在家庭中占据一定的位置,扮演一定的角色,承担一定的责任。在功能正常的家庭中每个成员都能够各司其职、相互配合;所谓权力结构是指每个家庭都具有一定的权力运作方式,这种权力运作方式就是家庭权力结构,它与家庭的角色和责任分工有关联,但不完全重合。

③ 病态家庭结构。米纽秦具体总结了病态家庭结构的基本方式,包括纠缠与疏离、联合对抗、三角缠和倒三角等。家庭系统中各个子系统之间的边界不清晰就会出现纠缠与疏离的现象。如果子系统之间的关系过分密切,就称为纠缠;如果子系统之间的关系过分疏远,则称为疏离。当家庭成员之间出现相互冲突的现象时,有些成员就会形成同盟,与其他成员对抗,这就是联合对抗。如果家庭成员之间通过第三方实现相互沟通交流,这样就把第三方带入两人的互动关系中,这种现象称为三角缠。有些家庭的权力并不集中在父母手中,而由孩子掌握,这时就会出现权力结构的倒置现象,称为倒三角。病态家庭结构会妨碍家庭功能的正常发挥。

④ 家庭生命周期。家庭自身有一个发展变化的周期,从两人组成家庭的形成期到增添第一个孩子进入发展期,再到家庭基本结构稳定的扩展完成期,孩子逐渐长大离开家庭之后进入收缩期,直到所有孩子离开家庭完成收缩期,最后家庭面对解体的解纽期。

(2) 结构式家庭治疗模式的治疗技巧

结构式家庭治疗模式在每一实施阶段都有一些具体的技巧,以保证服务介入过程的顺利展开。具体说来包括以下几个方面:

① 改变家庭看法的重演,即让家庭成员实际表现相互交往冲突的过程,以呈现家庭的基本结构和交往方式。

② 集中焦点,即让家庭成员的注意力集中在家庭交往方式和问题的关联上,避免家庭成员回避问题。

③ 感觉震撼,即利用重复、声调的高低和简洁的词语等方法让家庭成员明了社会工作者谈话的内容。

④ 改变家庭结构的划清界限,即帮助家庭成员分清交往的边界线,使家庭成员之间的交往变得更有弹性。

⑤ 打破平衡,即协助家庭成员挑战家庭的病态结构,改变家庭的权力运作

方式,打破原来病态家庭结构的平衡。

⑥ 互动方式,即让家庭成员了解相互之间的关联方式,明了自己是怎样影响家庭其他成员的,关注家庭成员之间的互动方式。

⑦ 协助建立合理的观察视角,即社会工作者运用自己的专业知识和经验向家庭成员提供专业意见和解释,协助服务对象建立合理的观察生活的视角。

⑧ 显现似是而非的想法,即通过强化问题让家庭成员之间的冲突更加明显,使原来模糊不清的错误想法显现出来,从而为家庭成员了解和改变问题背后的错误想法提供机会。

⑨ 强调优点,即引导家庭成员关注整个家庭或个人的优点,避免过分强调家庭的不足。

2. 家庭治疗模式的特点

结构式家庭治疗模式的实施过程包括前后相连的三个主要阶段:进入家庭、评估和介入。在这三个阶段的工作过程中,结构式家庭治疗模式形成了自己的特点。

(1) 以家庭为工作的焦点。结构式家庭治疗模式要求社会工作者进入服务对象的家庭,通过观察服务对象家庭成员之间的交往方式和过程了解服务对象家庭的基本结构以及家庭成员之间的关系。结构式家庭治疗模式非常注重家庭结构的认识和把握,要求社会工作者进入实际的家庭环境中认识和了解作为服务对象的家庭的基本结构和交往方式,并通过整个家庭结构和交往方式的改变解决服务对象的问题。

(2) 关注家庭功能失调的评估。在收集有关资料的基础上对家庭功能的失调做出判断。结构式家庭治疗模式的观察评估的基本框架包括:家庭的形态和结构,即家庭规模、教育程度、社会地位、价值观、文化、家庭内的联盟、家庭的边界、家庭成员的归属感以及家庭的权力结构;家庭系统的弹性,即家庭适应和转变的能力;家庭系统的回馈,即家庭对每位家庭成员的需要、感受、想法和行为等的回应能力;家庭生命周期,即家庭自身发展变化的历程;家庭成员症状与家庭交往方式之间的关系等。

(3) 强调家庭功能的恢复。根据评估之后制定的治疗方案展开各种服务活动。就一般情况而言,结构式家庭治疗模式一般要完成以下三个方面的任务:

① 改变家庭成员的看法。当家庭成员遇到问题时,通常会将问题的原因归结为某个家庭成员或外部环境,忽视家庭成员交往方式与问题之间的联系。社会工作者需要改变家庭成员的这种看法,引导家庭成员直接面对家庭的交往方式。

② 改善家庭结构。家庭问题通常表现为家庭边界不清晰,家庭成员之间过

分疏远或者过分亲密。通过改善家庭的基本结构,就能发挥整个家庭的功能。

③ 改变家庭错误观念。每个家庭都有自己的期望、要求和价值观,社会工作者通过挑战家庭的一些错误观念,让家庭成员从不同的角度观察和理解日常生活。

3. 家庭治疗模式案例

案例 13-8　张某精神分裂康复的家庭治疗

(1) 服务对象背景资料

精神分裂症康复者张某,男,30 岁,从小内向,不愿意说话。1992 年中专毕业后参加工作,1994 年的一天突然回家说不做了,因为和师傅闹矛盾。家人带他去医院看病,经诊断确定是精神分裂症。家人估计是因为其性格缘故,在工厂遭受排挤而受到刺激。曾住院两个月,出院后一直在家康复,坚持服药,精神状态清醒,言行正常,生活可以自理并能从事日常事务。平时喜欢看电视和读书,尤其喜欢足球、历史和地理。张某认为自己有病,反应慢,脑子不活络,会被人家笑话,很自卑,不愿意出去找工作。

患者的母亲徐阿姨,55 岁,退休,本不愿意接受社会工作者的访问,认为对自己不会有什么帮助,在居委会工作人员的劝说下,才请社会工作者进门,因为儿子生病的缘故,她不愿意和邻居交往,也很少出去参加社区活动,总是闷在家里。对儿子经常看不顺眼,经常唠唠叨叨,希望儿子能够外出工作。儿子患病给她带来很大压力,经常比较情绪化,与儿子有冲突。张某有个弟弟,在某大学读书,住校,平时很少回家。

(2) 个案分析

根据了解,精神分裂症康复者张某的家庭至少面临以下问题和需要:

① 精神分裂症的愈合:精神分裂症是一类比较严重的精神疾病,由于精神分裂症的病因至今未明,所以还未有一定的根治方法。康复是长期过程,必须坚持服药,但药物的副作用会给康复者的生活带来一定的影响。患病、住院、康复的过程以及药物副作用等给张某及其家庭带来心理压力、经济短缺、失去工作等消极影响。

② 就业:患精神分裂症后,张某没有去参加工作,每个月领取 280 元低保。父亲去世后,母亲仅有 800 元退休工资,弟弟目前在读大学,尚未正式就业,家庭经济状况比较紧张,所以徐阿姨经常埋怨张某不出去工作赚钱养家,反而连累自己。

其实以张某目前的康复情况,完全可以胜任一些简单的工作,这样,一方面可以补贴家用,另一方面可以接触社会、增加社交,有利于进一步康复。

③ 自信心和主动性:张某有许多负面的自我评价,缺少自信心和改变现实的主动性。家庭经济条件虽然紧张,但他每天闷在家里读书、看电视,就是不愿意出门找工作,认为自己笨,没有人要,自己运气不好,会连累自己倒霉。原来的朋友现在基本上不接触,张某说"我倒霉了,他们都不来了",也不主动和别人联系。徐阿姨从不参加社区活动,也很少和邻居交往。她认为家里有这么一个儿子,别人会瞧不起自己。

④ 高度表达情绪:徐阿姨对张某目前的状况有太多批评和不满,她承认自己经常和张某拌嘴,发现张某变得很烦躁,她就不说了。但张某的病情是他们之间经常争论的话题,徐阿姨的情绪也大多受此控制。这种高度表达情绪对于病人病情的康复极为不利,易增加病人的复发机会。

⑤ 处理压力的技巧:精神分裂症康复者在康复过程中,家属的情绪起伏很大,经常出现忧郁、焦虑以及无助感,带来很大心理压力。徐阿姨缺乏处理压力的技巧,经常情绪化处理问题,影响到自己的身心健康,也影响到张某的康复。

(3)工作目标

本方案的根本目标是与精神分裂症康复者的家庭一同工作,了解他们的实际困难,创造一个良好的康复环境。具体而言,可以分为以下几点:

① 协助家庭正确面对当前的康复、无业、经济紧张、缺乏自信、心理压力等困难。

② 将有关精神分裂症病情的知识教给他们的家属。

③ 鼓励张某树立自信心,学习一定技能,寻找力所能及的工作岗位,并请家庭成员多给他们一些鼓励。

④ 指导徐阿姨学习正确表达情绪及与康复者相处的技巧。

⑤ 协助徐阿姨学习处理压力的技巧,减轻其心理压力。

⑥ 推动家庭成员积极主动地融入社区,回归健康向上的社会生活。

(4)工作理念

精神分裂症是一种常见的重型精神病症,患者的思想、情感、行为与现实脱节,不能分辨幻想与现实,丧失或减低自理及在社会生活中的适应能力。精神分裂症除了影响患者本人外,对家人抑或带来精神、经济、社会关系等各方面的压力。

为了帮助精神分裂症患者出院后重新投入社会,除了坚持按医嘱服药及定期复诊外,患者的家人、朋友及工作单位都应该理解他们。一般而言,精神病康复者应付压力的能力较低,并伴有一些日常生活能力的衰退,因此,必须对其予以支持和鼓励。社会大众普遍对精神病认识不足,对他们往往存有偏见。康复者的家庭是精神康复的重要一环,所以要对精神分裂症康复者的家庭给予足够的支持,以保证他们对精神分裂症有充分及正确的认识,能够应付因照顾康复者而带来的困难和压力,以及更有效地促进他们的康复。

从 20 世纪 60 年代末期到 70 年代早期,伦敦医学研究会社会精神病学分会的专家们就开始研究家庭气氛是否会影响精神病人的生病过程。他们发现,如果与一个富有批评性的或者过于包容(包围)的亲属生活在一起,精神病人旧病复发的趋势会更加明显。他们创造了一个术语"高度表达情绪",以此来描述这样的家庭。家庭成员学习正确处理情绪以及应对压力的技巧,更好地和患者生活在一起,对于患者的康复将极为有利。

"助人自助"是社会工作的重要原则,实际上所有精神分裂症康复者的家庭看上去都是有需要并且有能力的。社会工作者可以与家人共同寻找一种积极的方法,通常可以增强家庭的力量,并借此克服他们的困难。

(5) 治疗模式:家庭治疗

我们的治疗模式是一个十分特定的方法,它由精神(心理)分析教育方面的知识和有组织的家庭治疗手段组成,这个方法强调的重点是认识行为的治疗技巧。现在已经知道,将精神病人的病情知识教给他们的亲属,与他们一起工作来解决他们的实际困难,减少他们带有批评性的和过于封闭的态度,可以有效防止精神病人病情的复发。

下面是这个治疗模式的基本假设和理论依据:① 精神分裂症被定义为是一种由生理原因引起的疾病,即一种医学上称易患某种疾病的先天性因素,压力的模式通常用来解释它的原因,对于一个脆弱的人而言,一些压力事件如意外的生活变故等,可能会使他们致病或病情复发。② 亲属并不会受到责备,反被治疗机构征募作为治疗过程的参与者,以此来帮助病人,而且其与精神病患者生活在一起的责任与压力也是很重的。③ 强调对患者家庭的开放性和合作伙伴关系,有关疾病的信息需要共享。在治疗时,社会工作者应当承认一点,那就是尚有许多有关的疾病知识是不为他们所了解的,应通过目标的设置、优先次序的区分和任务的设定等共同性工作,来推动相互间的合作。④ 所有家庭看上去都是有需要并且有能力的。一种积极的方法通常可以增强家庭的力量,并借此克服他们的困难。⑤ 这里所描述的社会心理上的家庭介入,是作为系统的一个部分提出的,它与药物及门诊管理相关。但是在这里,并没有取代家庭治疗中的传统管理的意图。

家庭工作法是一种系统的方法,虽然借用了许多观念和技巧,但属于心理分析理论学派和系统家庭治疗法。我们的工作方法与其他工作方法的不同之处,值得在这里详加说明。① 精神分裂症的疾病概念。我们认为,精神分裂症是一种生物学上的疾病,病因在大脑部位,这种疾病存在于不同的家庭,而通过家庭的职责完全可以使病人康复。② 家庭的角色。我们认为,虽然家庭能缓和、减轻精神病分裂症的发病过程,但他们对致病没有任何因果关系及影响。③ 治疗的目标。我们不认为家庭有治疗的需要,因此我们尽量避免把我们的方法称作"家庭治疗"。我们的目的是为了帮助家庭更好地克服因有一个正在遭受确诊的疾病折磨的患病成员所带来的困难。我们把家庭看做是治疗精神分裂症病人的盟友。④ 治疗师的角色。我们会井然有序地给家庭提供信息、建议和指引。然而,我们不希望这个家庭成为这些东西的被动的领受者。相反,我们鼓励家庭采取积极的态度,参与对我们所提供信息的讨论,并且与我们一起工作,来发现他们自身问题的解决办法。另外,我们为了家庭的利益积极主动地与不同的服务机构进行商议,让他们参与其中帮助家庭。⑤ 一般的人际效力。强调的是与家庭之间关系的重要性(一个好的并且是和睦的工作关系)。与我们的治疗模式相一致的是,社会工作者从来不会去批评或者指责家庭,任何批评除了会成为不受家属欢迎的角色模式之外,还有可能会传染给患者。我们是温和的、投入的和真诚的,并且对家庭有效的工作看上去似乎是重要的。对于需要帮助的人,工作员应当对家庭中的个人表现出足够的热情。

(6) 工作方案

第一阶段　初步接触(7 月 14 日,星期日)

目的:了解家庭背景资料,把握其患病经历,观察其家庭物质生活状况,并由服务对象初步把握其问题和需要。

方式:上门面见。

内容:

① 社会工作者自我介绍。

② 了解家庭成员资料:姓名、性别、年龄、教育程度、工作状况、收入来源等。

③ 了解张某患病经历:何时被诊断出患精神分裂症? 有无家族病史? 治疗过程? 家人的反应和感受如何? 家人的生活方式有何变化?

④ 了解家庭的物质生活:家庭所在地段、住房数量及面积、卫生及厨房设施、家具及电器设备、整洁程度及其他相关信息。

⑤ 了解家庭成员面对的困难及需要。

⑥ 进行初始测量。

第二阶段　精神分裂症病情教育(7 月 21 日,星期日)

目的:增加家庭成员对精神病分裂症病情的认识,与其建立工作关系。

内容:

① 了解家庭成员对于精神分裂症病情的认识程度。

② 讲解有关精神分裂症病情的知识。

③ 引导家庭成员正确认识精神分裂症。

④ 与家庭成员初步建立工作关系,进一步说明目的,提出初步工作思路。

⑤ 安排家庭作业:阅读《教育手册》。

第三阶段 促进家庭成员间的沟通(7 月 28 日,星期日)

目的:促进家庭成员间形成健康的沟通方式;了解张某的就业观念。

内容:

① 了解家庭成员间的沟通方式:如当张某做错一件事情时,徐阿姨的表达方式;当徐阿姨希望张某出去寻找工作时,她的表达方式;当张某对妈妈有任何不满时,他的表达方式,等。

② 共同讨论这些沟通方式存在的问题,寻求改进的方法。

③ 了解张某的就业观念,鼓励其外出找工作。

④ 教张某收/发电子邮件。

⑤ 安排家庭作业:请张某思考自己将来想做什么类型的工作,并征求妈妈的意见;请张某在下次见面前用电子邮件与工作员保持联络。

第四阶段 鼓励就业,增强信心(8 月 4 日,星期日)

目的:鼓励张某树立就业的自信,增强徐阿姨对张某的信心。

内容:

① 分享过去一周和张某采用电子邮件联络的效果和感想。

② 询问张某认真思考后对于求职的想法,对以上问题征求徐阿姨的意见。

③ 教张某练习打字,鼓励他树立自信。

④ 倾听徐阿姨的感受,鼓励其增强张某的信心。

⑤ 安排家庭作业:请张某在一周内继续练习打字,并打出一幅短文,下周教他排版;请徐阿姨看一本《幽默漫画》,并注意对张某多加鼓励。

第五阶段 增进共同生活的技巧,了解心理压力(8 月 11 日,星期日)

目的:增进家庭成员与精神分裂症康复者共同生活的技巧,并进一步了解其压力来源。

内容:

① 了解张某一周来练习打字的情况,表扬其进步。

② 教张某练习文章排版,并将排版好的文章展示给徐阿姨看。

③ 倾听两位谈一周来的感受,特别是张某对母亲所给予的孤立的感受。

④ 探讨共同生活中应注意的细节以及相处的技巧。

⑤ 了解徐阿姨的压力来源以及应对方式。

⑥ 安排家庭作业:请张某继续练习打字、排版,并在下一周内注意应用本次

活动中工作者介绍的共同生活技巧。

⑦ 邀请母子参加社区活动"上海新貌半日游",并担任志愿者。

第六阶段　融入社区:上海新貌半日游(8月25日上午,星期日)

目的:协助张某在集体活动中增进沟通和社交技能;通过志愿服务体会个人对社会的价值和互相帮助的重要性,促进其树立自信心和积极的人生态度。

内容:

① 上海新貌半日游。

② 参与志愿者服务。

③ 参与志愿者表彰奖励活动。

第七阶段　减轻压力,笑对未来(8月25日下午,星期日)

目的:减轻家庭成员的心理压力,使其以乐观的情绪面对未来。

内容:

① 分享上午参与社区活动的感受。

② 讲授处理心理压力的技巧。

③ 共同探讨对未来的安排,鼓励家庭成员保持乐观的情绪。

④ 服务对象评估:分享个人在整个过程中的收获及自己的转变。

⑤ 进行再测。

⑥ 结案。

第三节　个案工作的技巧

社会工作者在服务介入过程中会面临各种不同的情况,只有掌握了个案工作的技巧,才能根据个案服务过程中的具体情况把个案工作的知识和价值顺利转化为具体的操作方法和策略,推动服务对象发生有效的改变。根据个案工作的过程,可以把个案工作的技巧划分为会谈技巧、建立关系技巧、收集资料技巧、方案策划技巧和评估技巧等不同的方面。

一、会谈技巧

个案会谈是指社会工作者与服务对象进行面对面的、有目的的专业谈话,也称为个案面谈。它的主要技巧包括支持性技巧、引领性技巧和影响性技巧等。

1. 支持性技巧

支持性技巧是指社会工作者借助口头和身体语言,让服务对象感受到被理解和被接纳的一系列技巧,包括:专注、倾听、同理心和鼓励。专注,即社会工作者借助友好的视线接触、开放的姿态以及专心的态度关注服务对象的表达;倾听,即社会工作者用心聆听服务对象传达的信息,理解服务对象的感受;同理心,即社会工作者设身处地体验服务对象的内心感受;鼓励,即社会工作者运用口头语言的方式肯定服务对象的一些积极表现。

2. 引领性技巧

引领性技巧是社会工作者主动引导服务对象探索自己过往经验的一系列技巧,主要包括澄清、对焦和摘要。澄清,即社会工作者引导服务对象重新整理模糊不清的经验和感受;对焦,即社会工作者将服务对象偏离的话题或者宽泛的讨论收窄,集中讨论焦点;摘要,即社会工作者将服务对象大段谈话或者不同部分的话题进行整理,概括和归纳出其中的要点。

3. 影响性技巧

影响性技巧是社会工作者为服务对象提供必要的信息或者建议,让服务对象采取不同的理解和解决问题方法的一系列技巧,主要包括提供信息、自我披露、建议、忠告和对质。提供信息,即社会工作者借助自己的专业知识和经验向服务对象提供必要的知识和技巧;自我披露,即社会工作者有选择地坦露自己的亲身经历或者处理事情的方法,为服务对象提供参考;建议,即社会工作者根据服务对象的具体情况提供有利于服务对象改善生活状况的建设性意见;忠告,即社会工作者向服务对象指出某些行为的危害性或者必须采取的行为;对质,即社会工作者通过直接提问等方式让服务对象直接面对自己在行为、情感和认识等方面不一致的状况。

二、建立关系技巧

建立关系是指社会工作者与服务对象初次接触,建立相互信任的专业合作关系,以便个案工作的顺利开展。在初次接触过程中就与服务对象建立相互信任的合作关系并不是一件容易的事,需要掌握一些技巧,如感同身受、建立有利于服务对象积极表达的关系模式、制造气氛和积极主动等。感同身受,即社会工作者在与服务对象接触的过程中,尽可能多地了解服务对象所面对的处境,把自己置于服务对象的位置上,体会服务对象面对的压力和挑战。建立有利于服务对象积极表达的关系模式,即服务对象与社会工作者初次接触,通常对社会工作专业服务关系不了解。此时,社会工作者就需要借助帮助服务对象明确目标、彼此的希望和角色等方式,与服务对象建立有利于服务对象积极表达的关系模式。制造气氛,即通过选择和安排与服务对象初次见面的实际处境营造良好的气氛,促进专业合作关系的建立。积极主动,即服务对象寻求帮助时通常内心充满矛盾,一方面,希望改变目前不满意的生活状况,另一方面,又对自己缺乏足够的信心。社会工作者积极主动的态度和友善的行为可以减轻服务对象的紧张和不安,增强服务对象改变的信心。

三、收集资料技巧

社会工作者通过自己的观察和调查,以及与服务对象及其周围他人的接触和会谈,整理和分析服务对象问题产生的原因和发展变化的过程,这个过程就是收集资料。在收集资料的过程中涉及一些主要的技巧,如会谈的运用、调查表的运用、观察的运用和现有资料的运用等。与服务对象会谈是社会工作者直接收集资料的有效方法。对于服务对象自己的经历和内心感受的资料,可以采取由服务对象自我陈述的方式,而一般情况下,可以采用严格的对答方式,以保证信息的完整。调查表的运用,采用调查表的方式可以让服务对象自由地表达自己的想法和感受,便于收集一些涉及隐私或者不便于在社会工作者面前表达的资料。观察的运用,通过观察可以直接了解服务对象与周围他人之间的交流方式和过程。尤其是服务对象与周围环境的互动过程,比较适合运用观察的方法。当然,在观察之前,社会工作者需要制定观察的大纲,了解自己需要观察的内容、范围和方式等。现有资料的运用,即指对于一些已经有记录的资料,社会工作者可以通过有关机构查阅和收集的技巧。

四、方案策划技巧

制定一个好的服务工作方案是服务介入工作顺利开展的重要条件之一。社会工作者在方案策划过程中需要掌握一些技巧,如目标清晰而且现实、服务对象的范围明确和策略合理等。目标清晰而且现实,社会工作者最好以服务对象希望实现的具体行为作为标准,根据服务对象的状况和能力制定明确的任务完成时间表,而且工作目标要保证明确和现实。服务对象的范围明确,服务对象的范围并不是固定不变的,根据服务介入过程中的实际要求有时需要集中在服务对象身上,有时需要转到服务对象的家庭成员身上,一个好的工作方案需要具备明确的服务对象的范围。策略合理,服务工作方案还包括服务介入工作的基本方法、技巧、步骤以及时间安排等。作为一个好的工作方案,不仅需要服务策略与目标相一致,而且需要服务策略本身内在的良好契合。

五、评估技巧

评估是指服务介入总结结束阶段的评估,目的是对整个服务介入过程进行检查反思。评估过程中涉及一些主要的技巧,如正确运用评估类型、合理运用评估的方法、服务对象的积极参与和坦诚保密等。其一,正确运用评估类型,评估通常有两种方式,即对介入活动效果的评估和对所运用的策略、方法和技巧的评估。根据评估的目标正确选择评估的类型,效果评估注重服务工作的成效,运用策略、方法和技巧的评估注重服务工作成效的实现方式。其二,合理运用评估的方法,常用的评估方法有基线评估、任务完成评估和对服务对象影响的评估。基线评估注重改变过程,需要首先测定改变开始的基点,并与改变后的状况进行比较。任务完成评估偏重目标的实现,对任务完成的程度和质量进行评估。对服务对象影响的评估侧重服务对象的主观感受,需要服务对象自我陈述个案工作过程对他(或她)的影响和作用。评估的方法有很多,社会工作者需要根据评估工作的要求以及服务对象的情况选择合理的评估方式。其三,服务对象的积极参与,社会工作者可以通过不在场、不记名等方式,让服务对象有充分的空间表达自己的想法和感受,参与评估的过程。其四,坦诚保密,在评估之前,社会工作者需要向服务对象说明评估的目的,即评估是为了改进现有的服务工作。要表达诚意,并且向服务对象承诺保密原则,以减轻或者消除服务对象的担心,鼓励服务对象积极表达自己的想法和意见。

◎ 思考题

1. 个案工作的基本内涵和本质特征是什么?
2. 请简述心理社会治疗模式的特点。
3. 请简述行为治疗模式的内容。
4. 请简述理性情绪治疗模式的特点。
5. 请简述任务中心模式的内容。
6. 请简述危机介入模式的内容。
7. 请简述人本治疗模式的特点。
8. 请简述家庭治疗模式的特点。
9. 个案工作有哪些技巧?

第十四章　小组工作及其案例举要

我们知道,人是群居动物,人不能离群索居,人们从来都不是遗世独立的。人们的生存状况一直都与周围人群的生存状况唇齿相依。地球上人类的生存之所以可以得到保障,是因为人们从历史上得到了很多教训,人们开始明白人类是社会性的动物,不管他们的种族、国家和个人的爱好是如何的不同,都必须以群体的形式生活在一起。

科学研究发现,将婴儿与人类隔离,让他们由动物照顾,他们则会变得麻木不仁。人们发现孤独是最难以忍受的,尤其对于孩子。孤独不仅仅表现在外在的形式上,有时候我们身处人群中,依然会感到孤独,即使是同在一个屋檐下的家庭成员,有时也会形同陌路……这都是因为我们无法有效沟通的结果。人们不再感到孤独,是因为人们感受到了来自他人的关爱,人们不仅需要关爱,还需要了解自己被他人所需要,和被他人所理解。无数的资料和研究都表明,很多生理和心理疾病都是社会交往方面的问题所致。那些越轨者、发育迟缓者、自闭者,还有很多其他人都会表现出社会功能性问题。

自小组工作方法创立以来,社会工作者发现,小组过程在帮助个人提高社会功能方面有显著的功效。

第一节　什么是小组工作

一、小组工作方法的形成与发展

当世界上有了人,人们就开始聚集在一起对付自然界,共同创造生活,群体成为人们沟通、互动的一种自然的方式。小组工作作为一个社会服务的形式,最初是在西方的教会机构中发展起来的。在 19 世纪后半叶,出现了基督教男青年会和基督教女青年会,这些机构开始提供独立的小组活动和服务项目。同时,社区睦邻运动也发展起来,一些慈善家捐赠金钱,并亲自在贫困地区,特别是在大城市的贫困地区,帮助建立睦邻中心,目的是使富有阶层与贫困阶层生活在一起,体验和了解贫困阶层的生活,并为他们提供帮助和服务。这些组织初步具有小组工作的性质。直到 1935 年,在美国社会工作年会上,出现了一个小组工作讨论会,这表明,人们开始关注小组工作这个处在发展中的社会工作实务方法。

1936 年,美国小组工作研究协会成立,研究会设立了一个由 10 人组成的执委会,与来自全美各地的 100 名代表组成了协调委员会。研究会的目的在于推进小组工作实务,帮助培训和招募专业人员。1939 年,研究会更名为美国小组研究协会,1946 年又改组为美国小组工作者协会。1955 年,美国小组工作者协会合并到"美国社会工作者协会"之中,成为统一的美国社会工作专业团体的一员。

除了服务领域的扩大,小组工作实务也开始关注人员的培训。美国可以说是最先开始重视小组工作技能培训的国家。20 世纪 20 年代,最先开始在社会工作学院提供小组工作系统课程的是西方储备大学的应用社会科学院。20 世纪 40 年代,美国社会工作院校联合会向自己的会员学校提议,将小组工作课程放进研究生课程大纲之中,在这段时期,小组工作的重点主要放在矫正和治疗上,这受到了当时的自我心理学和心理分析治疗的影响。到 20 世纪 60 年代,小组工作开始出现衰退,某种程度上是因为,当时在社会工作专业中出现了一个趋势,即希望从通才的角度来发展社会工作实务。在学校开设的课程中,开始改变开设个案工作、小组工作和社区工作的专业趋势,而开设整合性的课程。从事青年工作的人,开始在工作中采用教育和培训的方案,而不是仅用小组的方式向不良青年提供服务。这种现象持续到了 20 世纪 70 年代。到了 20 世纪 80 年代和 90 年代,经历了一场小组工作的复兴运动。美国社会小组工作促进会的规模不断扩大,并选派了一名会员担任社会工作教育协会的联络员,还制定了小组工作教育的规范标准。现在,美国所有的社会工作学院开设的课程中,都包含了一门以上的小组工作课程,有的学院还开设了小组工作的系列课程。

二、小组工作的定义

小组工作又称团体工作,它是由两个或两个以上的人组成的小组为单位而开展的助人工作,是以人际交往过程中小组对个人产生的重要影响为基础,通过小组过程来实现个人目标和小组目标的社会工作方法。一般而言,社会工作者采用科学手段有目的地组织小组,通过组员之间的互动和相互影响,帮助组员利用小组过程来应付和解决个人的社会心理功能性方面存在的问题,促进个人发生转变并得到成长。

在小组工作理论中使用的小组概念,通常具备以下六个基本特性:一是小组需由两个或两个以上的人组成;二是组员之间有共同的目标和利益;三是组员对小组有认同感;四是组员之间相互依存和相互影响;五是小组中有进行社会控制的方式;六是形成特定的小组文化和氛围。

小组工作的基础是人们对他人的需要和人际间的相互依存性。小组工作员运用自己所掌握的小组组织和运作的知识,来影响个人在小组中的表现和对小组的适应。个人是小组工作中的核心和关注点,而小组本身只是个人成长和改变的载体。通过小组的方式来增强个人的社会功能性是小组工作的首要任务。在小组中安排一些活动,使用一些设备,其目的就是为了促进小组的互动和改变。鉴于个人在小组中的重要性,工作员必须掌握足够的知识来认识和理解个人。

总之,小组工作是一种社会工作干预的方式和方法,按照这种方法,几个具有同样兴趣,或面临同样问题的人定期聚会,参加一些预先设计的活动,以实现某些预定的目标。与小组心理治疗不同的是,小组工作的目标不仅仅是治疗个人的情感问题,还包括信息的交流、发展组员的社交技巧和动手能力、改变组员的价值导向、将他们的反社会行为转化为创造性行为等。干预的技巧包括控制性、治疗性讨论,但不仅限于此。有些小组还包括教育和指导、运动、艺术和手工、娱乐活动,以及对政治、宗教性行为、价值观和目标等问题开展的讨论等。虽然小组工作的理论来源于存在主义理论、学习理论、心理分析理论和社会交换理论,但是,小组工作的理论基础基本上是以社会系统理论为主来描述小组的运作过程的。

三、小组工作的类型

在小组工作实务中,小组类型的划分是相对的,许多小组在类型上会有交叉和重合。小组工作中常见的类型有以下几种:

(1)教育小组。帮助小组成员学习新知识、新方法或补充相关知识,促使成员能够改变自己原本对问题的看法和解决的方式,以实现改变成员的目标。该小组被广泛地运用于社区、学校、医院等场所。在工作过程中,教育小组首先要让成员承认自己是存在问题的并需要改变;其次要让成员能够从另一个角度看问题,建立新观念;再次是开展干预服务,降低问题行为特征。

(2)成长小组。帮助组员了解、认识和探索自己,帮助组员最大限度地启动和运用自己的内在资源,充分发挥自己的潜能,解决问题并促进个人正常健康地发展。逆境促使人的潜能得到发展,而这个发展的过程就是成长,如"体验小组"、青少年的野外拓展训练营等。

(3)支持小组。把具有同质性的人聚集在一起,其成员一般都具有相同的问题、经历或经验,通过相互支持的方式,达到解决问题和成员改变的效果。支持小组成员对自己的经历会有高度的自我表达和自我分析,组员之间通过交流思想与同理心的感受,相互理解与彼此支持,互相协助共同面对问题,建立起解决问题的对策和方法,如"单亲家庭自强小组"、"癌症病友小组"等。大多数支持小组属于自助性小组,社会工作者一般做组织小组的工作。

(4)治疗小组。针对那些在生理上、心理上不良的症状影响一般日常生活的组员,治疗小组希望能缓解症状及其影响力,帮助组员通过治疗使创伤复原并康复,减轻和消除不良症状,促进人格改变。该小组一般在心理卫生机构或者矫治机构中运用,如为毒瘾者提供服务的"美沙酮治疗小组"等。

四、小组工作的价值观

社会工作者在运用小组工作协助服务对象的过程中,秉承社会工作的基本价值观,引导小组成员参与小组,积极互动和相互协助,达到激发小组组员的个人潜能、帮助小组组员发生变化并解决个人的社会功能问题的目的。一般而言,小组工作的价值观可以通过以下五个原则来体现:

（1）互助互惠的原则。一方面是指组员之间的互助互惠,即组员之间在互动过程中相互支持与合作,且同时实现着各自的目标;另一方面是指社会工作者与组员之间的互助互惠,即社会工作者在引导组员认识自己、改变自己的过程中,自己不仅体会到工作的成就感和价值感,而且也从中领悟到对生命敬畏和对他人尊重而生成的快乐与惬意。小组工作的价值体现在助人过程中他人的成长与自己的成长。

（2）尊重的原则。社会工作专业价值观的核心就是对人权利和价值的尊重。因此,在小组工作中,社会工作者要给予组员充分的选择权、自主权与自由。

（3）民主的原则。即小组工作的目标以及小组活动中的共同事务都需要组员积极参与和民主讨论,否则小组的工作目标是不可能顺利实现的。小组工作者的任务主要是组织、动员与激励。

（4）信任的原则。社会工作者在引导小组的过程中,不是决定者而更多的时候是协助者,主要是运用一定的理论方法促进组员个人和整个小组通过其内在的动力来自治与发展。社会工作者要充分相信每个组员都有能力改变自己、发展自己,进而提升自己的社会功能。

（5）个别化的原则。尽管小组的目标中包含着组员的目标,小组目标的实现过程中每个组员的目标在一定程度上也得到了实现,但是,每个组员又都有其独特的需要与问题,是需要社会工作者对每个组员都采取个别化的原则来对待的,因此,社会工作者要因人而异地进行个别性的目标规划与设计,有针对性地引领与激发。

五、小组工作的功能和特点

1. 小组工作的功能

（1）影响个人转变。尽管个案工作的目标也影响个人转变,但是,小组工作是通过组建与解决问题的目标相适应的小组,引导和协助有需要的人参与小组,促进小组中组员之间进行经验的分享、情感的支持、技能的习得、潜能的发挥等,使得组员获得成长,增强组员的社会生活能力,并在价值观、态度及行为方面发生转变和改善,促进人们形成积极的生活态度和公民的社会责任感。

（2）社会控制。与个案工作不同，小组工作通过使小组组员学习、遵从、适应社会所需要的行为规范，培养组员的社会责任心，使其学会在社会生活中承担具有一定积极意义的社会角色，成长为一名与社会环境相适应的社会人。

（3）形成群体力量解决问题。与个案工作不同，小组工作中组员必须学习与其他组员一起共同思考、团结协作、彼此支持，共同面对环境和问题。在小组中，不再是个人单独面对问题，而是依靠组员间形成的群体力量共同解决问题。

（4）再社会化。小组工作过程可以帮助组员学习社会规范和人际关系的技巧，学习新的社会生活与人际关系的技巧及知识，改变以往那些不适应社会生活的观念和行为，解决在社会生活中遇到的各种问题，发展并形成更为积极的社会生活能力。

（5）预防。通过小组组员之间的积极互动，使他们学习解决困难的方法，并在小组组员之间建立相互信任和相互支持的关系，为他们提供支持和帮助，以解决问题和预防问题的发生。

2. 小组工作的特点

（1）促进人际交往。人际交往的经验对于每个人的成长都是必不可少的。科学研究表明，人们需要他人关爱，需要被他人理解，需要了解自己和被他人所需要。小组工作方法可以给人们提供一种进行群体生活以及人际互动的体验环境，通过个人在群体中的互动，实现其社会功能的变化和增强，达到个人的发展与成长。

（2）运用团体动力。小组过程能够影响个人的价值观念、态度及行为，通过相互影响发生积极的变化，使他们能够在家庭及社会中承担积极的和创造性的角色。

（3）促进经验分享和经验选择。人与人能够通过分享经验而产生相互影响。小组过程能够给组员提供一个成长的共同背景和一种归属感，可以帮助个人参与社会，成为对社会和对他人负责任、有贡献的一员。社会工作者能够有目的地选择小组的过程和方案，让小组组员去经历，从而产生所希望的特殊转变，帮助个人适应生活环境，增加处理个人问题的能力和知识。

（4）带来的转变更为持久。在小组过程中，通过小组组员之间、组员与社会工作者之间经验的互动分享，在每一个人周围形成一定的相互支持网络，对人的影响和由此带来的转变，会比其他社会工作方法更为持久。

（5）在时间和人力资源等方面更经济。小组工作在社区、机构、企业、单位等场所，都是值得运用的。由于是用群体性的方法去解决问题，所以相对而言，小组工作比较节省时间和人力资源。

第二节　小组工作的主要模式及案例举要

小组工作自创立以来,形成了一些工作模式,并对小组工作做出了不同的理解和阐释。在运用小组工作方法的过程中,不同类型的小组会有不同的工作目标,小组工作目标的实现也要求选择适合的工作模式。最基本和常用的小组工作模式主要有:社会目标模式、治疗模式、互动模式和发展模式等。但需要指出的是,尽管对小组工作模式的划分,使得小组工作的对象、方法、技巧都相对明确了,但是,这种划分往往忽视了不同模式之间的共同点,以及优势上的互补性。因此,在现实的小组工作实务过程中,越来越多的学者和实务工作者主张对各种小组模式进行整合,强调社会工作者在小组中的领导角色以及小组的结构等都是随着小组的工作进程而出现、变化和发展的。

一、社会目标模式及其案例举要

1. 社会目标模式及其理论基础

社会目标模式源于小组工作早期实践,它主要用于社区层面,核心的理论概念是社会责任和社会变迁,强调通过一系列的原则和方法培养公民的社会责任感、社会良知和社会意识。它在强调动员民众参与、形成社会共识与完成共同任务方面,与社区工作方法有许多相似之处。社会目标模式的理论基础主要来源于系统论、生态系统论、教育理论和社会学观点,认为社会系统与个人、群体之间是互动和相互影响的。小组组员通过在小组互动过程中形成共同目标,可以主动推动小组工作过程,在这个过程中组员能够获得自我发展,提升组员的社会参与能力和承担有积极意义的社会行动的能力。

2. 社会目标模式的特点

(1) 其目标是培养小组组员的社会责任感,包括以下三个层次的内容:其一是培养并提升组员的社会意识,挖掘其潜能,提高其实现社会变迁的责任心;其二是发展组员的社会能力,尤其是与社会环境的互动能力;其三是培养社区领袖,使他们有能力和意识去带领并推动社会变迁。

(2) 该模式中的组员有民主参与社会生活的动机和潜能。社会目标模式下的小组工作认为,社会的每个成员都具有民主参与社会生活的动机和潜能。社会目标模式的小组的组员在理论上可以扩大为全体社会公民,但在具体的运作中,基本上是同一区域、社区或阶层的人群,他们会由于有相同的目标和志愿而聚合到小组中。社会目标模式注重人的社会归属感,社会工作者特别关注和鼓励社会中的弱势人员参加到小组中来。

(3) 社会工作者在社会目标模式中扮演着影响者的角色。在社会目标模式中,社会工作者是一个具有很强影响力的人物,扮演多种角色。随着小组过程的不断变化,社会工作者扮演的角色也在变化,例如,在小组运作初期和结束期,社会工作者的角色是引导者,主要任务是倡导小组目标的完成,提升小组组员的社会意识和社会责任感,引导小组目标的实现;在小组中间阶段,社会工作者的角色是资源提供者或者榜样,引导并推动组员表达情感、分享经验、积极联系和提供资源,以促进小组目标的实现,同时向小组组员提供行动榜样。

3. 社会目标模式的实施原则

社会目标模式通常会在社区层面组织和运行,具体用于解决社区发展中的一些问题。因此,社会工作者在指导社会目标时,首先要考虑小组的目标是否与社区的目标一致,选择合适的问题来采取小组的方式,并权衡可能由此产生的后果;其次要加强小组成员的社会行动力,激发其社会责任感;再次严格遵循民主原则,鼓励成员的充分参与,并引导形成小组目标共识;最后小组要促进社会变迁目标的实现。

4. 社会目标模式案例

案例 14-1 师生代表的积极行动

最近一个星期以来,某学院的师生们一直在热烈地讨论一件事——该院院长提出了一项建议:全院师生一律穿统一的"院服"。尽管大部分师生不同意该提议,但院长武断地要求大家交钱统一制作服装。院长暗示其主张得到了上级领导的支持,并威胁那些反对其主张的师生。师生代表几次与院长交涉都无法说服他,于是决定采取进一步的行动。每一位代表都写一封信给校长,阐明自己的观点,并把信复印一份给院长。代表们在信中不仅阐明了统一"院服"不仅不会有多大的益处,反而会有一些害处,而且表明了在这件事情上坚决的否定态度。最后,在校长、院长、师生代表的协商之下,院长放弃了他的主张。

二、治疗模式及其案例举要

1. 治疗模式及其理论基础

治疗模式也称为临床模式或康复模式,以治疗、解决个人问题作为小组工作的主要任务,它也是社会工作的一个传统方法。治疗模式吸收了大量的精神医学、心理治疗和咨询的理论与技术,在为服务对象提供治疗和康复时与个案工作有很多相似之处。其理论基础源于精神医学、心理学和咨询理论与技术,尤其以修正理论、社会化理论、学习理论为重。治疗模式关注小组组员的心理与行为问题,强调通过小组工作技巧来解决组员的问题,提供健康和预防服务。治疗模式有这样一个基本假设,即个人的社会关系与适应方面的问题能够通过小组的方式得到治疗,社会工作者通过一定的工作技巧去影响小组动力,可以使小组组员改变自己的行为方式,并在小组中学习适应社会生活的经验,由此组员可以在小组中获得自我发展,解决适应能力不足的问题,从而真正融入社会生活。

2. 治疗模式的特点

在小组工作中,治疗模式与个案工作有相似之处,但也有其独特之处,其特点主要表现如下:

(1)治疗模式小组的目标是通过治疗,促使个人行为的改变。治疗模式下的小组工作,以治疗小组中的个人行为为小组主要目标,目的是通过小组工作的方式,帮助组员个人在心理、社会和文化适应方面得到康复、发展和完善,并预防对个人造成不良影响的消极因素的出现。

(2)治疗模式小组中的组员一般有较为严重的情绪和行为问题。小组组员通常是有较严重的情绪问题、行为障碍、人格问题、精神异常或有社会偏差行为的人。组员在小组中需要获得的是矫治性的治疗而不仅仅是发展性和预防性的帮助。

(3)治疗模式中的社会工作者扮演着治疗者和专家的角色。在治疗小组中,社会工作者的角色是临床心理学家、临床社会工作者或教师。在整个工作过程中,社会工作者必须要有足够的能力去评估组员的需要,安排设计小组治疗计划并控制小组的发展。同时,社会工作者通过与组员发展有意义的治疗关系,并运用各种治疗方法,帮助小组组员学习新的行为。

3. 治疗模式实施原则

治疗模式小组面对的服务对象是有特别需要的人,所采用的治疗式工作方法与个案工作密切联系,要求社会工作者在精神病学、心理学和临床社会工作理论和实务方面的训练都有很强的专业知识。在实施的过程中,首先必须在组建前做好充分的准备,收集和分析组员的全面信息,建立清晰明确的专业关系,并与组员在小组以外的各种关系上进行联络,以便对组员的需要有准确的评估,对可能出现的变化也有所估计。其次是需要选择好小组运用的理论和特定的技术,明确治疗的方向。治疗模式中,小组实施的原则包括:其一是设定每一个组员的个别性治疗目标,通过对小组成员个别性目标的综合,寻找共同的小组目标;其二是建立小组规范和价值系统;其三是预先设定小组聚会的内容;其四是强调为服务对象工作,而不是与服务对象一起工作。

4. 治疗模式案例

案例 14-2 "我"实施的小组治疗

几年前,当我作为社会工作者受雇于一家最大限度地为精神错乱犯罪者提供安全的医院时,我的主管要求我组成并领导一个治疗小组。当我问"小组的目标应该是什么"和"什么人应该加入"时,我的主管指出,这些由我自己决定。这家医院以前没有任何人做过小组治疗,医院行政当局认为,由于可预见的原因和小组治疗项目的发展,这是值得追求的。

作为医院的新手,出于从未做过小组治疗的谨慎,我问自己:"什么人对小组治疗有最大的需求?""假如小组组员不能改善,甚至更糟,我将如何理解——也就是说,怎样掩盖自己的所作所为呢?"我得出结论,我应当选择那些被确诊为"重症病人"(这些人都被认为是长期精神分裂症)的患者组成小组。长期精神分裂症患者一般被认为很少能够改善。这样,如果这些人得不到改善,我觉得我不会受到责难。然而,如果他们能被改善,我认为,他们的进步可以被认为是实质性的成就。

我的下一步工作是邀请这些人加入这个小组。我与每一个人见面,并解释小组的目的及可能覆盖的小组主题。我所接触的11个人中有8个人决定加入。8人中的某些人公开声称,他们之所以加入这一小组,主要是因为这会在他们的病历上有好的记录并增加他们早点出院的可能。我所使用的模式是现实疗法。

在第一次小组会议上,我再次说明了小组的目的和工作中心。目的不是再现成员的过去,而是帮助他们享受目前的生活和计划未来。要讨论的主题包括如何说服医院职员这些小组成员不再需要住院,如何为回归家庭和社区做好准备(如学习就业技巧),当他们觉得压抑或有其他非意愿情感时应做什么,出院以后如果他们急于做将使他们再次陷入麻烦的事情时,应采取什么样的行动。我进一步解释,将放映一些有关主题的影片并讨论。将放映一些有关主题的影片并讨论。我指出,本小组将在以后12个星期中的每周一大约有一小时的会面(直到秋天我不得不返回学校为止)。

这种改善他们目前环境的做法激发了他们的兴趣。但是,不久,当他们考察他们的未来时,他们感到不舒服和焦虑。当被告知,他们对他们的未来有一定的责任和掌控时,也出现了焦虑。他们声称这种难堪的反应是由于他们被确诊为精神病,所以是内在因素造成他们异常。他们知道,对精神分裂症的治疗方法并未发现,因此他们得出结论,不可能做什么来改善他们的处境。

我告诉小组成员,他们的理由都是"垃圾"(一个比较强烈的字眼),而且我花了几节课时间让他们明白"长期精神分裂症"的标签是没有意义的。我花了相当多的时间解释,精神病是一种迷失;也就是说,即使人们可能有情绪/行为问题,他们也不会有"头脑疾病"。我继续解释,把他们锁起来的原因是他们的变态行为。而把他们放出来的唯一方法,是他们停止做出不正当的行为,要使其他工作人员相信,如果出院的话,他们将不再出现变态行为。我补充道,出院的"钥匙"握在他们自己手里——关键因素就是简单地用行动展示其"精神健全"。

接下来他们的一套托词就是,他们破裂的家庭、或者差劲的学校、或者破裂的罗曼蒂克、或者过去的其他一些什么事情"使他们陷入混乱"。所以,他们对他们的处境做不了什么。我告诉他们这样的借口也是"垃圾"。这是真的,他们过去的经验只同他们在医院有关。但是应当强调的是他们对未来的希望,以及在决定未来时,比过去的经历更加重要的是为了达到目标而行动的动力。

最后,我们在分析了一系列借口之后,开始着重于他们如何能够更好地处理具体的问题:怎样处理压抑,怎么防止出现"奇怪"行为,怎样适应回归家庭和社区,出院后他们最期待的是什么样的工作或职业,怎样看待未来的目标以及达到目标所要采取的具体步骤,为什么继续服用以前所开的对神经有疗效的药剂是最重要的等。

这种模式的结果令人鼓舞,他们不是傻瓜似的把大部分时间花在寻思自己的处境上,而是积极地改善自己的生活。在12周结束时,小组的8个成员自发地说,小组会议正在使他们的生活发生积极的变化。他们要求,当我回学校后,医院一位社会工作者可以继续小组活动,这个建议被采纳。三年后,当我重回医院时,我被告知,8位组员中的5位已经出院,回到自己的社区,另有两位有重要的改善,最后一位的状况未出现"变化"。

三、互动模式及其案例举要

1. 互动模式及其理论基础

互动模式也称作交互模式或互惠模式,它关注小组中组员与小组和社会环境之间的关系,希望通过个人、小组、社会系统之间的开放和相互影响达到增强个人和社会功能的目的。互动模式将小组工作的重点集中于组员与组员之间为满足共同需要所产生的互动过程。组员的"面对面"和密切互动是小组存在和发展的动力。其理论基础主要源于发展心理学、社会关系和社会结构理论、小组动力学理论。互动模式的基本假设是个人与社会系统之间存在依赖关系,小组为个人的社会功能发挥提供了有效场所,社会工作者在这里通过组织小组组员互动,使组员发掘自身潜能,增强社会交往信心、知识和技巧,以使其更好地适应社会生活。

2. 互动模式的特点

(1)互动模式的小组目标是促进小组成员产生社会归属感,形成相互支持。互动模式下的小组是基于人与环境和人际关系而建立的,目标是使组员在社会归属和相互依存中得到满足,在组员之间、小组之间和有关社会系统间达到互助和开放。小组的目标焦点既在个人,也在环境。

（2）要求组员在团体中有平等互惠的动机和能力。此模式下的小组,要求组员在团体中有互惠的动机和能力,能在小组中通过与其他组员的联系和沟通达成共识,以实现小组目标,并获得个人帮助。互动模式强调小组组员间的平等及个体独立性。

（3）互动模式中的社会工作者扮演中介者和使能者。互动模式下的小组强调的是小组内组员之间的情感交流、理解和人际关系的和谐。在这里社会工作者是中介者和使能者。他们通过协助小组组员互动、支持、帮助,以实现特定的工作任务,从而使小组组员借助在小组中的经验以适应社会生活。在这个过程中,社会工作者要在组员之间和小组与社会之间发挥协调者的作用,同时提供信息引导小组自主发展,帮助组员互动协商以解决问题。

3.互动模式实施的原则

互动模式下的小组以组员间的相互作用和相互影响来实现小组目标,组员之间的"面对面"和密切的互动关系是小组存在和发展的动力。社会工作者扮演协调者的角色。首先应启发组员主动考虑问题,澄清组员的需要与期待,寻找组员的共同需求,挖掘小组的正向动力,动员组员主动思考和解决问题并强化发展目标;其次向组员说明自己在小组中承担的角色,说明小组作用。作为协调者,社会工作者还应诚实地向组员提供信息,包括概念、事实和价值,协调组员间的关系,充分利用社区资源为实现小组目标服务。

4.互动模式案例

案例 14-3 "AKL"——乳癌康复者小组工作

小组名称:"AKL"乳癌患者自我探索小组。

组员对象:2002 年 1 月后在 D 医院接受乳癌手术治疗的乳癌康复者。

人数:8 人。

甄选:由 D 医院推荐,经组前面谈,对象同意后入选。

活动时间:2003 年 8 月 19 日(星期二)～9 月 12 日(星期五),6 次,8:30～10:00。

活动地点:D 医院。

工作员:社会工作者朱、社会工作者王。

指导老师:香港大学的胡老师;D 医院社会工作者部的 K 老师。

小组目的:增加康复知识,重塑自信自我,树立积极人生,建立互助网络。

小组活动安排(具体日期待定)见表 14-1。

表 14-1 "AKL"乳癌康复者小组活动安排表

节数	主题、目标	内 容	目 的
第一节	难得同路人 建立团体关系，明确小组目标，促进彼此认同	1. 破冰游戏； 2. 自我介绍，相互照顾； 3. 社会工作者介绍小组的目的及本期小组活动的大致安排； 4. 组员说出个人困难以及对小组的期待； 5. 小组守则； 6. 回家作业：准备讲座提问	1. 融洽气氛； 2. 使团体明白小组的目的、形式和内容，获得对小组的认同感； 3. 使组员获得团体助人的感觉、参与感和责任感； 4. 通过准备提问，明白自己需要了解或面临的问题
第二节	康复 ABC 掌握康复知识，学习自我控制技能	1. 康复知识讲座及答疑（由 D 医院医生主讲）； 2. 呼吸松弛练习； 3. 回家作业：准备下次活动中做康复心得分享	1. 了解康复知识，提高自我控制能力，增强康复信心； 2. 学习调剂和控制情绪的技巧； 3. 通过准备，肯定自己的经验，增强自信心
第三节	心得自由谈 学习采取积极正面的思想方法，增加自我控制感	1. 交流康复心得及相互解惑； 2. 思想、情绪、健康之间的关系，欢笑和游戏； 3. 冥想松弛练习； 4. 回家作业：松弛练习	1. 分享个人应对疾病的经验，形成团体互动； 2. 学习采取积极的思想方法和人生态度； 3. 学习调剂和控制情绪的技巧
第四节	情绪与健康 改变认知，自我肯定，提升自信	1. 故事与讨论； 2. 思想、情绪、健康之间的关系，三者的互动； 3. 分享个人对情绪与健康的体会； 4. 肌肉松弛练习； 5. 回家作业：松弛练习	1. 加强积极、正面的思想方法； 2. 了解认知/信念、情绪和行为三者的互动； 3. 学习采取积极态度，理性信念； 4. 学习调剂和控制情绪的技巧
第五节	爱在我心里 重塑自我，提高自尊	1. 游戏：自画像（自我欣赏）并交流； 2. 交流：婚姻生活的阻力和助力； 3. 角色扮演：夫妻沟通； 4. 冥想松弛练习； 5. 回家作业：准备互动游戏	1. 学习自我肯定，提升自我形象，学习以积极的态度欣赏他人； 2. 鼓励回归正常婚姻生活，提高生活质量； 3. 体会夫妻间沟通的重要性； 4. 学习调剂和控制情绪的技巧； 5. 建立互助网络
第六节	美好人生路 建立互助网络，积极面对人生	1. 唱歌； 2. 组员互动游戏； 3. 交流：兴趣与特长； 4. 回顾小组历程，并分享从中所得； 5. 集体订立健康计划； 6. 小组工作评估； 7. 唱歌	1. 强化积极人生态度； 2. 通过策划和准备游戏，学习建立和运用互助网络； 3. 丰富生活，提高生命质量，为今后组员的互助互动做了铺垫； 4. 巩固组员信心及小组成效； 5. 建立希望及人生目标； 6. 总结经验教训； 7. 使小组工作在积极氛围中结束

小组工作干预方法的功效在于将个人问题普遍化和加强组员间的互动。小组是一个互助团体,其中的每个人都有不同程度的彼此需要去应对共同的问题。将小组的互助系统比喻为一艘船,在此,组员分担、分享相关的想法,开始体会同船人的想法,驶越生活的险滩。当他们吐露内心的感受,分享并触及禁忌问题时,会显得不那么与疾病相关。借着小组的本质,互助系统使组员的问题普遍化,降低了组员的隔离感和耻辱感。随着全体组员投入参与到助人的过程,小组多助关系的内在潜质得以释放。

四、发展模式及其案例举要

1. 发展模式及其理论基础

发展模式也称过程模式,是发展较晚的一种小组工作模式,它关注人的社会功能的恢复,预防人的社会功能缺失,以发展人的社会功能为目标。发展模式的理论基础主要源于发展心理学、社会关系和社会结构理论、小组动力学等。该模式关注的是组员个人社会功能性而不是有关病理方面的因素,重视自我实现而不是治疗过程。发展模式的基本假设是,人有潜力做到自我意识、自我评价和自我实现;能够意识到他人的价值、评价他人,并与他人形成互动;能够意识到小组的情景,评估小组的情景,并在小组中采取行动。

2. 发展模式的特点

(1) 发展模式的小组目标是促进组员和小组的共同成长。发展性小组的目的是通过小组鼓励组员积极参与,表达自己,并找出小组组员共同的兴趣和目标,在小组组员间形成协助关系,以促进小组组员和小组的共同成长。

(2) 发展模式中的小组组员通过互动、学习和经验分享获得自我成长。发展模式下的小组鼓励组员积极参与,并推动小组的发展,使小组达到自觉和自决的目的。因此,这一模式的应用对象和范围极其广泛,如困难人群、面临危机的人群和寻求更大自我发展的人群等不同情况和不同年龄的人群。

(3) 发展模式中的社会工作者扮演着协调者和使能者的角色。即在小组中鼓励、支持、帮助小组组员选择和完成小组的特定任务,从而实现整体目标;协助组员保持良好的人际关系,促成小组组员间的团结合作,以实现共同目标;通过宣泄等方式,推动组员在实现小组目标的同时,完成自我实现。

3. 发展模式实施的原则

发展模式能够运用在各种服务对象和人群中,对不同人群的需要和人的不同层次的需要,都可以通过这种模式在原有的基础上有所提升和发展。发展模式的实施原则包括以下内容:其一是发展成员的认知,形成小组共识的原则;其二是建立小组目标,形成小组动力的原则;其三是激发小组成员的潜能,增强小组成员能力的原则。

4. 发展模式案例

案例 14-4　"夏日阳光"——青少年活动小组

K 街道所属的 Y 区,从在上海市的整个地理位置和经济状况来讲都是属于中下水平的。因此,街道内的人员结构、学历层次、居住环境、经济能力、文化氛围等各方面都欠发展,在此次开展的调查(调查对象主要为初中、高中生)中显示:不同的学校,由于其生源不同,单亲家庭(这里主要指父母离异的家庭)所占的比例大不相同,单亲家庭孩子的情况差距也很大。例如,Y 区职业学校,主要是一些没有能力读高中的学生,其学习成绩较差,家庭经济水平也较低,单亲青少年的比例超过了 10%,而且在这些单亲青少年中,95% 学习成绩差。在街道社会发展科配合召开的各学校青保专职教师座谈会上我们了解到:单亲家庭的青少年大都有思想或行为偏差,主要表现为学习成绩差,有暴力倾向、叛逆心理,逃课、旷课等。而且通过走访,我们也了解到,单亲家庭的经济状况普遍较差,有的甚至是勉强度日,家长对儿女的教育缺乏信心,存在得过且过、听之任之的放任心理,这是造成单亲家庭青少年心理问题日益严重的主要原因之一。需要指出的是,由于存在统计和资料收集的困难,我们尚无法得知街道范围内单亲家庭青少年的确切数字。

我们在尝试了解单亲家庭青少年的基本情况后,发现单亲家庭的青少年中,或多或少存在这样那样的社会问题,其中最主要的是个人自信心的下降、自我控制力及融入社会能力的下降,他们中的多数人不善于同他人沟通,甚至不善于与家人交流,形成较为内向、闭塞的性格,这对青少年的成长和人格健全都是不利的。但现有条件下的社会体制与官方和社会机构(如学校、街道办事处等)所提供的服务中,并没有过多地考虑青少年的这些问题,甚至忽略了他们在这方面的需求。因此,我们通过有针对性地挑选一部分青少年来组成活动小组,以社会工作中小组工作的专业手法和模式来进行集体辅导,共进行了 6 次小组活动,并分别确定不同的活动主题,以不同的内容,通过专业疏导、集体互动、户外活动等方式让青少年分析彼此,认识彼此,重塑自我,创新自我,使青少年认识到自身的价值及对社会的贡献,树立正面的人生观和价值观,同时正确地评价父母,更好地回归、融入社会。

单亲家庭的青少年虽然存在各种问题,但实际上他们也有许多长处或潜在的能力。我们通过活动,让他们看到自己的优点,从而更加客观地评价自我,发挥个人才能,提升个人能力。

小级活动安排见表14-2。

表 14-2   "夏日阳光"青少年活动小组安排表

	日期	活动主题	活动内容	活动原理	工作员	地点
第一次	7.14	认识彼此 认识自我	介绍自己,让大家在认识自身的同时,也最大限度地认识大家。可以通过一到两个简单的游戏来增强记忆,同时进行心理评估,了解组员在活动前的心理状况	学习理论	社会工作者张	星光老年活动室
第二次	7.21	发挥能力 体现价值	通过为病儿提供服务的活动,让组员得到较正面的积极评价,通过诱导,让组员看到自身的长处	认知理论	社会工作者季	某儿童医学中心
第三次	7.28	发现感悟 增强沟通	让组员体会到与他人沟通的重要性,并通过演示、即兴采访,让组员学到沟通方面的一些技巧,增强自我沟通能力	认知理论	社会工作者陈	复旦大学
第四次	8.4	加深反省 重塑自我	让组员回顾自己的过去,利用画图游戏等,请组员讲述自身的优缺点,同时通过互相评价,让组员发现自身的长处及价值,开始对自己有较为正面的评价	学习理论	社会工作者张	滨江大道
第五次	8.11	分享友谊 加强合作	聚餐活动一次,让组员合作完成聚餐任务,在活动中体会到建立合作基础的重要性,同时在活动中急需体现互助的主题,加深组员彼此间的友谊	认知理论,学习理论	社会工作者季	黄老师家
第六次	8.16	巩固成果 畅谈明天	可通过互动(如互相提醒、互相评价等)让组员更深刻地评价自我和他人,巩固已取得成果,同时进行活动后的评估		社会工作者陈	某敬老院

第三节   小组工作各阶段的工作要求

小组有一定的生命周期,它会经历成长和发展等一系列过程。比较普遍的是把小组发展过程划分为五个阶段:准备期、小组初期、小组中期、小组后期和小组结束期。在每个阶段中,社会工作者都要清楚该阶段组员的特征,把握介入的焦点,明确小组程序和社会工作者的角色及要求。

一、小组准备期的工作要求

小组准备期是制订计划的阶段,是在小组工作正式开始之前,社会工作者对组成小组进行的全面而充分的工作准备。具体来说,小组准备期对社会工作者提出以下要求:

1. 组建小组

(1)选择或招募组员。组员来源渠道主要有:一是机构中有需要的服务对象,可以通过查看机构中接待记录、其他机构转接的有需要的人、已有的小组组员的名单等;二是通过与服务对象接触发现有加入小组需求的对象;三是通过张贴海报、发放宣传品、与相关机构联系和对有潜在需求的人寄宣传品等,主动提出参加的对象。需要注意的是,有的人清楚自己的问题和需要并能够表达,而有的人却不清楚自己的需要和问题,这就需要基于小组社会工作者的经验和专业知识对其进行评估,使其需要和问题浮现和明确出来。社会工作者在对组员进行选择时,要根据小组的类型,考虑年龄、性别、价值观、共同的问题、兴趣特点、智力水平、对小组结构的接纳程度以及自我能力等方面的因素,并协助准备参与小组的人了解小组,即要让他们清楚小组的目标、机构的有关政策和小组的具体程序与活动,同时提供机会鼓励他们表达自己对小组的期望。

(2)评估小组组建的必要与问题。在准备阶段,社会工作者与服务对象还不存在针对需要解决的问题而直接介入的工作焦点。这个阶段的关键工作是对组员的真实需要进行评估,以明确小组目标,选择好小组类型,从而为有针对性地做好小组工作计划、引导小组的顺利发展做好基础。对组员的真实情况进行评估,一般分为两种情况:一种情况是社会工作者或者服务机构在评估组员的需要时,发现他们问题比较适合以小组的方法来解决,因此,组成小组;另一种情况是,社会工作者通过与他们在一起,发现他们最真实的需要是什么,或者是发现了问题的实质,于是指出建立小组的必要性。评估的内容一般包括服务对象的真实需要;组员需要目标的一致性;服务对象的兴趣和特长等。

2. 明确小组工作的目标

小组准备期的任务很多,在完成根据准备参加小组人员的需要来决定如何建立小组之后,明确小组的目标则非常重要。首先明确小组的总目标,这是建立小组的最基本的目标。接着是围绕总目标建立相应的沟通目标和过程目标、实质目标、需求目标。小组工作是通过组员之间的互动沟通达到效果的,不同的小组其沟通目标的设计也不完全一样。过程目标是对小组发展的不同阶段要实现的目标任务给予的具体认定,是总目标在小组发展阶段的分解和具体化。实质目标就是明确小组能够解决的问题的具体范围。需求目标是体现个别化特点的、针对每个小组组员的具体需要而定的目标。

在确定小组目标时要遵循几个原则：一是目标要可以测量，能简便地评估小组活动和组员；二是要有明确的时间要求，组员能够清楚地知道他们应该在什么时间完成任务；三是目标要切合每个组员的实际能力；四是细分目标，且每个目标之间是相容的，避免目标之间的冲突；五是对小组目标要尽量使用正面的语言阐述，让小组组员明确地知道他们应该做什么，而不是不该做什么。

3. 制定小组工作的方案

在小组准备期，社会工作者要理清思路，详细考虑各个方面的要求，形成可以实施的工作方案。通常的方案是一份详细的小组计划书。表 14-3 是计划书的基本框架。

表 14-3　　　　　　　　　　　小组工作计划书内容框架

主要环节	基本内容
1. 理念的阐述	机构的背景；组成小组的原因；小组的理论/概念框架
2. 目标	总体目标
3. 组员	特征、年龄、教育背景；需要解决的问题
4. 小组的特征	性质；时间；规模；集体聚会的频率；集体聚会的时间
5. 明确的目的	各个具体目标
6. 程序计划和日程	每次集体聚会的计划；程序活动；目的；社会工作者责任；活动准备
7. 招募计划	按机构规则制定小组建立的程序；组员的来源；招募方法；时间
8. 需要的资源	器材；地点与设备；人力资源；特别项目；有关人员
9. 预料问题与应变	组员的问题；社会工作者与机构的问题；其他来源问题
10. 预算	程序、器材、交通费用总和；组员的会费
11. 评估方法	评估的范围；评估的方法

4. 申报并协调资源

很多小组需要从机构中获得资金、场所以及人力支持等方面的资源。在制定好计划后，社会工作者要向服务机构提出举办小组的申请，争取资源支持。有些小组的方案也可向社区或者赞助机构争取资源支持，但在寻求支持的过程中需要了解赞助机构可能给小组带来的影响和限制。

5. 物质准备

小组准备期要开始几项与小组过程有关联的工作：一是选择小组场地。场地和空间的安排要能够促进组员对小组的认同感,感觉舒适,注意房间的大小、环境的布置和周围是否比较安静。二是聚会采取的座位安排,可以是圆形的,也可以是面对面的,要有利于提高互动的频率。三是组织活动使用的相关设施的准备及发出活动通知;落实资金支持;对小组过程中可能出现的意外情况要有估计,并做好充分的应急准备。

二、小组初期的工作要求

从第一次聚会起,小组工作就进入了小组初期。社会工作者需要认识小组组员的特性,把握小组工作的焦点以及明确要完成的具体任务。具体说来有以下几个方面:

1. 充分理解组员进入小组初期时矛盾、两极的心理状态

小组初期阶段,组员心理与行为是比较矛盾的,主要表现为:两极情感困惑、受以往经验的影响、试探心理与行为等。组员所谓的两极情感困惑,一方面是指,组员在聚合成群时会试图尝试与素不相识的他人建立初步的关系,另一方面,又会对新的环境抱着观察和探求的态度、对他人有既想接近又想回避的戒备心理,犹豫不决、封闭、恐惧等是常见的心理与行为表现,这与他们平时的情绪状态会有不同,如在与人说话时比较礼貌、低声客气,行为比较犹豫,相互接触也有限。组员所谓的受以往经验的影响,是指组员以往的经历,如曾经参加过的小组、到过的地方、参加过的事情等,都会比较自然地带进小组,很容易影响他们在新小组中与人的相处。组员所谓的试探心理与行为,是指组员对小组、其他组员、社会工作者等都会有不同的试探。例如,他们会提问:"我在小组需要做什么?"对其他组员也会试探性地问姓名、居所、工作之类的问题,同时会向社会工作者询问有关小组的规范、限制、如何工作等问题。这一切社会工作者都要有充分的心理准备去认同、理解和接纳组员。

2. 把工作焦点集中在如何帮助组员建立相互信任上

在小组的初期阶段上,社会工作者要把工作的焦点集中在帮助组员建立相互信任的关系上。具体说来有以下几种措施:其一,社会工作者通过自己的言行与组员主动沟通,建立信任关系。可以运用同理心,站在组员的角度考虑问题,倾听他们的问题,并做出真诚、有效的回应,以便与组员互动。其二,创造机会让组员表达自己的想法,通过组员间的相互回馈和关怀使其自然地产生信任。可以通过相互介绍,或者给出一个话题,鼓励他们大胆地表达自己的真实想法。其三,寻找并强调组员之间的相似性。在引导和创造沟通的过程中,可以主动地提出大家都有兴趣的话题,鼓励组员表达想法,以便了解他们之间的共同性,找到共同话题同时可以消除最初的疑虑和回避。其四,澄清小组目标与组员期望之间可能会出现的一些误解。在初期聚会中,组员对目标的认识不太清晰和不够

具体,这可能会影响他们留在小组的信心。同时,组员之间也可能会出现这样或那样的误解,这时,社会工作者要澄清误解,主动澄清产生的误会,以促进组员之间的进一步沟通。其五,培养组员积极倾听他人意见的良好习惯。小组初期的组员交流往往会出现有人说个不停,而有人沉默不语的现象,这会影响相互之间的交流和互动。针对这些现象,社会工作者应该告诉所有的组员要学会积极倾听他人的表达,这一点很重要。

3. 做好小组初期阶段的程序性工作

小组初期阶段的程序性工作是非常重要的一个环节,主要包括创造可信赖的环境,促进组员间相互了解,澄清小组目标,并促进与目标相一致的小组规范和小组结构等。其一,采用恰当的方法介绍组员。在开始阶段,社会工作者可以根据组员的个性特征以及小组的类型,设计出有创意的、打破僵局的各种活动,可以采用恰当的游戏方法,帮助小组组员互相认识,提升组员投入小组的积极性,推动组员之间最初的互动。其二,与组员讨论小组目标并达成共识。小组一开始,首先要与组员们讨论小组的目标,促使组员对目标达成共识,也就是说,要做到使组员们清楚,这样一个小组将要帮助他们能够实现什么样的目标。对小组目标的澄清,可以促进组员认识和接纳小组,做好融入小组的心理准备。在这期间,社会工作者要向组员详细地说明小组目标、工作程序和运作原则等,且要回答组员们提出的问题,并要向组员示范小组沟通的基本技巧等。其三,与组员讨论保密原则。在小组内部讨论保密原则,对组员与社会工作者之间专业关系的建立和促进组员间的支持与互动都有积极的意义。因此,在小组初期,社会工作者要与组员们就保密的问题进行讨论和协商,并在小组内设定保密标准,进而达成共识。其四,建立合约。小组合约是社会工作者与组员之间共同商定的、有关小组一起努力去实现工作目标,以及工作方法等的一种协议约定。它可以采用书面或口头承诺的形式。其内容一般包括小组的基本要求,如对出席会议的要求、有关保密的规定、召开小组会议的时间等,以及小组组员的目标等。其五,制定小组规范。小组规范是小组初期社会工作者和组员一起建立的适合管理和协调组员行为的准则。小组规范一般有三类:秩序性规范、角色规范和文化规范。其六,要努力促进组员之间建立起与小组目标相适应的小组结构,在小组的逐步形成与发展中,组员之间逐渐形成了交往关系,组员间关系的组成模式就是小组结构。社会工作者应努力促进组员之间建立起与小组目标相适应的小组结构,包括建立能够最大限度吸纳组员进行沟通的、理想的沟通结构;形成能够相互融洽、有所包容的社会关系结构;建立鼓励全体组员,特别是有助于协助弱者能够自我肯定、有所增权的、合理的权力结构;建立起具有开放性和流动性、注重责任、轮流参与、有利于推动小组过程的领导结构;建立能够使每个组员都具有适合位置的角色结构。

4.承担好组织者、鼓励者和统筹者的角色

在小组工作初期,社会工作者处于小组的核心位置,具有引导小组发展的责任。其具体要扮演的角色包括:领导的角色、鼓励的角色、组织者的角色、统筹的角色等。所谓领导的角色,即社会工作者要计划开展小组的活动,对所有的具体程序和细节都要做出安排。所谓鼓励的角色,即社会工作者要鼓励组员接纳小组的内部和外部条件,尽量放松地表达自己对小组和其他组员的各种期望,尽快适应小组环境。所谓组织者的角色,即社会工作者要组织一些能够有助于组员之间相互了解的活动,打破僵局,帮助和促进他们尽快成为相互熟悉的人。所谓统筹的角色,即社会工作者要有目的地设计并引导小组按照特定的路径与方向发展。

三、小组中期的工作要求

小组中期是小组组员之间形成亲密关系的阶段,也是开始出现小组的权力竞争和控制的阶段。小组中期的工作重点,就是围绕冲突的处理来实现小组目标和控制小组进度。在这一时期,社会工作者需要做好如下工作:

1.认识处于小组中期阶段中的组员之间关系既亲密又竞争的复杂性

进入小组中期,组员之间的熟悉程度增加了,相互之间更开放。也就是说,组员们开始认同自己的小组,承认自己是这个小组的一员,也愿意在小组中表达自己的想法。组员之间会发生从家庭成员到小组成员的移情。组员们相互之间也会出现同胞式的竞争,组员之间慢慢熟悉之后自然会出现竞争,以确立自己在小组中的角色与位置。在这个过程中,可能会出现一定的冲突。个别组员如果不能从小组中感受到安全和满足就会在这个阶段退出。在组员为权力竞争出现冲突时,有些人的语言和行为会出现攻击性;有些人会表现出沉默不语;还有一些人成为小组中不满情绪的发泄对象,即成为替罪羊;还有一些组员也会自满于自己在小组中的角色,对社会工作者提出质疑,表现出一种非配合的态度。社会工作者对组员们的这些表现都应该有充分的认识。

2.帮助组员进一步加强对自己和对他人的认识

面对小组中组员之间关系的复杂与冲突,社会工作者的介入焦点就是帮助组员对自己和他人有更为清楚的认识。具体做法包括:其一,帮助组员澄清自我感受。利用角色扮演等方式,帮助组员认识自己的感受,提升自我了解和体会他人处境的能力和素养。其二,根据小组的性质,对组员表达出来的个人信息给予回应。要认识到有些个人的经验和表达的信息对于促进相互之间的分享是有利的,有些则不一定适合。其三,把组员的精力集中到实现小组目标上来。小组中期是开展工作的最佳时期,需要抓住时机带领小组开展工作,把组员的精力集中到实现小组目标上来。社会工作者需要将小组的目标清楚地传递给每个组员,并提醒组员们要保持对小组目标的专注与坚守,每个组员在力争实现自己需要的同时,也要保证其他组员需要的实现不受到阻碍。

3. 解决组员之间的冲突,引导和参与小组结构重组,增强组员解决问题的能力

社会工作者要学习如何面对和处理小组的冲突,应当关照不同组员的需要,以实现组员最大限度的改变和成长。在面对组员冲突时,社会工作者的态度应该是包容、冷静和理性的,同时要处理好某些组员的非自愿与抗拒行为。在这一时期,社会工作者逐渐从小组中的核心地位退离,尊重和协助小组自己决定方向。在此基础上再给予一定的小组发展的建议,也就是为小组发展重建新结构。随着组员对小组目标认识的变化和相互之间熟悉程度的加深,需要协助组员为实现小组目标对小组结构进行积极的重建。

在小组中期,对小组组员的投入度以及对自我潜能的发掘是实现组员目标的关键。因此,在这一时期,社会工作者的工作重点应放在鼓励组员参与小组,维持并鼓励组员间的良好互动,协助组员从小组中获得新的认识,并把这种认识转化为行动,使组员在不断地尝试与改变的过程中增强信心,并提高解决问题的能力。

4. 社会工作者更多地承担好协调者、协助者和辅导者的角色

在小组中期,组员的能力在增强,小组结构的重组使得小组可以开始自己做出决定,社会工作者在其中的角色是协调者和引导者。在处理冲突的过程中,社会工作者不仅需要充当工作者和辅导者等角色,还需要充当调解人和支持者等角色。

四、小组后期的工作要求

小组后期也称小组的工作阶段,是形成良好小组状态、小组可以依靠自己的动力发展运作的时期,是小组的成熟期。组员们更团结、更客观、更合作,以至于能提出更现实的建议或计划,并实施大型的方案和项目。在小组后期,社会工作者需要做好以下工作:

1. 认识这个阶段组员的特点:相互认同、有聚合性,竞争与冲突减少

这一时期小组组员彼此熟识和聚合,能够接纳其他组员的个性、实力、态度和需要,能够相互支持,自由地沟通。组员开始对小组有较高的认同,开始经常用"我们"而不是"我"来表达对小组的认同。组员们也掌握比较好的技巧来履行小组中的角色与职责,承担了一定的任务。在小组中,家庭式的情感减弱,次小组出现。组员之间权力的竞争和情感波动趋于缩小,组员以不同的方式塑造小组的权力结构。这些特点,社会工作者都应该给予足够的关注。

2. 介入的焦点是帮助组员深刻地认识自我,鼓励相互间的尊重、关怀和帮助

小组后期是小组完成任务、实现目标的重要阶段。社会工作者的介入焦点

就是促进小组目标的更好实现,具体说来有三个方面:其一,协助组员更好地认识自己。社会工作者要协助组员们更深地认识自我,了解自己的问题的形成因素,促进反思和整合经验,实现自我成长和自我发展。其二,鼓励组员之间的互相尊重和关怀。组员之间的表达更为真诚和不掩饰,能把个人的经验与他人分享。社会工作者特别要鼓励组员之间的互相尊重与关怀,鼓励表达。其三,鼓励组员互相帮助。社会工作者要鼓励组员之间相互支持,扩大个人的视野和认知重建,达到以自己的能力来解决问题的目的。

3. 中心任务是关注小组动力的变化,促成小组任务的完成

在小组后期,小组本身对组员有很高的影响力。社会工作者的任务是以辅助式的工作来促进小组任务的完成,主要包括:其一,关注小组角色的分化与运作。在该阶段,组员在小组中的角色分化与运作影响着小组的发展。社会工作者要专注这种角色的转化,同时要注意其中突然不参加小组活动或者自我封闭的组员,鼓励所有组员对小组投入。其二,专注小组目标的转化与发展。在对小组形成较好的认同的同时,组员们对小组也会有新的期待。要关注组员对于目标转化的需求。其三,关注小组规范与凝聚力。在这个阶段,组员们对于建立制度化和合理化的小组规范都能够一致地接受,而且会有强大的生存能力和活动能力。社会工作者要关注小组凝聚力的状况。凝聚力低会影响小组任务的完成,而凝聚力过高虽然可以让小组组员有满足感,但也有可能导致一些组员产生从众心理。

4. 在小组完成任务的过程中,做好资源提供者、能力促进者以及引导者和支持者

小组工作者在此阶段的角色主要有:其一,资源提供者,即社会工作者要配合组员的需要,做好信息和资源的提供。其二,能力促进者,即鼓励组员之间的互相尊重与关怀,协助他们更好地认识自己,形成互相帮助。其三,引导者与支持者,即在小组可以自己运作和做出抉择的过程中,社会工作者是与组员同行的支持者和鼓励者,同时对于组员中个别人的行为和特殊变化也要给予关注。

五、小组结束期的工作要求

小组进行到结束期时,小组目标已经实现,小组工作终结。为了使得组员能够顺利离别,并保持已有的改变进入到未来的社会生活中去,社会工作者需要做好以下工作:

1. 认识组员以离别情绪为主的心理行为特征

小组结束时,组员可能同时有正面和负面的两种情绪感受,例如,一般情况下否认小组应该结束;或者,组员开始在其他地方寻找新资源以满足他们自己的需要;或者,组员因为对结束期到来感到无可奈何,由心理焦虑到出现逃避行为,不参加小组结束期的任何活动,逃避现实。组员在这一时期的这些心理和行为

上的特点,都需要社会工作者给予认同、接纳和足够的关注。

2. 帮助组员处理离别情绪和维持小组经验

在这一阶段,社会工作者主要是要处理好组员对于分离的情绪,帮助组员保持他们获得的小组经验。一是帮助组员认识分离带来的正面感受,让他们看到小组给予他们的经验的重要意义与价值,增强他们改变和发展自己的内心力量。二是运用一定的方法和技巧,帮助组员巩固已经获得的小组经验。例如,给予组员鼓励和肯定,让组员充满信心地离开小组;帮助组员向家庭等支持网络寻找并建立进一步的支持关系;鼓励组员独立地完成工作,逐步降低小组对组员的吸引力,以避免其在结束时对小组过度依赖。

3. 做好评估

小组的评估工作从小组形成时就开始,一直持续到小组结束。结束期对小组评估的目的,在于检验社会工作者所做出的努力及工作效果。因此,评估小组时需要考虑组员的收获、他们能力的增强,以及小组内部的界限。对小组工作的评估应该包括两种形式:一种是对小组工作过程的评估;另一种是对小组工作结果的评估,主要是通过收集组员对小组各个方面的评价,以测量小组是否实现了预期的目标。

4. 当好领导者和引导者

在小组结束期间,社会工作者要帮助组员处理好离开小组时的各种感受,并组织各种活动。面对组员的离别情绪,社会工作者要给予适当的接纳与支持,引导他们做好情绪表达和学习处理离别的技巧。同时,社会工作者还要以领导者的角色和专业职责,协助小组成员完成理想的结束过程。

思考题

1. 请简述小组工作的形成与发展。
2. 请简述小组工作的价值理念。
3. 小组治疗模式的理论基础是什么?
4. 小组社会目标模式的特点是什么?
5. 小组互动模式的实施原则有哪些?
6. 小组发展模式的特点是什么?
7. 小组各个阶段的工作要求有哪些?

第十五章 社区工作及其案例举要

社区是居住于某一地理区域的,具有某种共同关系、社会互动及服务体系的一个人群。这群人住在相当邻近或衔接的地区,彼此常有往来;具有某种共同的利益,彼此需要支援;具有若干共同的服务,如交通、学校、市场等;面临若干共同的问题,如经济的、卫生的、教育的等;产生若干共同的需要,如生活方面的、心理方面的、社会方面的等。社区是人们从事社会生活的共同体,它是人们相互依存、共同生活的地方和空间。社区的功能如何会直接影响社区成员的整体生活状况。社区工作是以社区为对象的一种专业的社会工作方法,它在强化和恢复社区功能、促进社区发展等方面发挥着重要的作用。

第一节 什么是社区工作

一、社区工作的形成与发展

社区工作作为社会工作的一种主要方法已有多年的历史。社区协调活动和社区协调行动的第一次尝试起源于 1869 年的伦敦慈善组织协会,当时的工作是为了消除在救济管理中出现的重复申报和欺诈行为,其目的是通过更好的合作与协调,提高社区的整体服务水平。1877 年布法罗慈善组织协会的成立,是美国对社会服务进行协调和使之系统化的第一次有组织的尝试。1909 年,美国首批社区福利委员会成立于匹兹堡和米尔沃基,它们当时被称为社会机构委员会,成立以来发展迅速。如今,在大部分人口较为密集的居住区都有社区福利委员会。

社区工作是最后出现的一种基本的社会工作方法。个案工作在 20 世纪 20 年代赢得其地位,并获得了承认。小组工作在 20 世纪 30 年代赢得其地位,并获得了承认。1909 年,美国慈善与矫治大会将"改善邻里与市民状况"作为会议主题。这是社会工作第一次明确地将兴趣投向社区工作。1939 年的美国社会工作大会,对社区工作作为一种工作领域和工作方法进行了富有意义的讨论。1944 年,在社会工作院校的课程中,社区工作被列为"八门基础课"之一。到1946 年的时候,对社区工作的兴趣已经足够浓厚了。于是,在布法罗举行的年度美国社会工作大会上,社区工作研究协会成立了。截至 1955 年,社区工作研究协会与另外 6 个协会合并,组成美国社会工作者协会。1962 年由"社会工作教育委员会"颁布的《课程政策声明》就已经将社区工作连同个案工作和小组工作列为社会工作的三大方法。2001 年美国的《教育政策与审核标准》(EPAS)继续支持将社区工作列为社会工作专业所必需的基本技能和基础知识。

二、社区工作的内涵

社区工作是在社区层面开展的社会工作,社区是其服务的对象,社区的需求对它来说是至高无上的,这些需求往往通过问题反映出来,这些问题会影响到社区中的很多人。社区工作的重点是社区资源要被加以考虑和利用。个案工作强调个体对个体的关系。小组工作以小组为工具,帮助实现人格发展,解决个人或家庭问题,以及通过工作小组的聚会来完成具体的任务。而社区工作是一种群体间的工作,它利用社区机构和社区资源找出社区中的社会问题,并采取适当行动以消除这些社会问题。

关于对社区工作内涵的理解,邓纳姆和甘炳光等对社区工作的界定很具有启发性。邓纳姆认为,社区工作是一个有意识的社会互动过程,是包含下述任何一个或全部目标的一种社会工作方法,这些目标是:其一,在一个社区或其他地区,满足广泛的需求,为满足需求而调集资源,并不断在需求和资源之间进行调整;其二,通过帮助人们开发、增强和维持参与、自主与合作的能力,使他们更加有效地克服困难,达到目标;其三,改变社区和群体关系以及决策权的分配。甘炳光认为[①],社区工作是以社区为对象的社会工作介入手法。它通过组织社区成员参与集体行动去界定社区的需要,合理解决社区问题,改善生活环境及生活质量;在参与的过程中,让社区成员建立对社区的归属感,培养自助、互助与自决的精神,加强他们在社区参与及影响决策方面的能力和意识,发挥其潜能,以实现更加公平、公正、民主及和谐的社会。

基于此,社区工作需具备下列要素:其一,需采用多种方法;其二,需要专业社会工作者的介入;其三,工作对象呈现多元化状态;其四,需集体行动;其五,以解决社会问题为目标;其六,以民主价值观念为工作指导思想。

关于对社区工作内涵的理解,需要用比较的视角,通过对比个案工作、小组工作的方法来进一步深入理解社区工作的内涵。第一,社区工作分析问题的视角相对来说更为突出结构取向。社区工作认为问题的产生并不完全是个人自身的原因,而是与社区周围的环境、社会制度及整个社会有着密切的关系。因此,社会工作者重点考虑社区环境及制度是如何影响人的社会功能的、如何限制人的能力的,以及如何让人所应有的资源及权利产生缺失的。因此,社区工作分析

---

① 转引自王思斌:《社会工作综合能力》(中级),中国社会出版社 2007 年版,第 221 页。

问题的视角是结构取向的,而非个人取向的。第二,社区工作介入问题的层面相对来说更为宏观。社区工作方法认为,解决问题的责任不应完全放在个人身上,政府、社区均有责任提供资源,协助处理和解决问题。因此,社区工作较多涉及社会层面,牵涉社会政策分析以及政策的改变,注重资源和权利的分配。第三,社区工作具有一定的政治性。社区工作的工作内容会涉及政治范畴,因为从广义上来看,凡是关系到资源和权利分配的都可视为具有政治性。与个案工作和小组工作相比,社区工作的内容较为政治化。社会工作者更关心社区居民,尤其是,弱势群体的权利维护,更多时候会采取多种行动为社区居民争取合理的资源。第四,社区工作更加富有批判理念和反思精神。社区工作善于从社会结构、社会政策、制度和资源分配的角度分析和处理个人问题,加上社会工作专业本身的特点,即关注在急剧社会变迁中弱势群体的权利,所以社区工作总是在关注问题,并且试图从根本上找出问题的症结,由此引发对现存社会结构和政策的反思和批判,而不是一味地顺从。

三、社区工作的实践原则

社会工作的基本原则或基本价值,对于社区工作来说是同样适用的。但就社区工作的独特性而言,其实践原则也具有其独特性,一般而言有以下几点:

1. 注重以人为中心的发展目标

虽然个案工作和小组工作也都坚守这一原则,但个案工作和小组工作以人为中心的目标是十分清晰的,因为它们重在个人问题的解决,且问题的解决过程是与个人发展和成长相伴随的。而社区工作的任务目标与过程目标有时是分离的,它的任务目标是解决社区问题,它的过程目标着重人的发展,即发展居民之间的相互关心和合作态度,培养居民解决社区问题的能力和信心。由于社区工作处理的问题较为宏观,又并非与社区所有成员都息息相关,每个人在其中的利益和立场也不完全一致,所以任务目标与过程目标难以完全契合,往往是在具体工作实践中有所侧重。但是,这里需要强调的是,社区工作的最终理想是要帮助社区建立自决的集体能力,从而从根本上改善社区的状况。因此,人的发展是核心和长远的任务。只有居民对社区事务有参与感和责任感,并且愿意共同合作,又拥有一定的知识和工作技巧,才能保有持久的群众力量去建设自己的社区。所以,社会工作者应积极培养居民的知识、能力与合作精神,不应只关注个别目标的完成与否。

2. 尊重社区自决

让社区居民自己选择和决定社区的改变方式和行动方案是十分重要的一个原则。所谓社区自决,是指社会工作者不能居高临下地指挥、命令居民为其所认定的目标而努力,而应尽最大努力让居民明白具体情况,与居民一起讨论和互相交换意见,使居民对事情有客观的了解,并让居民做出合乎自己愿望的决定。

社会工作者应时时警醒,确保在工作过程中无论对人还是对事,都不会肆意支配和控制,也不勉强居民接受自己的意见和看法。但是,也要注意不走向另一个极端,即对居民的问题采取袖手旁观的态度,不给予意见或者不引导他们做出决策。那种认为居民无需社会工作者的协助便能清楚界定社区需要,并且能够独立解决有关问题的想法是理想主义的。总之,社会工作者所追求的不是纯粹意义上的居民自决,在更大程度上,它体现的是一种工作态度和信念。

3. 强调社区参与

社区参与是达成任务目标和过程目标双重实现的重要途径。强调社区参与基于以下理由:首先,社区工作相信只有居民自己才最清楚社区的问题和需要的过程,而外界人士对居民的处境和困难未必有深刻的了解和体会,因此,居民应该参与界定自己的问题和需要,并提出解决问题所需要的援助与方法。这样,可以形成较佳的决策,增强合作的可能性,更好地实现目标。其次,基于民主的价值观,社区工作认为每个人都有参与公共事务的权利,因而,要努力使居民有实践自己参与公共事务的机会,也让居民有一个学习民主技能(如自由发言、表达意见、参与表决等技能)的过程。再次,社区参与可以激发个人成长,实现社区工作以人为发展中心的目标。人们积极参与社区活动,能够提高人的潜能,激发社区居民为自己积累更多的实际经验,开拓更多的资源网络,从而增强社区整体的自助能力、政治能力和社会意识。

4. 坚持社区行动过程中的理性原则

理性的社区行动过程包括两个方面的含义:一是指社会工作者应充分认清所介入社区的具体状况,如社区既有的传统观念和行为习惯、居民的处事方式和能力等,然后按部就班地开展活动。即社会工作者在满怀热情引导社区演变的同时,也要理性考虑社区的状况,理解居民的困难与局限,尽量避免过分注重即时成效的倾向。二是指社区居民所采取的一切行动和参与活动都应该是民主的和理性的,不受社区内任何既得利益团体的控制。社区在制定工作目标和策划社区行动时,应由居民自己参与并做出决定,并根据一些共同制定的规定和民主法则,整理出行动的共同目标和手段。

第二节　社区工作的主要模式及案例举要

在具体的社区工作实践过程中,所针对的社区问题不同,或因为社会工作者所采用的工作途径不同,导致了不同的社区工作模式。一般而言,社区工作模式有三种,即地区发展模式、社会策划模式和社会行动模式。

一、地区发展模式及其案例举要

地区发展模式是美国学者罗斯曼在总结前人经验的基础上提出的,是社区工作实务理论中的一种模型,是社会工作者协助社区居民分析问题,发挥其自主性的工作过程,目的是提高居民及地区团体对社区的认同,鼓励居民通过自助和互助解决社区问题。它为社会工作者在具体社区实践活动中提供了科学的理论依据,也成为评估社区工作成效的一种标准。由于地区发展模式注重居民参与,并强调参与者的自立、自助和成长,因此,社会工作者主要扮演使能者、教育者和中介者的角色。

1. 地区发展模式的基本假设

地区发展模式的基本假设包括如下几个方面:其一,认为社区居民应该愿意参与社区事务;其二,认为社区问题的主要成因是缺乏沟通和合作,所以只要能发动居民参与,改善沟通和加强合作,社区问题就能够获得解决,同时也相信社区自身有解决社区问题的力量;其三,认为社区应当也可以实现和谐,社区内不同人群的利益不是对立的,而是存在共同利益,社区本身具有潜力和资源解决社区问题。

2. 地区发展模式的特点

(1) 较多关注社区共同性的问题。所谓共同性的问题,是指对社区中绝大部分居民的生活造成影响的问题。例如,一条流经社区的河流,因被污染而造成整个社区空气恶化;社区附近的建筑工地夜间 12 点以后仍然在施工,造成噪声扰民问题等。这类问题因为影响范围广,涉及居民多,有些问题又具有紧迫性,所以较容易引起居民的关注。社会工作者常以共同性问题为契机,推动大多数居民的参与。

(2) 通过提升社区自主能力来实现社区的重新整合。实施社区发展模式的社区,一般都存在着社区居民对社区事务漠不关心、居民之间关系淡薄、居民普遍缺乏解决问题的能力等现象。因此,社会工作者在进入这类社区时,一般都会以培养居民自主、自立,发展互助,推动社区团结为目标。以分析社区问题为例,社会工作者由于接受过专业训练,因此,对社区问题会有一个科学和专业的判断,但是,社会工作者并不是把判断的结论告知居民了事,而是引导居民讨论、分析,并逐渐在居民中达成共识。在社会工作者看来,这个过程能够增强居民沟通、交流、理解、分析、协商等能力,培养居民互谅共融的意识。这种能力和意识将来也可以"迁移"到社区其他问题的解决中,从而提升了社区居民自主能力。

(3) 过程目标的重要性超过任务目标。按照社区工作目标的分类,地区发展模式的目标也可以分解为两个目标:一是任务目标,即完成实际的工作或解决一些特定的社区问题,如提供某些服务、争取通过一些法规等,来改善社区居民的生活质量。二是过程目标,是指建立长久的制度或社区组织。在地区发展模式中,提升居民解决问题的能力来实现自助是最重要的发展目标。因此,地区发展模式致力于重建各种社区支持网络,增加居民的互动和交往,改善邻里关系,重建居民与团体之间的紧密联系,帮助居民认识参与的重要,并愿意承担责任,使居民对社区更加认同及投入等。这里需要注意的是,重视过程目标并不等于排除任务目标。实际上,如果实质的问题得不到改善或解决,过程目标也不能达到成效,因此,两个方面的目标是相辅相成且互相带动的。

(4) 特别重视居民的参与。在社会工作者看来,居民是组成社区的要素,是社会工作者的工作对象或服务对象;社区问题是每一个社区无法回避和必然产生的社会现象,其严重性和紧迫性如何,应由社区居民去界定;而参与是应对和解决社区问题的一种方法。因此,地区发展模式希望居民通过参与自决自助,来激发居民参与社区事务的兴趣,改善居民之间、居民与社区团体之间、社区团体与社区团体之间的沟通和合作,培养他们的互助合作精神,增强居民对社区的认同感和归属感。

3. 地区发展模式的实施策略

(1) 促进居民之间的交流。促进居民之间的交流主要是针对社区居民之间的冷漠和疏离所采取的策略。社会工作者一般会通过组织一系列社会交往和公共活动,如文艺演出、书画比赛、兴办兴趣小组等,让居民互相熟悉、交往和沟通,并分配部分有积极性的居民承担一些任务,如参与活动的策划或管理等,以增强居民处理事务的能力和责任感。在活动结束后,社会工作者和居民共同分享活动中的收获,用成功的合作经验鼓励居民持续地参与社区,并增强他们的自信心。

(2) 团结邻里。团结邻里主要是针对社区中部分邻里关系不良的居民而采取的策略。社会工作者一般会组织多元化的活动,鼓励居民参与,推动社区归属感和认同感的确立。例如,通过组织兴趣小组,让一些兴趣相同,但关系不良的居民加入进来,让他们能够相互交流。社会工作者也会建立基层联络网,加强邻里间的沟通,实现邻里关系的改善,如通过定期举办楼门或楼单元居民小组会议,讨论楼道公共空间的使用和保洁,解决楼道杂物堆放、无人打扫的问题,同时制定和宣传"楼门或楼单元文明公约",培养居民爱护和维护公共空间的意识。

(3) 社区教育。社区教育主要解决的是居民对社区资源不熟悉或陌生方面的问题以及培养居民骨干。地区发展模式一般在一些新建的居民区开展,新搬来的居民常常对社区的商业网点、学校、医院、社会服务机构不熟悉,社会工作者会通过绘制社区地图、印发宣传单等方式,为居民提供现有的社会服务资料,告知居民社区资源的分布。也会通过开办一些课程,告知居民如何运用社会资源来改善生活。通过这些活动达到促使居民认识社区、归属社区、关心社区的目的。

（4）提供服务和发展资源。提供服务和发展资源主要针对的是社区服务和社区资源缺乏的问题。在服务提供方面,社会工作者根据社区的需要,利用社会工作的专业知识和技巧,开展多种形式的社区活动或社区教育活动;发动社区资源,开展互助形式的服务;对一些有特殊需要的居民,也提供转介服务,例如,社区中有一位有严重行为偏差的儿童,需要接受个案辅导,社会工作者可以转介这个儿童去有关机构的青少年服务部门,进行更深入的个案辅导服务。在发展资源方面,社区工作者主要是要挖掘社区中的人力资源,包括发现、挖掘和培养居民骨干;引进一些社区以外的专业人士或人大代表做顾问,指导社区工作;采取和谐、互利的合作方式,推动本社区各类团体关注社区、参与社区。

（5）社区参与。社区参与主要解决社区面对的部分共同问题,如环境和设施问题等。社会工作者一般会通过动员居民集体参与来解决问题,还会采取成立居民关注问题小组的方法来促进社区力量的系统化。当居民抱怨政府对社区的共同问题应对不利时,社会工作者要提供一些建设性途经让居民表达意见,反馈民意,建立政府与居民的联系及沟通,促进互相了解,同时也要求居民不仅仅表达不满,更重要的是提出改善的建议和方法。

4. 地区发展模式案例

案例 15-1　地震灾后的社区自救

地震灾后自救就可采用地区发展模式。地震发生后,许多居民家破人亡,流离失所,对外联络中断。由于灾民对灾难缺乏心理、物质和能力准备,他们对如何应对突发事件手足无措。保障基本的生活和安全成为社区各方的共同利益所在。第一,社区工作的服务对象是整个受灾地区及其全体居民。第二,社会工作者可以体现使能者、协调者、教育者和社区领袖的开发培养者等角色。社会工作者可以发现合适的居民领袖参与工作小组,教导他们组织新的工作小组,协调各方关系等。第三,社区工作目标可以是在维持基本的生活和安全的过程中,激发社区居民的问题应对、资源开发等多方面能力,为灾后重建培养必要的人力。第四,关于调控任务中心小组则可以进行如下运作:社会工作者可以在灾民中招募领袖性质的居民、基层干部、党团员等组成若干工作小组,分担生命救助、食物保障、住宿安置、卫生防疫、安全保护等方面的统筹工作。这些工作再与灾民进行沟通,发动更多人士参与,并联络外在资源,逐步渡过困境,促使生活基本恢复。社会工作者则可以在其中发挥联络沟通、教育指导等有关功能。

地区发展模式的运用是会产生一定效果的,如营造了良好的社区气氛、增强了居民的能力、推进了社区的民主等,也比较切合中国的文化传统,但是也需要注意一些问题。该模式只能涉及较小的问题,对于由于体制导致的问题却无能为力;它强调依靠内部资源和居民参与,但这并不能根本性地解决问题;它假设不同团体之间存在着共同利益,但这些利益在工作中会发生变化;民主参与可能导致成本高而效益低。因此,社会工作者需要在工作的过程中,根据具体情况,进行灵活应对。

二、社会策划模式及其案例举要

社会策划模式是一种十分普遍使用的工作方法,它是在没有采取实际行动前所进行的计划工作,是把目前的情况和将来的理想进行联结的工作。策划涉及一系列行动的决定,包括人力、物力投入多少,用何种方法和什么样的组织方式去实现目标,由谁负责有关工作等。社会策划模式是依靠专家的意见和知识,通过理性、客观和系统的分析处理社区问题的过程。在社会策划模式中,社会工作者主要扮演技术专家和方案实施者的角色。

1. 社会策划模式的基本假设

(1) 社会策划模式强调问题解决前的计划性。社会策划模式假设在一个复杂的社会环境下,要达到社区变迁,必须依靠专业人员和专业技术,即专门的计划者通过技术的运作,导致复杂的社区变迁。计划者设计各种计划与政策,并通过有效的方式加以执行,将各种服务输送给有需要的人群。

(2) 社会策划模式崇尚理性的力量。所谓"理性"是指在做出选择与决定时,有清晰的目标和假设,运用连贯一致的决定标准,系统、详尽地考虑事实,以客观的理由及逻辑去分析各个可行的方案及估量其后果,最终做出理想的决定。

(3) 社会策划模式假设社会问题可以通过渐进的方式解决,即承认人类的能力是有限的,不可能完全客观地应付复杂的社会问题,所以,强调渐进式的策划,接受资源、权力、技术等限制,并承认政治因素随时可能影响那些清晰并有长远目标的计划。

2. 社会策划模式的特点

(1) 注重任务目标的实现。社会策划模式所关注的社区往往存在着多重问题,包括医疗、就业、福利、娱乐设施不足等,这些问题要排列优先次序,逐一解决。在社会策划模式中,任务目标是解决实质的社区问题,过程目标是收集和分析资料,以及系统分配时间和动员资源。社会策划模式注重任务目标的实现,以解决实质社会问题为主要工作取向。

(2) 强调运用理性原则处理问题。社会策划一方面强调过程的理性化,包括工作中设定清晰的目标和价值取向,设计可行性方案,预估方案的收益与代价,比较和选择代价最低、效果和效率最佳的方案实施;另一方面,强调技巧的科学化,特别是运用科学方法,包括运用定量和定性研究方法收集、处理和分析资料,来协助做出决定。

(3)强调社会工作者的决定性作用。社会工作者扮演着专家的角色,运用知识、科学的决策能力及其权威,推动与策划改变。社会策划的过程主要是收集与问题有关的各种资料,了解问题的本质和发生的原因,并运用理性的态度决定解决问题的行动方案。社会工作者在收集资料、分析事实、决定方案、采取行动等过程中居于主要位置。

(4)指向社区未来变化。社会策划是通过分析当前和过去的资料,预测将会发生的事情,并设计应付的对策,其目的是尽量降低社区未来变化的不稳定性。

3. 社会策划模式的实施策略

(1)明确组织的使命和目标。社区社会工作者一般都是社会服务组织的职员,社会服务组织包括街道办事处、社区服务中心、以社区为本的非营利服务机构等,而社会工作者所服务的组织或机构都各有一套服务信念和使命,用来表示其存在的价值和提供服务的意义。使命代表了社会服务组织未来的理想、蓝图、目标和信念。明确的服务使命可以鼓励工作者认同,并指引他们澄清工作的方向、范围、重要性、意义,指导建立工作目标。而组织的目标则指出了组织所要解决的社会问题和要满足的社会需要。

(2)分析环境和形势。社会工作者要收集社区环境发展趋势的资料,了解对计划有影响力的人士和团体,分析他们的利益和需要、他们与计划的关系、对计划的期望和要求等。此外,还需要考虑如何获得财政支持和人力支持,并预测整体环境的改变和发展趋势,了解计划将会面对的机会、竞争和障碍等。

(3)客观地认识自己的能力。社会工作者要评估所在社区的社会服务组织的特点,相对于将要开展计划的优势和劣势,认清自身的优点和不足,从而清楚地确定目标、界限和范围。

(4)界定和分析问题。明确社区问题的现状、特点、成因,发现目前解决这些问题方法的不利或不足之处,具体包括了解受问题影响的人数、人群特征和居住区域,掌握不同类型人口(整体人口、有需要人口、服务对象、接受服务者)之间的比例。此外,应该通过数据了解社区问题的严重性,以及它给整体社会和经济造成的损失和社会为此付出的代价,并据此确认问题的严重程度,明确必须通过社会干预来加以解决。

(5)确定需要。需要是解决社区问题的方案所依据的标准,只有通过对需要的界定和评估,才能够显示社会有责任解决或满足个人或群体的需要。评估需要的主要方法有：一是参与性方法，即由服务对象参与确定需要；二是社会指标方法，即用社会或专业所认可的指标数字来推断出需要；三是服务使用情况方法，即通过目前使用服务者的资料也可以反映出需要的情况，如使用率、等候人数等；四是社区调查方法，即通过问卷调查，科学化地了解居民的需要。

（6）建立目标和达到目标的标准。目标代表了工作的方向和预期所要达到的理想效果。目标的建立要遵循以下原则：一是在执行之前，与同事共同讨论确立；二是应以文字表达，且具体及可度量；三是有明确的服务对象，并被同事、社会人士和服务对象理解、认同和支持；四是具有一定难度和挑战性，并强调对服务对象的改变；五是有完成任务的时间限制，有清楚的先后次序和重点效果目标；六是目标的建立应与社会工作者和社会服务组织的能力、资源、权力和责任相适应。

（7）列出、比较并选择可行方案。目标建立以后，就需要列出所有能达到目标的可行性方案和策略，并确定各个方案的理论依据，使问题的成因、解决方法和效果联结起来，以便能够评估各个方案的收益与代价，掌握其效果和效率。在选择方案时，应充分考虑其可行性、效果和被接受的程度。方案应大致可以保证目标的实现和达到预期的效果，同时，其服务策略和技术应是社会人士能够接纳的，并被认同是可以有效解决问题的方法。至于可行性，则需要考虑财政来源、工作人员能力等可能限制方案执行的因素。

（8）测试方案。选定方案后，便需要决定执行机构，包括人力、预算和大致的工作程序等。此时整个计划须交给拨款者或自助者，使其了解并实施拨款，要争取获得社会服务组织和行政决策系统的批准，有必要时，也可先推行一些试验性的工作，增强各界人士对服务的信心。在这一过程中，计划也可能会因环境的变化而进行局部修改，一般都是因为拨款减少，导致整个计划在规模上缩减。

（9）执行方案。在执行方案期间，策划者需要监管整个运作程序，以免工作偏离轨道。而更为重要的是要从实际工作中了解和学习如何应付某些执行上的问题。事实上，在方案执行过程中，经常会因为对问题了解的加深而需要部分修改原来的目标和策略，所以，方案也不是一成不变的，而策划者和执行者之间的沟通是促进方案成功的重要因素。在执行方案时出现的问题较多集中在人事和管理方面。

（10）评估结果。评估和总结工作，并不一定要等到计划执行结束后才进行，事实上，评估设计也是策划的一部分工作。评估和总结工作的主要环节包括：确定评估的目标、指标、需要收集的资料、量度表现的方法等。此外，评估工作也需要分析计划在落实过程中的运作状况，以及达到目标的程度和可能产生的副作用。

4. 社会策划模式案例

案例 15-2　修建运河围栏的策划

在某地方有一个社区，败落的旧城里有一条毫无遮拦的运河，既没有围栏，也没有防护措施，已经有几个孩子到运河边上玩耍掉到水中淹死了。终于，在众多的家长和怒不可遏的市民的不断呼吁下，社区福利委员会对这一问题进行了研究。来自各行各业、各种组织的代表经过多次会谈，为解决问题，设计出了方案。通过精心设计的计划方案以及其他活动，他们向城市的管理者提议拨款为运河的危险地段修建围栏。在社区福利委员会的策划支持下，报社、电台以及电视台，摇旗呐喊，大造声势，直到实现预期的行动目标。

案例 15-3　社区青年就业策划

社区青年的就业促进可以采用社会策划模式。首先，在我国城市地区，失业是一个普遍存在的社会现象，在"4050"失业现象尚未清除的同时，"2030"失业现象又成为社会热点。而且，由于年轻、没有成家等原因，他们的失业对社会的损害应该更大。因此，这是社会工作者不应回避的问题。其次，社区工作者可通过多种方式了解本社区青年失业群体的形成原因和现状信息，自行或者要求有关专业机构协助，对所得资料进行细化分析，并根据资源、人力、时间等方面的可行性形成完整的工作计划书。其三，鉴于本工作的必要性，社会工作者可以向有关政府部门（如劳动和社会保障部门、社区所在街道等）申请必要的经费、场地等资源支持，并落实计划书中列出的技能训练项目、中介提供、信息传达等综合性服务。通过以上工作，在认知、信心、行为、技能、求职技巧等方面协助失业青年，从而促成他们尽快就业。

社会策划作为自上而下的社区工作模式，可以获得一定的服务效果，但是在应用时仍要注意以下问题：其一要注意协调、发展普遍被接受的目标与工作方法，计划步调要与社区发展水平及地方、国家计划保持一致。其二要留意模式假设是否能被满足，本模式假设专家和策划者的信息最丰富，决策完全依赖于事实，也会权衡资源来源和可利用的情况等。但是这些假设在实际工作中有时并不能完全满足，如依赖过去和现在的资料，制定的策划可能不完全适用于未来场景，理性计划因受利益团体的影响而很难价值中立等。其三关注可能影响策划形成的因素。事实上，研究和分析问题、权力机构官员的态度、公共关系和媒体联络状况、社会底层民众的流动和联合等，都可能在一定程度上影响到策划的形成或实践过程。因此，社区工作者需要意识到这些要素，可以分步决策，以应对策划实施过程中出现的问题和障碍,保证策划总体目标的实现。

三、社区照顾模式及其案例举要

在社会工作中,照顾也称为关照,主要是从社会服务和社会福利政策、模式和介入方法、过程的角度来理解的,"照顾"有四层含义:其一行动照顾,如起居饮食的照顾、打扫住处、代为购物等;其二物质支持,如提供衣物、家具、现金和食物等;其三心理支持,如问候、安慰、辅导等;其四整体关怀,如改善生活环境、发动周围资源给予支援等。社区照顾模式是社会工作者动员社区资源,运用非正式支援网络,联合正规服务所提供的支援服务与设施,让有需要照顾的人士在家里或社区中得到照顾,过正常生活的社区工作模式。社区照顾模式中社会工作者的工作对象有两类:一是传统的服务对象,如老人、残疾儿童、精神病人等;二是家庭中照顾服务对象的照顾者,如不能自理的高龄老人的子女、智障儿童的家长等。在这种模式中,社会工作者主要扮演治疗者、辅导者、教育者、经纪人、倡议者和顾问等角色。

1. 社区照顾模式产生的背景

(1) 对大型机构照顾的反思。工业化导致了家庭结构的削弱,从而使得工业化国家开始兴办大型福利机构。在英国等福利国家,在推行高福利政策的鼎盛时期,更是建设了许多大型的福利院,并将孤儿、贫困儿童、精神病人、老年人集中到各类福利院中实施照顾,这些大型的福利院是与被照顾者所生活的社区相分离的。从 20 世纪 50 年代开始,西方国家开始关注为各类服务对象提供长期住院照顾所产生的一些非人性化的后果,包括福利院的环境不利于儿童的心理成长;福利院的工作人员养成对住院人员不尊重的行为方式;福利院行政管理的官僚化;福利院的服务费用昂贵等。大型福利院存在的大量问题,促使人们去探索另外一种照顾模式,即回归"社区",让服务对象尽量在家中或者在社区里正常生活。

(2) 对"正常化"的强调。"正常化"的基本含义是指任何人都应该能够按照一定社会的文化价值和社会价值,过尽可能正常的生活。"正常化"具有积极变迁的意义,在它看来,那些心理或身体有缺陷的人,或者有严重精神障碍者,经常过着"不正常"的生活,因为在福利院中,他们被剥夺了自主和选择的权利。要实现"正常化",首先要有正常的环境,服务对象所生活的社区就应该是最好的选择,因为这里有他们熟悉的人群,使他们有同正常人进行交往的机会,也有进行正常社会生活的条件,这对服务对象是十分有利的。因此,让福利机构中的住院人士回归社区,使其享有"正常化"的生活权利就成为必然的、符合人性的要求。

2. 社区照顾模式的特点

(1) 协助服务对象正常地融入社区。从社区照顾的定义中可以看出,社区照顾的任务目标是为社会上有需要的人群提供照顾和支援,协助他们在社区中过正常的生活。社区照顾模式认为服务对象所生活的社区是其正常的生活环境,这里有他们熟悉的人群,他们有同正常人进行交往的机会,也有进行正常社会生活的条件,这对服务对象是十分有利的。虽然社区照顾并不排斥在某些情况下服务对象需要进入福利院,但其目标则是协助服务对象正常融入社区,让他们可以选择自主的生活方式和社交关系。

(2)强调社区责任。社区照顾的发展是福利国家制度体系下的一种服务方式的改变,通过服务资源与权力的下放,变过去以政府为主提供资源和服务为政府、营利机构、志愿组织、社区、家庭及个人共同分担责任,目的是更能够及时回应社区弱势群体的问题与需要,更好地服务。在社区中,由社区各类组织和普通居民合作为有需要的人士提供照顾,力求在社区环境中改善人们的生活质量。

(3)强调非正规照顾的作用。由政府和福利机构提供的照顾被称为正规照顾或正式照顾,与之相对应,由家庭、亲朋、邻里提供的照顾是非正规照顾。社区照顾模式认为,社区内存在着许多人际关系网络。这些关系网络对社区成员的生活有很大的影响,它可以为人们提供重要的精神、物质和就业等方面的支援。例如,朋友可以在感情和工作上给予支持;家人可以在个人出现困难时提供主要的帮助;邻居在日常生活事务上可以提供紧急照应等。社区照顾十分重视动员这些与服务对象有关的非正规照顾系统,鼓励他们参与并提供帮助,建立有效的照顾网络,与正规的社会服务一起,支援和协助人们解决困难。

(4)提倡建立相互关怀的社区。社区照顾模式强调动员社区居民参与志愿服务,建立社区中互助互爱的关系,以抗衡个人主义和城市化带来的疏离和孤独,社区是建立社会关怀的重要平台。从社区照顾的定义中可以看出,社区照顾的过程目标是要建立一个具有关怀性的社区,这也是社区照顾的理想和所追求的终极目标,因此,社区照顾强调一方面政府要协助每个社区推动社区居民参与志愿服务工作,帮助和关怀有需要的民众;另一方面社区中正式的社会服务机构也要将社区内疏离和松散的网络有效地联结起来,让那些原来接受服务的弱势群体也可以参与社区活动,帮助他人,发挥潜能。

3. 社区照顾模式实施策略

英国学者沃克在对社区照顾进行划分时,提出了三种社区照顾实施策略,即"在社区照顾"、"由社区照顾"和"对社区照顾"。

(1)在社区照顾。"在社区照顾"是指将一些服务对象留在社区内而开展的服务,即指有需要及依赖外来照顾的弱势人士,在社区的小型服务机构或住所中获得专业人员的照顾。"在社区照顾"的核心是强调服务的"非机构化",将照顾者放回社区内进行照顾,在他们熟悉的社区环境中生活,协助他们融入社区生活。"在社区照顾"的服务形式有多种,一是将照顾者迁回他们熟悉的社区中的家庭里生活,并辅以社区志愿性服务,如家务助理、社区护士及社区中心等;二是将社区内的大型机构改造为更接近社区的小型机构,如老人庇护所、小型儿童之家等;三是将远离市区的大型机构迁回社区内,使服务对象有机会接触社区,方便亲友探访。

(2)由社区照顾。社区原本指彼此有紧密关系的人群。"由社区照顾"是指由家庭、亲友、邻里、志愿者等提供照顾和服务。"由社区照顾"的核心是强调动员社区内的资源,发动在社区内的亲戚朋友和居民协助提供照顾。例如,以社区为本的康复计划,目的是用低廉而非专业的康复服务,取代集中化和院舍化的昂贵方式,具体做法是将康复过程中的一些比较简单的和非专业化的训练及护理程序改由服务对象的亲属或志愿者协助施行,使伤残或弱者无需专业的服务和设施,仍然可以在家庭的环境中进行康复的训练和护理。

"由社区照顾"的重点是积极协助弱势群体和有需要的人在社区中重新建立支持网络,这种网络大致有三类:第一类是提供直接服务的网络。这类服务较多是以地域社区为基础,在同一社区内动员亲人、邻居、居民组织或志愿者等关怀社区内有需要的人,借此建立一个支援系统。例如,动员志愿者访问独居老人,帮助他们打扫卫生;有系统地动员志愿者为残疾人提供出行服务;动员医生、律师、工程师等专业人士参与志愿服务工作,为有需要的人群服务等。第二类是服务对象自身的互助网络,即指建立服务对象本身的互助小组,使他们能够以助人自助的方式互相支持。这类服务是以同一类型的服务对象为主体,如糖尿病人互助小组、癌症病人互助小组等。第三类是社区紧急支援网络,该网络是为帮助个人及家庭预防突发事故或危机而建立起来的,如独居老人的电铃呼叫系统、社区综合治安巡逻等。一个理想的社区紧急支援系统,应由居民委员会与邻里系统、公安派出所、政府派出机构、街道办事处、社区中心或社会服务机构,以及辖区单位共同组成,建立热线或紧急支援服务网络,力争为居民提供及时的帮助和支援服务。紧急支援服务中心,除了提供紧急服务外,也可以定期向社区居民及组织介绍解决个人及家庭问题的常识和提供有关服务资料,使居民对环境及邻居的困难更加敏感,从而加入紧急支援的行列。

(3)对社区照顾。"对社区照顾"是指为了成功地进行社区照顾,单靠社区及家人的力量是不够的,为了不至于使这些照顾者被"耗尽",还需要充足的支援性社区服务辅助,才能使社区照顾持续下去,这些社区服务包括日间医院、日间护理中心、家务助理、康复护士、多元化的老人社区服务中心、暂托服务、关怀访问及定期的电话慰问等。这些服务只有足够提供,才能扶助社区把需要照顾的人留在社区里生活。显然,"对社区照顾"更加明确地指出了正规照顾和非正规照顾相互融合的重要性。

4. 社区照顾模式案例

📜 **案例 15-4　长期患病人员的社会照顾**

长期患病者的个案管理可以进行社区照顾。由于长期生病,患者的情绪一般比较低落,经济比较困难。工作者可以组织专业人员、护理人员、病人及其家人共同对该患者的信息进行全面评价,发现其问题和需要,进行整合性工作。针对经济紧张情况,可通过媒体宣传其困境,呼吁政府出台相关保障计划;针对疾病状况,由社区医生定期家访和治疗;针对个人生活,联络义工进行家居护理;针对情绪状况,可以制订专门计划进行个案辅导。

社区照顾作为社区工作的新模式有不少优势,例如,居民参与性高,从而有助于提升社区意识;地理接近,从而有利于建立输送体系;可接受性高,从而有利于满足社区的差别需要;自主性高,从而有助于提升居民的自制能力;分权性高,从而保障居民的福利权益;资源的使用性高,从而增进社会的合作关系等。但这也要求社区工作者在推行实务的过程中,注重正式资源的建设,关注非正式资源的品质,兼顾政策和执行,并注意服务团队和服务手法的双重整合。

第三节　社区工作各阶段的工作要求

社区工作是一个解决社区问题、满足社区需求的过程,包括一连串的工作方法、步骤及其应用技巧,一般而言,可以将这个过程划分为准备阶段、启动阶段、巩固阶段和评估阶段四个阶段。在不同的社区工作阶段,都需要认真考虑行动取向、主要工作对象、主要介入策略、主要工作技巧和社会工作者的角色等几个工作要求。

一、准备阶段的工作要求

1. 了解社区状况、进行社区分析

社会工作者进入社区后,应对社区的基本情况有一个认识和了解。了解基本情况的方法包括:阅读书面资料,组织一些趣味性的活动,邀请居民一同来认识社区。在活动过程中,可以发现居民对社区的共同认识,这类活动也有助于社会工作者和居民联系感情。社区基本情况分析包括:社区的地理环境;社区内的人口状况;社区内的资源;社区内的权力结构;社区的文化特色等。关于社区需求分析主要包括:规范性需要;感觉性需要;表达性需要;比较性需要等。了解社区居民对社区的看法和需要主要有访问法和社区普查法两种方式。社区资源分析包括社区人力资源分析,社区物力资源分析和社区财力资源分析三种。社区资源根据其归属可分为正式资源和非正式资源两类。所谓正式资源,是指政府财政资源或者经过合法登记注册的非政府的资源,其特点是需要通过正式的申请程序才能够使用。而非正式资源则是属于个人的资源,只要私人同意就可以使用。而根据资源所在的位置可以分为社区内部资源和社区外部资源。对社区资源进行分析时,第一步,利用资源检查表,检查社区运用资源的情况;第二步,根据资源检查结果,决定分类处理策略;第三步,从各种资源来源渠道寻找现有资源。

2. 确定主要任务和行动方案

通过上述分析可以确定社会服务机构介入社区的任务,进而确定服务方案,并筹集经费,招募和培训人员,准备介入社区。要联络当地街道办事处、社区居委会、辖区单位等社区组织和团体,与这些政府组织、居民自治组织、单位和居民建立相互信任的工作关系,做好扎根社区的准备。

3. 确定介入策略和工作方法

要确定用何种方法可以更快地进入社区。介入方法包括:利用社区观察、街头访问、家庭访问等方法,认识社区和建立关系;通过提供服务接近社区居民;通过向居民介绍社会服务信息和提供资源获得居民信任;联系街道办事处、居民委员会、政府有关部门和社区团体共同商讨解决社区问题的方案,建立合作关系。

4. 社会服务机构做好自己的准备

这一阶段性工作目标的实现要看以下情况:是否制订了一套有系统地介入社区的计划;是否认识和熟悉了较多居民及其家庭;居民主动向社会工作者提出社区内共同性问题的情况;对有关政府部门、单位和社会团体运作情况的了解。

5. 这个阶段需要社会工作者注意的事项

社会工作者在没有充分掌握社区状况和找到合适的工作方向时,不要将工作过分活动化和事件化。过分活动化的弊端在于社会工作者耗费了大量精力在活动策划和组织上,容易迷失组织社区居民参与的方向;而仅从社区事件入手也会破坏社区关系,影响日后开展工作和日后扎根社区、发展社区的工作。

二、启动阶段的工作要求

1. 发掘资源和进行社区教育

通过社区服务和活动,发现居民中有影响力、权威感和号召力的居民带头人,社会工作者可以通过一对一的训练工作,培养这些人成为各个社区小组的带领者。

2．开展互助合作

通过组织社区内的资源，共同解决社区问题，如社区大扫除、社区巡逻队等，鼓励居民多关心和参与社区。

3．推动成立居民小组

社会工作者可以根据居民的兴趣、爱好，组成自娱自乐的自助性小组，也可以根据居民关心的事情组成小组。社会工作者在这些小组开始时扮演主动的角色，包括召集会议、讨论，甚至执行具体工作等。但当小组工作渐渐走上轨道后，社会工作者要鼓励居民承担一些简单的任务，培养他们独立的办事能力。

4．提供服务

这个阶段的服务要求社会工作者能够推出大量互助服务的计划和密切邻里关系的社区活动，创造互动机会，让居民能够通过服务相互认识，如举办社区运动会、社区文艺表演等。

5．这个阶段需要社会工作者注意的事项

由于社会工作者依靠专业能力提供了较多服务和活动，居民在信任社会工作者的同时，也会不自觉地依赖他们。对社会工作者的认同高，对居民带头人的信赖少，居民带头人因此有挫折感，也造成了社会工作者培养居民带头人的困难。另外，各类居民小组成立后，小组内部和小组之间也会有人事和权力的争夺，需要社会工作者谨慎处理。

三、巩固阶段的工作要求

1．巩固居民组织，让社区工作系统化

如果社区中没有居民组织，社会工作者就要推动建立具有代表性的居民组织。我国城市社区中普遍建有社区居民自治组织——社区居委会，所以社会工作者的任务就是巩固居民组织，让居民支持社区居委会的工作。社会工作者可以通过培训的方式，帮助社区居委会建立内部合理的行政运作程序，分享组织居民的经验和技巧，协助他们建立稳固的资源支持体系。

2．互助合作

社会工作者用不同的策略服务居民带头人和普通居民，帮助小组成员确立对小组的归属感，并通过各种互助活动改善社区。

3．社区教育

社会工作者要采用支持、鼓励和训练的方式，继续培养居民带头人，用课程、辅导、小组分享等多种方式加强居民带头人的办事能力。在这一阶段，社会工作者也要花费许多时间帮助社区居委会处理文件和行政工作，用示范的方式提升居委会成员的行政能力。

4. 行动竞争

社会工作者用行动争取更多外来的资源,尤其是与辖区单位共建和联盟,争取这些单位为社区提供资金、物资和人力的支持,强化社区功能。

5. 这个阶段需要社会工作者注意的事项

其一,社会工作者要防止把注意力过度集中在少数居民带头人身上,而忽略了多数普通的社区居民;其二,社会工作者要不断提醒居民组织既要提供服务,又要考虑鼓励居民持续参与社区活动的积极性。

四、评估阶段的工作要求

(1) 社会工作者对专业工作过程进行总结,决定未来专业工作方向。随着工作的推展,社区需要和问题发生了改变,居民参与的意识和观念得到提升,同时居民对社会工作者和居民组织的期望也在提高。这时,社会工作者要利用科学和客观的标准衡量社区居委会的独立办事能力,协助其界定未来工作方向,在需要的时候,也可以邀请义务的专业人士做顾问,降低社会工作者对决策的影响。

(2) 引导社区居委会对工作进行经验总结,重新界定组织的方向,做出对未来发展的安排。

(3) 在这个阶段需要社会工作者注意的是:总结工作不能过分依赖感性或太注重数据统计;总结工作要着眼于未来方向,而不是走形式。

🌀 思考题

1. 请简述社区工作的目标及其特点。
2. 请简述地区发展模式的基本假设、特点、实施策略。
3. 请简述社会策划模式的基本假设、特点、实施策略。
4. 请简述社区照顾模式的基本假设、特点、实施策略。
5. 社区工作各阶段的工作要求有哪些?

第十六章　社会工作行政及其案例举要

在社会工作中,既有直接的社会服务,也有间接的社会服务。直接的社会服务是面向服务对象的,间接的社会服务是通过支持一线的工作人员而进行的服务。社会工作行政就是属于这种间接的社会服务,它包括计划、组织、人事、协调与控制等一系列的内容。

第一节　什么是社会工作行政

行政是社会工作实践的重要组成部分,每个机构项目要取得成效都需要有能力的行政人员。行政岗位对训练有素的社会工作者来说是有吸引力的。传统的社会工作实践主要围绕个案工作、小组工作和社区工作开展,而行政工作只是使之可行的工作环节而已。如今,形成了一种综合地改善个人行为或群体行为的由行政推动和主导的方法。1958 年,在底特律举行的美国社会工作教育委员会会议上,一份研究报告显示:1957 年在社会工作研究生院就读的全日制学生中,有 1％将行政作为主攻专业,有 54％的学生希望 10 年内他们可以走上行政岗位。到 1960 年,全美所有在职的社会福利工作者中有三分之一是行政管理人员,他们或担任督导员,或担任主管。今天,在美国大多数硕士研究生或者博士研究生毕业后经过几年实践,就走上了行政管理岗位,他们成为了机构的督导员、助理主管、顾问或主管等。现代社会由于国家与政府在社会福利实施中的作用越来越大,社会工作行政在社会工作中的地位也越来越重要。

一、社会工作行政的界定

在早期的社会工作中,人们并没有将行政视为不同于服务的独立内容。到 1914 年的时候,至少有一所社会工作学院开设了行政课程,其内容主要借用了相关的领域。第一次世界大战、“大萧条”和第二次世界大战带来了大量的社会问题和紧张关系,使人们对行政重视起来。1944 年,“美国社会工作院校联合会课程委员会”将“社会福利行政”列为培训学生的“八大基础课”之一。1946 年,美国社会工作大会第一次将“行政”作为会议的一项议程,在这项议程中包括了下述内容:行政程序、领袖动力、薪酬、工作分类、理事会、公共关系、有组织的劳工、行政部门、服务方案拓展以及退休规划等。1977 年,人们对社会工作行政的兴趣日渐浓厚,在美国一份名为《社会工作行政》的季刊应运而生,该杂志"致力于刊载有关社会工作及其相关社会服务领域中的管理与行政的理论与实践的内容"。1978 年,社会工作教育委员会公布的一条信息指出:社会工作行政正在受到"高度重视"。20 世纪末,在美国诸如州立医院、州家庭服务部等大型社会服务机构中,都雇佣了很多社会工作者担任行政主管。这一趋势还将继续。

1995 年版的《社会工作辞典》将社会工作中的行政定义为"负有行政责任的人所采用的方法,包括:确定一个社会福利机构或其他单位的组织目标;获取运行方案的资源并进行分配;协调达成选定目标的工作;对工作程序和结构进行监控、评估,并进行必要的调整以提高绩效。在社会工作中,'行政'很多时候是'管理'的同义词。"①斯基德莫尔总结认为:"……社会工作行政可以被视为是员工运用社会进程将机构的社会政策转化为社会服务的行动。主管,即领导人以及所有其他员工,包括下属或团队成员均概莫能外地参与到社会工作行政之中。其常用的基本方法有:计划、组织、人员调配、指导以及掌控……"②

总之,社会工作行政是指政府的社会工作机构在社会的福利保障组织实施社会政策,满足人们各类福利需求,对社会福利工作进行相关管理的活动。其中心含义是执行、实施社会政策,提高服务机构的工作效率及服务品质。社会工作行政是一种重要的间接社会工作方法。它主要是一种把社会福利、社会保障政策转变为各种社会服务活动的程序性工作。具体地说,通过各级政府的社会工作机构、国家与社会的福利保障单位、基层社区组织等的行政管理,社会行政工作把社会政策转化为社会服务活动,其中包括对各种团体、群众性社区组织和大量群众性社会工作活动的组织、领导、管理并提供服务,以使社会工作机构顺利实现工作目标,同时也确保其工作对象得到合格的服务。社会工作行政既是现代福利国家公共行政的组成部分,也是现代社会工作的专业方法之一。

二、社会工作行政的要素

社会工作行政是一个多要素的系统,具体是由社会服务机构、服务对象、工作手法和服务目标等相关要素组成的。

1. 社会服务机构

社会服务机构是指由政府、社会团体或个人兴办的,通过社会福利从业人员,包括专业社会工作者、其他专业的服务人员、辅助工作人员等,为特定的、有需要的服务对象提供专业服务的非营利组织,其目的是提升服务对象的社会功

---

① 转引自 O. 威廉姆·法利,拉里·L. 史密斯,斯科特·W. 博伊尔等著,隋玉杰等译:社会工作概论(第九版),中国人民大学出版社 2005 年版,第 128 页。

② 同上,第 128 页。

能,协助他们面对问题、解决问题,并促进其健康、幸福和发展。政府类的社会服务机构,主要有民政部、劳动和社会保障部等;群团组织类的社会服务机构有共青团、妇女联合会、工会、老龄工作委员会、残疾人联合会和红十字会等;社会公益类事业单位机构包括儿童福利院、社会救助管理站、普通高等教育院校、非营利性医疗机构、街道层面的社区服务中心等;社会服务类民间组织包括中华慈善总会、中国青少年基金会、中国扶贫基金会、中国社会工作协会、服务智障成年人的"北京慧灵"、服务自闭症儿童的"北京'星星雨'教育中心"、服务民工和打工者的"协作者文化传播中心"、服务妇女的"红枫妇女热线"、上海的"自强服务总社"、深圳的"鹏星社会工作服务社"等。

社会服务机构中的社会工作行政人员通过行政领导以实现其机构的目标,其责任较一般社会工作人员更重大,影响面更广阔,起到的作用也更深远。社会行政人员的职责主要有:探寻、确定机构所服务社区的社会福利需要;界定、重新界定和阐释社会工作机构的目标,制订服务计划;提供社会工作机构所需的财力资源、设备和工作人员;完善和修正机构的服务计划;建立组织机构或促使组织机构正常运作,协调组织机构内的人际关系;制定政策,建立工作程序及一般作业原则;评价社会工作机构执行政策的情况;了解并促使机构随社会需要的变迁而变迁。

2.服务对象

社会工作行政的服务对象是指各类社会服务机构所各自面对的需要帮助人,尤其指那些因社会问题而成为社会弱势群体的人。

3.服务目标

社会工作行政的终极目标和价值就是增加个人和社会的福祉,促进人的全面和谐发展,推进社会的公平正义,维持社会的稳定发展。在一定程度上,服务领域的不同将决定其具体目标的不同,而目标将决定和引导着服务机构的性质、努力方向和成效。

4.伦理价值

社会工作行政涉及的价值观众多。就专业视角而言,其价值观体现在关于"人"和关于"工作"的认识两个方面。首先,社会工作行政关于"人"的认识是:每个工作者都十分重要,他们有天赋的价值和尊严,值得尊重、信任和关怀;人无完人,但人都有动机和能力不断完善自己;人有共性,也有独特性。其次,社会工作行政关于"工作"的认识是:提高社会的整体福利是社会工作行政的责任;福利工作的人文环境对个人能量的发挥极其重要;做好本职工作是保证行政效率的基础;必须提供公平机会,让每个人发挥潜能;只有所有人都发挥了最大潜能,工作才有可能得到良好运作;集体决策比个人决策更有效;沟通、互助和团队精神有利于提高管理效率。

5. 原则

社会工作行政具有其独特的使命和核心价值,由此产生了一系列的工作原则。崔克尔(Trecker)总结出社会工作行政的十八项原则,即社会工作价值原则;社区与服务对象需要原则;机构目标的原则;文化环境的原则(文化环境会影响需求表达的方式及需求者对服务的认定、支持和使用的方式,所以要注意文化环境的因素);目的关系的原则(机构管理人员、工作人员和服务对象之间要建立起一致的以服务需求为目的的关系);机构整体性的原则(社会工作机构各部门及其人员必须在合理分工的基础上进行有效的密切协作,形成一个相互促进的网络结构,协调一致地实现社会工作的整体目标);专业责任的原则(社会工作机构的管理者负有督导、指导全体员工向服务对象提供高品质的专业服务的责任);参与的原则(社会工作机构的管理者要透过持续的动态参与过程,以取得并利用政府、工作人员和服务对象的支持);沟通的原则(管理者要通过有效的行政措施保持沟通管道的开放与畅通,使各方面的信息传递得到及时反馈);领导的原则(就目标的达成和专业服务的提供而言,管理者必须能负起机构领导的主要责任);规划的原则(管理者应重视对机构整体与服务的规划,因为良好的规划是服务成功的保证);组织的原则(管理者要合理地把机构成员组织起来,为每个人设计相应的工作岗位,并清楚地界定责任与关系);授权的原则(管理者要根据工作人员的相应能力赋予一定的授权,从而帮助他们发挥自己的专业能力);协调的原则(授予众人的工作必须要能妥善地协调,以使众人的工作相互配合,一起致力于目标的达成);运用资源的原则(必须要能小心地促进、保存和使用金钱、设备和人力资源,以维持社会对机构的信赖与支持);变迁的原则(管理者应适时地对机构部署与社区介入进行调整,以适应社会与环境的变化,并不断地加以完善);评估的原则(持续地对服务过程和方案进行评估,有助于把握动态的变化,促进机构目标的达成);成长的原则(管理者应提供挑战性的工作分配、审慎的督导和给个人和团体学习的机会,以促进所有参与者的成长及发展)。①

三、社会工作行政的内容

社会工作行政同个案工作、团体工作及社区工作不同,它不是直接地与个人、团体及社区打交道,而是在行政这个层面上帮助人们解决问题并提高其社会功能。因此,人们一般认为,个案工作、团体工作及社区工作是直接服务的方法,而社会工作行政则是一种间接服务的方法。

具体而言,这种间接服务方法的内容可以从以下几个层面上来考察:其一,从国家层面来说,社会工作行政的范围包括解决、处理及预防社会问题,并促进

---

① 参见朱眉华、文军主编《社会工作实务手册》,社会科学文献出版社2006年版,第128页。

社会福利。其工作内容可分为：对社会问题的调查研究；社会政策的决定及社会立法的创制、修订等；社会福利制度与方法的研究实验；社会福利工作、制度与标准的建立；社会福利经费的预算筹措与分配、保管、运用；社会组织与社会建设的促进发展与社会资源的利用等，这常常与政府行为有关，表现为政府的职能行为。其二，从社会福利机构层面上来说，社会工作行政具有重要领导角色，以贯彻实现机构的目标和开展工作。以一个在社区中的社会福利机构为例，其行政工作主要有：研究社区及确定机构目标，确定机构的政策、方案、程序；提供财力资源、预算及会计；选择专业及非专业人员，与董事会、志愿服务人员和机构领导者一起工作；提供并维护机构的设施；制定一套计划并维持有效的社区关系；保持完整及正确的机构工作资料，提出定期报告；对方案、计划与人员进行评估，进行有关研究等。其三，从实施项目的层面上来说，社会工作行政广义的含义是，凡政府办理有关人民一般福利设施的职权皆可属之，如教育、卫生、住宅、公共救助、就业辅导、伤残重建、社会保障以及各种福利措施等；狭义的则包括社会保障、社会救助及福利服务等工作。

第二节　社会工作行政的特点与功能

一、社会工作行政的特点

社会工作行政的特点大致可以分为两大类：一类是使社会工作行政与社会管理、公共行政相区别；另一类则是揭示了社会工作行政的层次性。社会工作行政的特征可归纳如下：

（1）社会工作行政服务范围的有限性。社会工作行政服务的范围主要涉及社会上的弱势群体，其相对于社会管理、公共行政等要窄一些。而社会管理是针对整个社会系统的运行进行协调和管理。公共行政则涉及社会生活的公共领域，如公共安全、交通、教育等，目的是使全体公民享受上述领域的服务，以便正常地生活和工作。

（2）社会工作行政服务职能的非赢利性。社会工作行政的内容多涉及社会福利，其宗旨在于最大限度、最为合理地使国家社会政策能在社会弱势群体身上得到贯彻和落实，其服务行为不存在赢利的目的，因而与社会管理和公共行政相比较，更具有服务色彩。

（3）社会工作行政服务手段的专业性。社会工作行政的执行主体往往是具有社会工作资格的高级社会工作师，因而，社会工作行政的福利色彩也和社会管理、公共行政有所区别，尤其是在具体实施行政工作的过程中，更体现其专业性。

（4）社会工作行政服务实施的层次性。社会工作行政过程，就是将社会政策转变为社会服务的过程。社会政策具有层次性，具体可分为宏观政策和微观政策。宏观政策指由政府制定的涵盖面大而原则性强的社会政策；微观政策是指由某一基层政府和社会团体制定，用以协调内部利益关系，指导其成员活动的行为规则。相应的在社会工作行政服务领域就产生了层次性。宏观社会工作行政就是执行宏观政策的活动，具体表现为一种政府的职能行为；微观社会工作行政就是执行具体社会政策的活动，具体表现为社会服务机构的管理活动。

二、社会工作行政的功能

社会工作行政在增进社会福利方面发挥着重要功能，主要表现在以下三个方面：

（1）把社会政策转化为社会服务行动。社会政策是国家机关根据社会进步的要求，为解决社会问题，增进民众福利而制定的一系列原则和措施。社会工作行政在将社会政策转变为具体的福利活动的过程中，发挥着重要的规划和实施的功能，其中包括解释社会政策、策划社会政策落实的具体方案、推动方案的实施、提供优质服务，如对受助者的咨询、辅导及人力和财力的支持，确定政策落实的评估标准，并对服务的效果进行持续的评估等。

（2）合理利用和配置资源，提高社会服务的功效。社会工作行政不是直接的社会服务，但对这些社会服务发挥着统筹、组织、协调和监督等功能，如配置各种社会资源，构建良好的社会环境，督促社会服务的进程等。因此，社会工作行政开展的优劣直接影响着社会服务开展和效果。

（3）总结经验，制定和修改社会政策。由于政策制定者对实际情况的了解不够，或实际情况发生变化，或政府本身在执行过程中难以贯彻落实所制定的社会政策，使社会政策和实际情况产生偏离。而社会工作行政人员在执行社会政策，开展社会服务的过程中，对实际情况有了深入了解，也能认识社会政策执行中的各种问题。所以，他们可以通过总结经验，向上层决策者提供意见，以有助于修订和完善社会政策，使之更具有现实合理性。

在中国，社会工作是新兴专业，专业人才普遍缺乏，社会福利的立法不够完善，社会福利机关严重不足，所以，中国社会工作专业教育培养的目标更应侧重于宏观方面，而不是治疗性的个人辅导方面。宏观工作包括政策分析与策划、政策与计划的制定、社会问题的研究、服务及机关的管理、前线基层人员的督导工作等，这些方面大多属于社会工作行政的范畴。所以，在中国社会工作的实务工作中，更要注意社会工作行政方法的学习和运用。

第三节 社会工作行政的基本程序及案例举要

社会工作行政的实施就是把行政学和管理学的原理和方法运用于社会工作机构和社会服务组织,以求得组织与机构的高效率。在实施的过程中,有一定程序可以依循。这些程序与公共行政的实施程序基本一致。社会工作行政过程要经过计划、组织、管理和评估四个环节。

一、计划环节

计划是社会工作行政程序中重要的一环,一个社会或机构的福利项目和政策,必须经过全面、综合的分析研究后制定出行政计划,才能得以实施和最后的实现。社会工作行政计划是社会政策选择与实现的过程,是社会工作机构为达成行政决策目标而进行的筹划活动及制定的实施步骤和方法。合理的计划有助于行政工作有条不紊地展开,也能对所发生的事件、存在的问题、社区或社会的发展进程加以有效的掌控,是一种积极的干预方式。

在一项完整的计划中,应对目标、机构、人、财、物、步骤、时间等要素加以说明。具体而言,需要考虑以下问题:其一,确定所要完成的工作目标和范围;其二,制定工作执行的步骤,并说明其先后或优先的次序;其三,决定工作所需要的经费、工具与设备,何时需要,需要的数量如何,如何获得,何时获得,如何保管和使用等;其四,确定工作所需要的场所与使用的方法和规定;其五,由何人负责主持,受何人督导,可指挥何人,需要哪些单位行政扶持等;其六,详列工作进程表,何时开始,何时完成。在充分考虑上述问题的基础上,社会工作者依照一定的程序来制订计划,其大致流程为:确定目标;收集和分析相关资料;考察现状与可使用的资源;研究业已收集到的资料,拟定若干可行方案;评估各种方案的利与弊,预测相应的后果;确定最适当可行的方案,并最终拟定具体的计划项目。

计划制定中较为关键的一环是编制预算,编制预算应在机构可运用的资源条件下,尽可能有效地、经济地运用资源。编制预算的方法主要有三种:第一种是科目预算,即按照开支项目逐项进行的预算;第二种是成果预算,即根据服务效果进行的预算;第三种是方案预算,即以一个方案为单位的预算。在具体的编制过程中,一般可按照如下的步骤进行:第一,详细列出推行各项方案与服务活动所需要的经费;第二,复查计划内的各项要求是否合理以及每项预算所需经费的数字;第三,修改预算草案,以求制定合乎情理又切实可行的方案;第四,完成经费预算方案的最终拟定。预算是行政计划中的重要项目,能保证经费的使用不违反机构的目标和政策,还可以对机构各部门在经费上做合理的分配,使各部门都能有效地开展工作。

二、组织环节

社会服务的有效提供需要一定的组织作为基础。按照结构功能主义的理解，组织是为了实现某一特定目标而有意组成的社会群体。从行政或过程的角度看，组织则是人们有意识地协调相互之间行动的体系。确定社会服务计划即工作目标之后，如何将各种资源统筹配合去实现目标，和选择怎样的组织形式以更有效地实现目标，都是非常重要的。

社会工作行政组织是国家为了推行社会福利事务，对工作人员在工作过程中职权分配所形成的管辖体系，其目的在于分工与合作，以有效地发挥专业服务的实际功效，并为民众提供所需的服务。因此，有效的组织系统与工作调配关系着社会福利目标与政策的实现。常用的组织结构有直线型、职能型和直线—职能型、事业型和矩阵型。社会工作行政组织常用直线型和矩阵型的组织结构。直线型组织结构的外形像个金字塔，是一种自上而下的、通过严格分工和权力分层而形成的组织形式。我们可以用目标或任务及过程为导向设计这种组织，在社会服务的任务比较单一的情况下，较适于用直线型结构。矩阵型组织是同时兼顾功能与目标的一种组织结构，是根据工作任务的需要来配置组织成员，从而形成多种工作任务并存的、较为灵活的团队式组织形式，这种形式较适于社会服务任务多元而变动的机构。

在组织的形成与构成中，人员布置是必不可少的一环，即在社会福利机构中，必须重视有关人员的聘任、培训和职业分工等人事政策的实施，以期人尽其才、事尽其功。它包括人员的选择、培训和工作设计三个部分。社会福利机构的工作人员大致可分为直接服务的社会工作人员、支持工作的事务人员、研究设计与教育培训的研究人员，以及指导督导的行政人员。机构的主管人员在人员布置的过程中，应力求做到每一个位置上都有一个最适合的人员负责该项工作，以通过人员的合理布置使机构发挥最高的效率。

三、管理环节

社会工作行政管理就是把科学管理的方法应用于社会工作机构中，以使机构能寻求、获得与维持资源的既定水准，并提供行政者与外在资源间的联系等。管理中的核心概念是领导，没有领导，管理便无从谈起。领导的一大特色是对机构事务做出关键性的决定，但是，在决策前要有充分的沟通与密切的协调，并督导执行决策的行政工作。此外，社会工作行政管理体系中，还包括督导与咨询、激励与控制和资讯管理等方面。

社会工作行政领导就是领导者依法行使社会工作行政权力，全面履行策划、组织、领导、控制以及人员配备等功能，并积极有效地激励其下属员工实现机构所定目标的过程。领导者可以被任命，也可以在群体中产生，他可以不用正式权力来影响他人活动。一般而言,领导是机构行政长官的职责。领导不仅是一种权势,还意味着相应的能力与影响力。所以,一个机构的管理者如果缺乏能力和影响力,其实际领导权就可能落入机构中较有管理能力与影响力的资深职员手中。可见,领导与管理者可以是两个分离的概念。社会工作行政机构的管理者要不断提升自己的水平,做一个名副其实的领导。

社会工作行政沟通是指在社会工作行政体系中,社会工作机构内的成员之间、社会工作机构间或社会工作机构与各有关方面之间所做的信息上的传递、交流与联系。沟通的目的是为了使机构内不同的单位及人员,在思想上与对事情的理解上联系起来,使其对工作的本质及职权分配有一致的认识。从形式上看,沟通分为领导者与所属人员的垂直沟通、工作人员之间的水平沟通以及社会工作机构之间的横向沟通三种。社会工作行政领导通常使用双边交流的沟通方式,允许下属工作人员表达他们的看法、建议与批评,这有助于机构内信息的真实传递。

社会工作行政协调是社会工作行政主体为了有效地实现特定的社会工作行政目标而引导社会工作机构、部门、人员之间建立良好的分工合作,协调一致地达成机构目标和完成任务的行为。社会工作行政协调既与社会工作行政沟通紧密相关,又与之存在一定的区别。简言之,后者是前者的前奏,前者是后者的结果。并且,社会工作行政沟通主要是在思想上、认识上取得一致,而社会工作行政协调是在行动上取得一致。只有在良好沟通与协调的基础上,机构领导才能做出正确的决策。社会工作行政决策应该是由机构内的各级工作人员及专家,就客观事实、主观认识及所面对的问题做出诊断分析,提供各种可行的方案与意见,再由行政主管就所提出的方案与意见做一个最佳的选择。所以,最后的决策权始终在行政主管手中,但是,每个工作人员都应参与决策过程。

社会工作行政激励与控制是一个事物的两个方面。激励是激发机构人员的积极性与创造性,使其发挥内在潜能,为实现所追求的目标而努力的过程。控制是指社会工作机构在动态变化的环境中,为确保实现既定目标而进行的检查、监督、纠偏等活动。机构的领导唯有在二者之间把握动态的平衡,才能使机构成员既积极参与、充满活力,又减少内部冲突,使工作朝着既定的目标稳步地前进。

四、评估环节

社会工作行政机构的评估是对整个机构的各项行政计划的实行、组织结构的运作以及所产生的服务效果加以评定和审查,检查社会工作行政的实际效果与原有行政计划目标吻合的程度,并发现在社会政策转变为社会服务的过程中所出现的困难和问题,以明确下一阶段的努力方向。评估的目的是对福利机构及活动方案的实施进行评审,总结过去服务的实际效果与原有计划的目标,以及机构政策落实的程度,并发现其实施过程中所遇到的困难,以确定下一个阶段应该改善及努力的方向。

社会工作行政评估可分为对机构的评估和对活动方案的评估。对机构的评估应就机构的目标、立法授权、经费来源、行政结构、人员的资格、服务对象、工作的适宜性、平等性及有关人员参与程度等方面来探究。对活动方案的评估要考虑:某一服务方案是否合理,是否可行,技术是否恰当,方案的实施是否有较大把握,该方案是否属于较优方案等,此外,还可以从努力、成果、效率、影响四个角度对社会工作机构的服务方案加以评估。为了扩大对公众的影响,行政社会工作者还应该在合理评估的基础上,撰写评估报告,即将社会工作机构所从事的工作向有关部门、会员、工作人员、立法机构或社会大众做出说明。评估报告是阐释机构工作和做好公共关系的最有效的方法。通过报告可以使人们充分了解机构的价值,从而取得社会各方面的支持。

案例 16-1 一个有效治疗方案的产生

中央行政部门向一个机构行政者提出一个性虐待治疗方案。这个机构行政者所在的机构被挑选出来开发和实施这一方案。行政者指派一个社会工作者作为方案协调人,对该方案负全部责任。

由于必须包括机构与社区间的持续协调,所以成功的一个重要因素是使社区相信机构有能力提供可靠的治疗方案。方案协调人和行政者开始着手这一任务,他们的方式是:评估机构的任务和目标、成员结构和经验、现有的服务组织、为特殊服务对象提供服务方案的目的,以及建立机构—社区关系的有效方式。

方案协调人发动该方案所采取的关键步骤如下:其一是研究和商讨。方案协调人与目前正在社区执行类似方案的机构行政者联系,与行政者、方案协调者和治疗师进行商讨,并且回顾和评价了社区的相关方案。对于方案协调人来说,最有价值的一个学习经验是作为一名志愿治疗师在另一社区方案中服务了6个月。更多正式的专业教育则由大学课程和工作坊提供。最后,方案协调人为服务做出了个人的贡献并对新的服务方案的有效性加以评估,他也作为治疗师为个人、团体和家庭提供服务。其二是计划。治疗方案主要是依据现有社区方案中成功的模式来设计的,并且为了符合本机构自己的独特性和功能做出了适当修改,向行政部门递交建议书,并获得通过。其三是组织。由方案协调人在社区资源专家的协助下,对机构员工进行培训,为提供专业化服务准备了全日制和合同制工作人员。另外一件有益的工作是建立积极的、多学科的公共关系,形成对机构新的治疗方案和工作人员的支持。其四是转介与财务。转介过程和财务计划是通过现存机构政策和过程既定的实务服务来达成的。其五是协调。为了保持机构与社区之间持续的、积极的协调和关系,方案协调人进入州和地方任务推进委员会和其他与处置方案有关的委员会。其六是运作和评估。当方案实施时,个案由正式的治疗师来协调并评估方案的执行效果。由机构行政部门和工作人员对方案进行定期评估,以便修订方案,确保用专业化的、健全的服务满足服务对象以及机构和社区的需要。其七是摘要。机构行政者给了方案协调人一个专业化的挑战。这一挑战从专业社会工作组织、发展、执行和督导一个有效的处置方案的角度来学习治疗主题。该机构方案已经连续几年获得成功。作为三种最有效的性虐待治疗方案之一得到了社区的认可。

案例 16-2 预算在社会工作修改中的重要性

一位社会工作者在一家私立的"问题少年儿童日间托管中心"工作,她正在思考一个问题:每天早上,当孩子们来到中心的时候,能否为他们提供一些点心?该中心在日间为少年儿童提供治疗与特殊教育,但每天晚上孩子们则在自己家里度过。许多孩子的家庭十分贫困,缺乏衣食,其中有些人早晨空着肚子来到中心。如果不为他们提供一些食品,他们将一直饿到中午才能吃上由托管中心提供的午餐。

该托管中心虽然是由私人管理的,但是有一家公共服务机构购买了它的服务。也就是说,公共服务机构定期向托管中心支付费用,而托管中心则负责照顾好孩子们。中心工作人员(包括社会工作人员)的工资都很高,但是,办公室、教室却十分破旧。

在社会工作者的呼吁下,公共服务机构拨出了专门的资金每天为孩子们买早餐。但是,社会工作者注意到,托管中心的老板显然在利用买早餐的机会"揩油",因为他总是买一些十分廉价的碎面包。在吃了三个星期的碎面包之后,孩子们再也受不了啦,他们宁可挨饿,也不愿意再吃了,并用恶毒的语言骂面包、骂托管中心的老板。老师和社会工作者对碎面包也忍无可忍了,他们觉得实在没有理由因孩子们的污言秽语而惩罚他们,因为老师与社会工作者自己也在心里骂开了。

现在,社会工作者担心的不是孩子们有没有早餐吃的问题,而是早餐的质量问题。这些孩子们本来就存在多动、自制力差、不愿意上学等问题,令他们痛恨的早餐无疑会加重这些问题。社会工作者正在思考:是否应该向上级主管部门反映这个问题吗;这个问题是否值得反映。她实在是不想让人觉得她是一个多管闲事的人——先是她建议为孩子们提供早餐,现在又是她埋怨早餐的质量不好。

但是,社会工作者的责任意识还是让她与中心主任(她的地位低于中心老板的地位)谈了她的忧虑:质量低劣的碎面包不能为孩子们提供足够的营养。中心主任的回答是:没有办法,中心用于早餐的预算只能购买这些廉价的食品。然后,中心主任问社会工作者:"你愿意降低工资来增加为孩子们买早餐的预算吗?"

试想,如果你就是那位社会工作者,你会怎样回答中心主任的问题?你是一声不吭地离开,还是毫不犹豫地说:"当然,我十分愿意降低我的工资",或是建议从其他的预算中拿出一部分钱来提高早餐的质量呢?由此可见,预算对于实施社会工作行政而言是一项非常重要的工作。

◉ 思考题

1. 请简述社会工作行政的起源与发展。
2. 请简述社会工作行政的原则。
3. 请简述社会工作行政的特点与功能。
4. 请简述社会工作行政计划应注意的问题。
5. 请简述社会工作行政的组织结构。
6. 请简述社会工作行政的管理与领导。
7. 请简述社会工作行政评估的目的。

本编主要参考文献:

[1] 王思斌主编. 社会工作综合能力(中级). 北京:中国社会出版社,2007.

[2] [美]O. 威廉姆·法利,拉里·L. 史密斯,斯科特·W. 博伊尔著. 社会工作概论. 隋玉杰等译. 第九版. 北京:中国人民大学出版社,2005.

[3] 朱眉华,文军主编. 社会工作实务手册. 北京:社会科学文献出版社,2006.

[4] 王思斌主编. 社会工作概论. 北京:高等教育出版社,2002.

[5] 宋林飞,朱力主编. 社会工作概论. 南京:南京大学出版社,2002.

[6] 李迎生主编. 社会工作概论. 北京:中国人民大学出版社,2004.

附录 中外社会工作相关标准与规定

附录一　社会工作者国家职业标准

（2004 年 6 月 15 日颁布）

1　职业概况

1.1　职业名称

社会工作者

1.2　职业定义

遵循助人自助的价值理念，运用个案、小组、社区、行政等专业方法，以帮助机构和他人发挥自身潜能，协调社会关系，解决和预防社会问题，促进社会公正为职业的专业工作者。

1.3　职业等级

本职业共设四个等级，分别为：社会工作者四级（国家职业资格四级）、社会工作者三级（国家职业资格三级）、社会工作者二级（国家职业资格二级）、社会工作者一级（国家职业资格一级）。

1.4　职业环境

室内、外。

1.5　职业能力特征

具有观察、理解、判断、沟通和自我控制的能力。

1.6　基本文化程度

大专毕业（或同等学力）①

1.7　培训要求

1.7.1　培训期限

全日制职业学校教育，根据其培养目标和教学计划来确定晋级培训期限。

社会工作者四级不少于 320 标准学时；社会工作者三级不少于 160 标准学时②；社会工作者二级不少于 160 标准学时；社会工作者一级不少于 160 标准学时。

---

① 1959 年以前出生者可放宽至中专及同等学力。
② 指除去上一级别的培训期限外，还需要增加的培训学时数。以下同。

1.7.2 培训教师

具有社会工作或相关专业副高以上专业技术职务任职资格,从事社会工作或社会工作教育满 3 年者,或取得二级以上社会工作者职业资格证书者,可担任社会工作者四级、三级、二级的培训教师;具有社会工作或相关专业正高专业技术职务任职资格,从事社会工作或社会工作教育满 3 年者,或取得一级社会工作者职业资格证书满 3 年者,可担任社会工作者一级的培训教师。

1.7.3 培训场地设备

教学完善的标准教室,社会工作实务培训还须增加个案工作室、小组工作室等场地。

1.8 鉴定要求

1.8.1 适用对象

从事或准备从事本职业的人员。

1.8.2 申报条件

——社会工作者四级(具备以下条件之一者)

(1) 获得国家承认的社会工作专业大专学历。

(2) 获得国家承认的社会工作相关专业大专学历,经社会工作者四级正规培训达规定标准学时数,并取得结业证书。

(3) 1959 年以前出生,获得中专及同等学力,连续从事社会工作不少于 3 年以上,经社会工作者四级正规培训达规定标准学时数,并取得结业证书。

——社会工作者三级(具备以下条件之一者)

(1) 获得国家承认的社会工作专业硕士学位。

(2) 获得国家承认的社会工作专业本科学历,连续从事社会工作 2 年以上。

(3) 获得国家承认的社会工作相关专业本科以上学历(含本科),连续从事社会工作 3 年以上,经社会工作者三级正规培训达规定标准学时数,并取得结业证书。

(4) 取得社会工作者四级职业资格证书后,连续从事社会工作 3 年以上,经社会工作者三级正规培训达规定标准学时数,并取得结业证书。

——社会工作者二级(具备以下条件之一者)

(1) 获得国家承认的社会工作专业博士学位。

(2) 获得国家承认的社会工作专业本科学历,取得社会工作者三级职业资格证书,连续从事社会工作 5 年以上,经社会工作者二级正规培训达规定标准学时数,并取得结业证书。

(3) 获得国家承认的社会工作专业硕士学位,取得社会工作者三级职业资格证书,连续从事社会工作 3 年以上,经社会工作者三级正规培训达规定标准学时数,并取得结业证书。

——社会工作者一级(具备以下条件之一者)

取得社会工作者二级职业资格证书后,连续从事社会工作 3 年以上,经社会工作者三级正规培训达规定标准学时数,并取得结业证书。

1.8.3　鉴定方式

分为理论知识考试和职业能力考核。理论知识考试采用闭卷笔试方式,职业能力考核采用笔试、情景模拟等方式。理论知识考试和职业能力考核均实行百分制,成绩皆达 60 分及以上为合格。社会工作者一级和二级还须进行综合评审。理论知识考试和职业能力考核的单科考试合格成绩有效期 2 年。

1.8.4　考评人员和考生配比

理论知识考评人员和考生配比为 1∶20,每个标准教室不少于 2 名考评人员;职业能力考核考评员不少于 3 人;综合评审委员不少于 5 人。

1.8.5　鉴定时间

理论知识考试时间为 120 min;职业能力考核时间为 60 min;综合评审时间不少于 30 min。

1.8.6　鉴定场所设备

理论知识考试在标准教室进行;职业能力考核在标准教室、符合条件的模拟场所进行。

2　基本要求

2.1　职业道德

2.1.1 职业道德基本知识

2.1.2 职业守则

(1) 遵守国家法律、法规;

(2) 尊重个人价值尊严;

(3) 维护服务对象隐私;

(4) 提升案主发展潜能;

(5) 提高专业技能水平;

(6) 及时反馈社会需要;

(7) 协助解决社会问题;

(8) 促进社会公正、进步。

2.2　基础知识

2.2.1　社会工作基本理论

(1) 社会工作的基本概念。

(2) 社会工作的价值观与伦理。

（3）人类行为与社会环境的知识。

（4）社会问题与社会政策方面的知识。

（5）社会学、心理学、管理学等学科中与社会工作有密切关联的知识。

2.2.2 社会工作基本方法

（1）个案工作的基础知识。

（2）小组工作的基础知识。

（3）社区工作的基础知识。

（4）其他社会工作基本方法的基础知识。

2.2.3 社会工作实务过程

（1）接案的基础知识。

（2）收集资料与预估的基础知识。

（3）制订计划的基础知识。

（4）执行计划的基础知识。

（5）评估与结案的基础知识。

2.2.4 社会工作实务领域

青少年社会工作、老年社会工作、残疾人社会工作、家庭社会工作、学校社会工作、医务社会工作、社区社会工作、司法社会工作等实务领域的基础知识。

3 工作要求

本标准对社会工作者四级、社会工作者三级、社会工作者二级、社会工作者一级的技能要求依次递进，高级别涵盖低级别的要求。

3.1 社会工作者四级

职业功能	工作内容	技能要求	相关知识
一、辅助性直接服务	（一）接案	1. 能够选择初次面谈的场所 2. 能够针对案主情况进行交谈和倾听 3. 能够与案主建立专业关系	1. 建立专业关系的基本知识 2. 相关社会政策
	（二）收集资料与预估	1. 能够收集、记录案主的信息 2. 能够对案主信息进行初步分析	1. 观察、提问等收集资料的知识 2. 保密和告知原则 3. 预估的基本知识
	（三）制订计划	1. 能够制定服务计划初稿 2. 能够制定服务协议初稿	1. 制定服务计划的步骤 2. 服务协议的基本知识

职业功能	工作内容	技能要求	相关知识
一、辅助性直接服务	（四）实施计划	1. 能够布置工作室 2. 能够为案主提供信息与建议 3. 能够针对案主情况进行鼓励与安慰 4. 能够对实施过程进行记录	介入的基本方法
	（五）评估与结案	1. 能够运用量表、问卷等收集评估信息 2. 能够确定结案时间，并进行结案 3. 能够对结案进行记录	1. 评估步骤与基本方法 2. 结案的基本方法
二、辅助性行政服务	（一）文字处理	1. 能够阅读和写作专业报告 2. 能够运用计算机进行文字处理	专业报告的撰写方法及其注意事项
	（二）处理信息与管理文件	1. 能够收集、整理机构所需信息 2. 能够针对文件进行分类、归档，并妥善保管	1. 信息收集与整理的知识 2. 文档管理的知识

3.2 社会工作者三级

职业功能	工作内容	技能要求	相关知识
一、直接服务	（一）接案	1. 能够拟定初次面谈的纲要 2. 能够运用同理、应变的技巧与案主交谈 3. 能够消除案主的焦虑 4. 能够接触各类案主并与之建立专业关系	1. 人际沟通的基本知识 2. 人类认为与社会环境的基本知识
	（二）收集资料与预估	1. 能够设计调查问卷及访谈提纲 2. 能够对案主进行观察、提问 3. 能够为案主绘制家庭结构图和生态图 4. 能够针对案主的问题做出预估	1. 资料整理、分析的知识 2. 预估的系统知识
	（三）制订计划	1. 能够制定目标明确、实施方案可行的服务计划 2. 能够根据计划制定服务协议	1. 制定服务计划的方法 2. 服务协议的系统知识

职业功能	工作内容	技能要求	相关知识
一、直接服务	（四）实施计划	1. 能够运用个案、小组、社区等专业方法及介入技巧,协助案主解决问题 2. 能够增强案主的自助能力	介入的系统知识
	（五）评估与结案	1. 能够运用目标实现程度量表和案主满意度调查问卷进行评估 2. 能够找出实际结果与计划的差距,并提出改进措施 3. 能够根据案主在结案时的反应处理情况 4. 能够进行跟进服务或成功转介	1. 评估的系统知识 2. 结案的系统知识
二、项目开发与管理	（一）开发项目	1. 能够在与案主接触过程中提出新的服务项目 2. 能够撰写项目计划书草案	1. 社会工作项目开发的知识 2. 社会调查的基本知识 3. 社会政策与法规、社会保障方面的基本知识
	（二）管理项目	1. 能够促进工作人员之间的合作与分工 2. 能够对影响项目实施的因素做出判断并调整 3. 能够对项目成果进行评估	1. 项目管理的基本知识 2. 社会工作行政的基本知识

3.3 社会工作者二级

职业功能	工作内容	技能要求	相关知识
一、直接服务	辅导、咨询与倡导	1. 能够综合运用各种社会工作方法和技巧处理各类复杂的问题 2. 能够运用社会工作服务领域的特定技巧处理疑难案例 3. 能够运用社会工作专门知识和技能对相关领域的社会福利政策进行分析和研究,并提出建议	1. 社会工作服务领域的专门知识 2. 社会工作服务领域的社会保障制度与社会政策

职业功能	工作内容	技能要求	相关知识
二、督导	专业指导	1. 能够协助被督导者增加专业知识,强化专业理念,指导被督导者的专业工作 2. 能够帮助被督导者处理心理压力、情绪波动和思想困惑,促使其坚定专业认同感	1. 专业督导的理论和方法 2. 情绪支持的理论和方法
三、社会工作行政	(一)计划	1. 能够制订长期和短期的发展计划 2. 能够不断完善和修正机构的发展计划 3. 能够不断地开拓服务项目	1. 制订计划的系统知识 2. 社会政策与法规、社会保障等相关知识
	(二)组织	1. 能够设置合理的岗位和工作职责,并对工作人员进行协调和部署 2. 能够与工作人员进行有效沟通和互动 3. 能够招聘、培训机构工作人员 4. 能够建立工作人员的考核和奖惩激励机制	人力资源管理的相关知识
三、社会工作行政	(三)管理	1. 能够建立、健全机构的规章制度 2. 能够筹募、运作和管理资金	行政和财务管理的知识
	(四)评估	1. 能够对本机构工作人员的工作进行科学评估 2. 能够对机构各项目的完成情况进行科学评估	1. 社会工作人员评估的知识 2. 社会工作项目评估的知识
二、社会工作研究与培训	(一)研究	1. 能够对社会工作实务经验进行分析总结与提炼 2. 能够阅读社会工作专业的外文资料	1. 分析、综合的基本方法 2. 归纳、演绎的基本方法 3. 社会工作常用的外语知识
	(二)培训	1. 能够讲解社会工作专业基础知识 2. 能够传授社会工作实务技巧	1. 社会工作理论、方法与实务 2. 培训教案的设计和编写方法

3.4 社会工作者一级

职业功能	工作内容	技能要求	相关知识
一、社会工作行政	（一）计划	1. 能够对现行社会政策进行科学分析 2. 能够提供可行的社会政策方案 3. 能够推进社会政策实施 4. 能够对社会政策实施进行评估与监督	1. 社会发展与社会问题的知识 2. 社会政策与社会控制的知识
	（二）组织	1. 能够招聘、培训、评估督导人员 2. 能够建立机构的督导机制及实施方案 3. 能够建立和健全机构的沟通机制	组织行为学基本知识
	（三）管理	1. 能够管理各种社会工作机构 2. 能够对各种社会工作机构的分工、协调进行宏观调控和指导	社会工作机构管理的知识
	（四）评估	1. 能够对不同机构的运作方式、合作模式进行评估 2. 能够对资源整合与配置进行评估	社会工作机构评估的系统知识
二、社会工作研究与培训	（一）研究	1. 能够进行社会工作理论和实务的研究 2. 能够撰写专业论文与著作 3. 能够阅读并运用社会工作相关的外文专业文献	1. 社会工作理论与实务的前沿知识 2. 社会工作的研究方法 3. 社会工作相关的外文知识
二、社会工作研究与培训	（二）培训	1. 能够担任二、三级社会工作者的教学与培训任务 2. 能够针对不同的对象、制定相应的社会工作教学方案	1. 社会工作系统理论方法与实务 2. 教育学、教育心理学基本知识

比重表

（单位:%）

项目		社会工作者四级		社会工作者三级		社会工作者二级		社会工作者一级	
		理论	职业能力	理论	职业能力	理论	职业能力	理论	职业能力
基本要求	职业道德	10	/	10	/	10	/	10	/
	基础知识	25	/	20	/	15	/	10	/
相关内容	辅助性直接服务								
	接案	5	20	/		/		/	
	收集资料与预估	5	20			/		/	
	制订计划	10	15	/		/		/	
	实施计划	15	10	//		/		/	
	评估与结案	10	10	/		/		/	

256

续表

项　　目		社会工作者四级		社会工作者三级		社会工作者二级		社会工作者一级	
		理论	职业能力	理论	职业能力	理论	职业能力	理论	职业能力
相关内容	辅助性行政工作								
	文字处理	5	5	/	/	/	/	/	/
	信息收集与整理	10	10	/	/	/	/	/	/
	文件管理	5	10	/	/	/	/	/	/
	直接服务								
	接案	/	/	5	15	/	/	/	/
	收集资料与预估	/	/	5	10	/	/	/	/
	制订计划	/	/	10	15	/	/	/	/
	实施计划	/	/	15	20	/	/	/	/
	评估与结案	/	/	15	15	/	/	/	/
	辅导、咨询与倡导	/	/	/	/	15	15	/	/
	项目开发与管理								
	项目开发	/	/	10	10	/	/	/	/
	项目管理	/	/	10	15	/	/	/	/
	督导								
	专业指导	/	/	/	/	10	15	/	/
	社会工作行政								
	计划	/	/	/	/	10	10	10	20
	组织	/	/	/	/	10	10	10	20
	管理	/	/	/	/	10	15	10	20
	评估	/	/	/	/	10	15	10	10
	社会工作研究与培训								
	研究	/	/	/	/	5	10	20	20
	培训	/	/	/	/	5	10	20	10
合　　计		100	100	100	100	100	100	100	100

附录二　社会工作者守则

一、总则

中国社会工作者继承中华民族悠久的历史、文化传统，吸收世界各国社会工作发展的文明成果，高举社会主义人道主义旗帜，以促进社会稳定和全面进步为己任。中国社会工作者通过本职工作，提倡社会互助，调节社会矛盾，解决社会问题，改善人际关系，为社会主义的物质文明和精神文明建设服务。

二、职业道德

1. 热爱社会工作，忠于职守，具有高度的社会责任感和敬业精神。

2. 全心全意为人民服务，为满足社会成员自我发展、自我实现的合理要求而努力工作，并不因其出身、种族、性别、年龄、信仰、社会经济地位或社会贡献不同而有所区别。

3. 尊重人、关心人、帮助人。为保障包括人的生存权、发展权在内的人权而努力。注意维护工作对象的隐私和其他应予保密的权利。

4. 同工作对象保持密切联系，主动了解他们的需要，切实为之排忧解难。

5. 树立正确的服务目标，以关怀的态度，为工作对象困难问题的预防和解决，以及其福利要求提供有效的服务。

6. 清正廉洁，不以权谋私。

三、专业修养

1. 确立正确的社会工作价值观和为专业献身的精神。

2. 努力学习和钻研业务，不断提高专业技术水平和专业服务质量。

3. 通过参加专业培训和进修，努力实现专业化，提高工作效率和服务效能。

4. 运用专业的理论知识和方法技能，帮助社会成员改进和完善社会生活方式，不断提高生活质量，以利于民族素质的提高。

5. 从广大群众的集体力量和创造精神中吸取专业营养，促进专业的发展与创新。

四、工作规范

1. 重视调查研究，深入了解生活成员的困难和疾苦，并采取有效措施，切实帮助他们摆脱困境。通过不断的调查研究，提高社会工作的服务水平。

2. 对待工作对象，应平易近人，热情谦和，注意沟通，建立互相信赖的关系，努力满足他们各种正当的要求,并帮助他们在心理和精神等方面获得平衡。

3. 对待同行,应互相尊重,平等竞争,取长补短,共同提高。在业务上,诚意合作,遇有问题时,互相探讨,坦率交换意见,或善意地进修批评和自我批评,以促进专业水平、工作效率和服务效能的提高。

4. 向政府有关部门、社会有关方面反映社会成员需要社会工作解决的问题,以及对工作的意见和建议。

5. 向社会成员宣传贯彻国家有关社会工作的政策、方针和法规,鼓励和组织社会成员积极参与社会事务。

6. 对待组织和领导,应按照民主集中制的原则,主动献计献策,提供咨询意见,并自觉服从决定,遵守纪律,维护集体荣誉。努力使领导和单位的计划实施获得最佳效果,圆满完成社会工作的各项任务。

附录三　人事部、民政部关于印发《社会工作者职业水平评价暂行规定》和《助理社会工作师、社会工作师职业水平考试实施办法》的通知

国人部发[2006]71号

各省、自治区、直辖市人事厅(局)、民政厅(局),国务院各部委、各直属机构人事部门,中央管理的企业:

　　为加强社会工作专业技术人员队伍建设,规范社会工作专业技术人员职业行为,提高社会工作专业技术人员素质,现将《社会工作者职业水平评价暂行规定》和《助理社会工作师、社会工作师职业水平考试实施办法》印发给你们,请遵照执行。

中华人民共和国人事部
中华人民共和国民政部
二〇〇六年七月二十日

附录四 社会工作者职业水平评价暂行规定

（2006 年 9 月 1 日起施行）

第一章 总 则

第一条 为规范社会工作者职业行为,提高社会工作者专业能力,加强社会工作者队伍建设,根据国家职业资格证书制度的有关规定,制定本规定。

第二条 本规定适用于在社会福利、社会救助、社会慈善、残障康复、优抚安置、卫生服务、青少年服务、司法矫治等社会服务机构中,从事专门性社会服务工作的专业技术人员。

第三条 国家建立社会工作者职业水平评价制度,纳入全国专业技术人员职业资格证书制度统一规划。

第四条 社会工作者职业水平评价分为助理社会工作师、社会工作师和高级社会工作师三个级别。高级社会工作师职业水平评价办法另行制定。

助理社会工作师、社会工作师英文分别译为:

Junior Social Worker

Social Worker

第五条 通过职业水平评价,取得社会工作者职业水平证书的人员,表明其已具备相应专业技术岗位工作的水平和能力。

第六条 人事部、民政部共同负责社会工作者职业水平评价制度的组织实施工作,并按职责分工对该制度的实施进行指导、监督和检查。

第二章 考 试

第七条 助理社会工作师、社会工作师职业水平评价实行全国统一大纲、统一命题、统一时间、统一组织的考试制度,原则上每年举行一次。

第八条 民政部负责组织专家拟定考试科目、考试大纲,组织命题,研究建立考试试题库,提出考试合格标准建议。

第九条 人事部负责组织专家审定考试科目、考试大纲和试题,会同民政部确定考试合格标准,并对考试实施等工作进行指导、监督和检查。

第十条 凡中华人民共和国公民,遵守国家法律、法规,恪守职业道德,并符合助理社会工作师或社会工作师报名条件的人员,均可申请参加相应级别的考试。

第十一条 助理社会工作师考试报名条件:

(一)取得高中或者中专学历,从事社会工作满 4 年;

(二)取得社会工作专业大专学历,从事社会工作满 2 年;

(三)社会工作专业本科应届毕业生;

(四)取得其他专业大专学历,从事社会工作满 4 年;

(五)取得其他专业本科及以上学历,从事社会工作满 2 年。

第十二条 社会工作师考试报名条件:

(一)取得高中或者中专学历,并取得助理社会工作师职业水平考试证书后,从事社会工作满 6 年;

(二)取得社会工作专业大专学历,从事社会工作满 4 年;

(三)取得社会工作专业大学本科学历,从事社会工作满 3 年;

(四)取得社会工作专业硕士学位,从事社会工作满 1 年;

(五)取得社会工作专业博士学位;

(六)取得其他专业大专及以上学历或学位,其从事社会工作年限相应增加 2 年;

第十三条 助理社会工作师、社会工作师职业水平考试合格,颁发人事部统一印制、人事部和民政部共同用印的《中华人民共和国社会工作者职业水平证书》。该证书在全国范围有效。

第十四条 凡以不正当手段取得社会工作者职业水平证书的,由发证机关收回证书,2 年内不得再次参加社会工作者职业水平考试。

第三章 义务与职业能力

第十五条 社会工作者应严格遵守国家法律法规和社会工作职业守则。

第十六条 社会工作者在社会服务工作中,应当与服务对象建立良好平等的沟通关系,维护服务对象权益,倾听服务对象诉求,尊重服务对象选择,保守服务对象隐私。

第十七条 助理社会工作师应具备以下职业能力:

(一)熟悉与社会工作业务相关的法律、法规、政策和行业管理规定,掌握基本的社会工作专业知识;

（二）能够与各类服务对象建立专业服务关系，对服务对象的问题做出预估，制定服务计划和服务协议，独立接案、结案并提供跟进服务；

（三）能够根据服务计划，运用专业方法和技术协助服务对象解决问题。

第十八条 社会工作师应具备以下职业能力：

（一）能够熟练运用社会工作业务相关的法律、法规、政策和行业管理规定，具备较丰富的社会工作专业经验；

（二）能够综合运用各种社会工作方法，为服务对象提供专业服务，处理各类复杂问题，并对所提供的专业服务质量与效果进行评估；

（三）能够指导助理社会工作师开展专业工作，帮助其提高专业工作水平和能力；

（四）能够制定科学合理的工作方案和发展规划，整合、运用相关社会服务资源，拓展服务领域，保证服务质量。

第十九条 取得社会工作者职业水平证书的人员，应当接受继续教育，更新知识，不断提高职业素质和本专业工作能力。

第四章 登 记

第二十条 社会工作者职业水平证书实行登记服务制度。具体工作由民政部或其委托的机构负责。

第二十一条 民政部或其委托的机构定期向社会公布社会工作者职业水平证书登记情况，并为用人单位提供查询取得社会工作者职业水平证书人员的信息服务。

第二十二条 在社会工作职业活动中，违反有关法律、法规、规章制度或职业道德，造成不良影响的，由登记机关取消登记，并由发证机关收回职业水平证书。

第五章 附 则

第二十三条 通过考试取得社会工作者职业水平证书的人员，用人单位可根据工作需要聘任相应级别专业技术职务。具体办法另行规定。

第二十四条 香港、澳门居民申请参加社会工作者职业水平考试的，报名时应提交本人身份证明、国务院教育行政部门认可的学历或学位证书、从事本专业工作实践证明。台湾地区的专业技术人员参加考试的办法另行规定。

外籍人员申请参加社会工作者职业水平考试的具体办法另行规定。

第二十五条 社会工作者职业水平评价有关机构,在开展社会工作者职业水平评价等工作中,因工作失误,使专业技术人员合法权益受到损害的,应依据国家有关规定给予相应赔偿,并向有关责任人追偿。

第二十六条 社会工作者职业水平评价有关机构的工作人员,不履行工作职责、监督不力、借机为自己或他人谋取利益,以及有其他违法违规行为的,由其主管部门责令改正,造成不良影响或者严重后果的,对直接负责的主管人员和直接责任人员给予相应处分;构成犯罪的,依法追究刑事责任。

第二十七条 本规定自 2006 年 9 月 1 日起施行。

附录五　助理社会工作师、社会工作师职业水平考试实施办法

(2007 年 12 月 21 日)

第一条　人事部、民政部共同成立"社会工作者职业水平评价办公室",办公室设在民政部,负责研究社会工作者职业水平考试相关政策和考试日常管理工作。具体考试考务工作委托人事部人事考试中心组织实施。

各省、自治区、直辖市的考试工作,由当地人事部门会同民政部门共同负责,具体职责分工由各地协商确定。

第二条　民政部组织成立社会工作者职业水平评价专家委员会,负责编写考试大纲、命题,研究建立考试试题库。

第三条　助理社会工作师考试科目为《社会工作综合能力(初级)》、《社会工作实务(初级)》。社会工作师职业水平考试科目为《社会工作综合能力(中级)》、《社会工作实务(中级)》和《社会工作法规与政策》。

第四条　参加助理社会工作师考试的人员,应在一个考试年度通过全部科目的考试。

社会工作师考试成绩实行两年为一个周期的滚动管理办法,参加考试的人员应在连续两个考试年度内通过全部科目的考试。

第五条　报名参加助理社会工作师、社会工作师职业水平考试的人员,应符合《社会工作者职业水平评价暂行规定》中的规定的相应报名条件。由本人提出申请,按规定携带有关证明材料,到指定的考试管理机构报名。经考试管理机构审查合格后,向申请人核发准考证。申请人凭准考证及有关身份证明,在指定时间、地点参加考试。

第六条　参加助理社会工作师考试的本科应届毕业生,在报名时应提交能够证明其在考试年度可毕业的有效证件(如学生证等)和所在学校出具的应届毕业生证明。

第七条　助理社会工作师、社会工作师职业水平考试原则上每年举行一次。考点设在省会城市和直辖市的大、中专院校或高考定点学校。如确需在其他城

市设置考点,应经人事部、民政部批准。

第八条 坚持考试与培训分开的原则。凡参加考试工作(包括命题和组织管理等)的人员,不得参加考试和参与或举办与考试内容有关的培训工作。应考人员参加相关培训实行自愿原则。

第九条 助理社会工作师、社会工作师考试有关项目的收费标准,应经当地价格主管部门核准,并向社会公布,接受公众监督。

第十条 考试考务工作要严格执行考试工作的有关规章制度,切实做好试卷命制、印刷、发送工程中的保密工作,遵守保密制度,严防泄露。

第十一条 考试工作人员要严格遵守考试工作纪律,认真执行考试回避制度。对违反考试纪律和有关规定的,按照《专业技术人员资格考试违纪违规行为处理规定》处理。

附录六　美国社会工作者协会(NASW)伦理守则

(1996 年 8 月由美国社会工作者协会会员大会通过,1997 年 1 月施行)

序　言

社会工作专业的首要使命在促进人类的福祉,协助人类满足其基本人性需要,尤其关注于弱势群体、受压迫者及贫穷者的需求和增强其力量。社会工作的历史传统和形象定位皆着重于促进社会中的个人的福祉和社会福祉。社会工作的基础就是关注那些产生、影响和引发生活问题的环境力量。

社会工作者协同或代表案主来促进社会正义和社会变迁。"案主"(clients)概指那些个人、家庭、团体、组织和社区。社会工作者要敏感于文化及种族的多元性,并致力于终结歧视、压迫、贫穷及其他方式的社会不公正。这些活动的形式包括:直接的实务工作、社区组织、督导、咨询、行政、倡导、社会政治行动、政策发展与执行、教育、研究与评估。社会工作者寻求增进人们表达自我需求的能力,同时也追求促使组织、社区和其他社会机构对个人需求与社会问题的回应。

社会工作专业的使命立足于一整套核心价值。这些贯穿于社会工作专业历史的、为社会工作者所信奉的核心价值,是社会工作独特的目标与发展前景的基础:

○ 服务
○ 社会公正
○ 个人尊严与价值
○ 人际关系的重要性
○ 正直
○ 能力

这些核心价值的组合反映了社会工作专业的独特性,核心价值和由此衍生出的原则必须配合不同的人类社会环境及其复杂性而定。

NASW 伦理守则的目的

专业伦理是社会工作专业的核心,专业有义务说明它的基本价值、伦理原则和伦理标准。美国社会工作协会的伦理守则阐述这些价值、原则与标准,以指引社会工作者的行为。这个守则与所有社会工作者、社会工作学生均有关，不因他们的专业功能、工作机构或服务对象不同而产生差异。

美国社会工作协会伦理守则的六个主要目的：

1. 守则确定社会工作的使命所立足的核心价值。

2. 守则概括了广泛的伦理原则，以反映专业的核心价值，并建立一套指导社会工作实务的伦理标准。

3. 守则帮助社会工作者在专业职责相冲突或产生伦理疑惑时作为相关思考的依据。

4. 守则提供给社会大众了解社会工作专业责任的伦理标准。

5. 守则增进新进实务社会工作者的社会化，使其了解社会工作的使命、价值、伦理原则和伦理标准。

6. 守则阐明了社会工作专业自身的标准，得以评估社会工作者是否有违反职业伦理的行为。美国社会工作者协会有标准的程序来裁定对其会员的投诉。在签署这份守则时，社会工作者被要求配合其实施，参与 NASW 的裁定过程，并遵守美国社会工作者协会的任何纪律、规则和制裁。

当伦理议题发生时，守则提供一整套价值、原则和标准以指引做出决定和行为。它不是提供一套社会工作者在所有情景下如何行为的规范。守则在应用于特定情景时，必须考虑其背景及守则价值、原则和标准间产生冲突的可能性。伦理的职责源于所有的人际关系，包括个人、家庭、社会和专业的关系。

此外，当价值、原则和标准相冲突时，美国社会工作者协会伦理守则并未区分何者是最重要的或何者应加权。当价值、伦理原则和伦理标准冲突时，社会工作者之间对于优先顺序的排列，可能会存在着合理的分歧。在特定情景下的伦理抉择必须依靠个别社会工作者的充分判断，同时也应考虑专业的伦理标准在同辈的审查过程中将会如何被判断。

伦理抉择是一个过程。在社会工作的许多案例中，复杂的伦理议题无法用简单的答案去解决。社会工作者应详加考虑守则中与任何适当的伦理抉择情景有关的所有价值、原则和标准。社会工作者的抉择和行为都必须与本守则的精神与文字相一致。

除了守则外，还有许多有利于伦理思考的信息来源。社会工作者一般应思考伦理理论和原则、社会工作理论和研究、法律、规则、机构政策及其他相关的伦理守则等，并认识到在许多伦理原则中，美国社会工作者协会的伦理守则是社会工作者最首要的伦理守则来源。社会工作者也应觉察到案主的个人价值、文化和宗教信仰，以及实务工作者的个人价值、文化和宗教信仰对伦理抉择的影响。社会工作者应觉察到任何个人与专业价值的冲突，并负责任地加以处理。当面对伦理的两难时,为寻求更多的指导,社会工作者应参考专业伦理和伦理抉择的相关文献,寻找合适的咨询等。这些咨询顾问包括:机构内或社会工作组织的伦理委员会、管理机构、有学识的同事、督导或法律咨询。

当社会工作者协会伦理职责与机构政策、相关法律或规定冲突时,社会工作者应以符合本守则的价值、原则和标准的姿态,尽责地致力于解决冲突。如果尚无可能合理地解决冲突,社会工作者应在做决定前寻求适当的咨询。

美国社会工作者协会伦理守则被美国社会工作者协会及个人、机构、组织和单位[例如:执照和管理委员会、专业责任险的提供者、法院、董(理)事会、政府机构和其他专业团体等]采用或作为参考构架。违反本守则的标准并不自动表示应承担法律责任或违法,只有经过法律与司法诉讼程序才能判断。有违反本守则之嫌者应先经过同辈审查程序,这个程序通常和法律或行政流程是分开的,也与法律审查或诉讼程序区分,以容许专业本身来咨询及规范自己的成员。

伦理守则并不能保证伦理的行为。而且,伦理守则也不能解决所有的伦理议题和争议,或涵盖在道德范围内做出负责任决定的所有复杂层面。更进一步地说,伦理守则所阐述的价值、伦理原则和标准,仅供专业人员参考并判断其行为。社会工作者的伦理行为源于他们个人对投入伦理实务工作的承诺。美国社会工作者协会伦理守则反映了所有社会工作者对专业价值信守的承诺。一个品格高尚、明辨善恶、真诚的、寻求可靠的伦理抉择的人,必定会善用这些原则与标准。

伦 理 原 则

以下广泛的伦理原则是立足于对社会工作的核心价值:服务、社会公正、个人的尊严与价值、人际关系的重要性、正直和能力。这些原则设定了所有的社会工作者都应追寻的理想。

价值一:服务。

伦理原则:社会工作者最首要的目标就是帮助有需要的人们,并致力于社会问题的解决。

社会工作者应超越个人利益来提供他人的服务。社会工作者依其专业知识、价值和技术来协助有需要的人们,并致力于社会问题的解决。社会工作者被鼓励在不期望相当经济回报下,自愿地奉献他们部分的专业技能(免费的服务)。

价值二:社会公正。

伦理原则:社会工作者要挑战社会的不公正。

社会工作者追求社会变迁,尤其要协同和代表弱势、受压迫之个人和团体。

社会工作者在社会变迁方面首要的努力应着重于：贫穷、失业、歧视及其他形态的社会不公正。这些活动寻求增加对压迫、文化和种族多元性的敏感度和知识。社会工作者致力于确保服务对象能够获得必要的信息、服务、资源、平等的机会，以及在全民决策上有意义的参与。

价值三：个人的尊严与价值

伦理原则：社会工作者尊重个人与生俱来的尊严与价值

社会工作者以一种关怀与尊重的态度对待每个人，关注个别差异和文化及种族的多样性。社会工作者促进案主对社会负责的自我决定。社会工作者追求促进案主表达他们自我的需求和改变的能力和机会。社会工作者认识到自己对案主以及广大社会的双重责任。他们寻求能够在符合专业的价值、伦理原则和伦理标准下，实践社会责任，以解决案主利益和广大社会利益间的冲突。

价值四：人际关系的重要性。

伦理原则：社会工作者应认识到人际关系的核心重要性。

社会工作者了解人与人之间的关系是改变的重要工具。社会工作者在助人过程中扮演案主的伙伴角色。社会工作者在有目的的努力之下尝试去增进人际关系，以增强、恢复、维持和促进个人、家庭、社会团体、组织和社区的福祉。

价值五：正直。

伦理原则：社会工作者的行为应是值得信赖的。

社会工作者要始终清醒地意识到专业的使命、价值、伦理原则和伦理标准，并能付之于实践。社会工作者以真诚和负责的行为，代表其组织来促进符合伦理的实践。

价值六：能力。

伦理原则：社会工作者应在自己专业能力范围内执行业务，并提升自己的专业技能。

社会工作者应持续地致力于增加自己的专业知识和技巧，并运用于实务工作中，社会工作者应鼓舞自己对专业的知识基础有所贡献。

伦 理 标 准

以下的伦理标准与所有的社会工作者的专业活动均有关。这些标准关注的是：① 社会工作者对案主的伦理责任；② 社会工作者对同事的伦理责任；③ 社会工作者在实务机构的伦理责任；④ 社会工作者作为专业人员的伦理责任；⑤ 社会工作者对社会工作专业的伦理责任；⑥ 社会工作者对广大社会的伦理责任。

以下这些标准，有的在专业行为的指引上具有强制性，有的则是被期望去做的。每项具有强制性的标准,其尺度是由那些负责处理违反伦理事件的人员所做的专业判断来把握的。

1　社会工作者对案主的伦理责任

1.1　对案主的承诺

社会工作者的首要责任是促进案主的福祉。一般而言,案主的利益是最优先的。但是,社会工作者对广大社会或特定法律的责任,也可能在某些情形下会取代对案主的承诺,而案主也应被这样告知(例如:社会工作者被法律要求通报案主虐待小孩,或曾威胁要伤害自己或他人)。

1.2　自决

社会工作者尊重且促进案主自决,并协助案主尽力确认和澄清他们的目标。在社会工作者的专业判断下,当案主的行动或潜在行动具有严重的、可预见的和立即的危险会伤害自己或他人时,社会工作者可以限制案主的自决权。

1.3　告知后同意

(a) 社会工作者只应在获得案主适当而有效的告知后同意的专业关系范围内来提供服务,必须以清楚和易懂的语言告知案主:服务目标、服务中有关的风险、由于第三者付费规定而产生的服务限制、相关的费用、合理的选择方案、案主可以拒绝或撤回同意的权利、同意的时间范围等。社会工作者应给案主提问的机会。

(b) 如果案主不识字或对实务机构内所使用的基本语言难以理解,社会工作者应采取行动以确保案主的理解。这可能包括:提供案主详细的口头说明、或尽可能安排合格的翻译人员。

(c) 如果案主缺乏告知后同意的能力,社会工作者应寻求适当的第三者的同意,并以案主所能理解的程度告知案主,以保护案主的利益。在这种情形下,社会工作者应确认所找的第三者符合案主的期望和利益。社会工作者应采取必要的步骤增强这些案主提供告知后同意的能力。

(d) 如果案主属于非自愿的个案,社会工作者应提供下列信息给案主,包括服务的本质和内容、案主拒绝服务的权利范围。

(e) 如果社会工作者借由电子媒体(如:电脑、电话、广播和电视)提供服务,应告知服务接收者这类服务的限制和风险。

(f) 社会工作者应在录音、录像或允许第三者旁观之前,得到案主的告知后同意。

1.4　能力

(a) 社会工作者必须应仅在自己所受的教育、训练、执照、证书、所受的咨询或被督导的经验及相关专业经验的范围内提供服务和展现自己。

(b) 当社会工作者要在独立的领域提供服务、或使用新的介入技术或取向，应在相当的研习、训练、咨询或接受具备该介入技术或取向的专家督导下才可施行。

(c) 在普遍认同的标准尚未建立的新兴实务工作领域中，社会工作者应谨慎地判断，并采取负责的步骤(包括：适当的教育、研究、训练、咨询和督导)，以确保能胜任这一工作，并能保护案主免受伤害。

1.5 文化能力与社会多元

(a) 社会工作者必须了解文化及其对人类行为和社会的功能，并认识到存在于所有文化中的力量。

(b) 社会工作者应具备关于案主文化背景的基础知识，并在提供服务时能展现对案主文化的敏感度，也要能分辨不同人群和文化群体间的差异。

(c) 社会工作者应透过教育并致力于了解社会多元化的本质，以及关于民族、种族、国籍、肤色、性别、性倾向、年龄、婚姻状况、政治信仰、宗教或身心障碍等问题。

1.6 利益冲突

(a) 社会工作者应警觉并避免会影响到专业裁量权和公正判断的利益冲突。当实际或潜在的利益冲突发生时，社会工作者应告知案主，并以案主之利益为优先或尽可能保护案主最大利益的态度，来采取必要的步骤解决争端。在某些案例中，有时为了保护案主的利益，必须终止专业关系并做适当转介。

(b) 社会工作者不应从任何专业关系中获取不当利益，或是剥削其他人以得到个人的、宗教的、政治的或是商业的利益。

(c) 社会工作者不应与现有或先前的案主产生双重或多重关系，以避免剥削或可能伤害案主的风险。如果双重或多重关系难以避免，社会工作者应采取行动保护案主，并有责任设定清楚的、适当的及符合文化敏感性的界限(当社会工作者和案主产生超过一种以上的关系，不论是专业的、社交的或商业的关系，即是双重或多重关系。双重或多重关系可能同时存在或接连发生)。

(d) 当社会工作者对彼此有关系的两种或两种以上的人提供服务时(例如：配偶、家庭成员)，必须向所有的人澄清谁才是案主，并说明社会工作者对不同个人的专业职责的本质。社会工作者在面对服务对象间的利益冲突时，或是必须扮演可能冲突的角色(例如：社会工作者被要求在儿童保护个案的争议中作证，或案主的离婚诉讼程序中作证)，社会工作者必须向有关人员澄清他们的角色，并采取适当行动将任何利益冲突减低到最低。

1.7　隐私与保密

(a) 社会工作者应尊重案主的隐私权。除非为提供服务或进行社会工作评估或研究的必要,否则不应诱使案主说出隐私信息。一旦隐私信息提供出来,保密标准就要用上。

(b) 社会工作者若要公开这些保密的信息,必须要经过案主确切的同意,或是经过合法授权的案主代理人同意。

(c) 除非迫于专业理由,否则社会工作者必须对专业服务过程中所获得的所有信息加以保密。社会工作者应该严守资料机密,一般例外的情况如下:预防案主或可确认的第三者遭遇严重的、可预见的、立即的伤害时,或是法律或法规要求揭露而不需案主同意。无论如何,社会工作者应公开与达成目标最必要且最少量的保密信息,而且只有与目标直接相关的信息才可以公开暴露。

(d) 社会工作者应在公开保密资料前,在可能的情况下,告知案主保密资料的公开以及可能产生的结果。不论是社会工作者应法律之要求或是案主同意而公开保密资料,均应如此。

(e) 社会工作者必须和案主及其他利益相关者讨论保密的本质和案主隐私权的限制。社会工作者应与案主讨论在某些情况下保密的信息需要提供出来,以及依法必须解密时案主的结果。这项讨论应在社会工作者与案主建立专业关系后尽快安排,而如有必要,在专业关系的全程中均可讨论。

(f) 当社会工作者提供咨询服务给家庭、夫妻或团体,社会工作者应参与者达成协议,有关每个成员的保密权利,及对他人所分享的机密资料的保密义务。社会工作者也必须提醒参加家庭、夫妻或团体咨询的成员,社会工作者没有办法保证所有的参与者均能遵守他们的保密协议。

(g) 社会工作者应告知参与家庭、夫妻、婚姻或团体咨询的案主,有关社会工作者、雇主和机构对于社会工作者在咨询中在其他成员公开机密资料的相关政策。

(h) 社会工作者除非获得案主的授权,否则不可泄露咨询机密给付费用的第三者。

(i) 除非社会工作者可以确定隐私权能被保障,否则不可以在任何场合讨论咨询机密资料。社会工作者也不可以在公开或半公开的场所,如:大堂、接待室、电梯和餐厅等,讨论咨询机密资料。

(j) 在诉讼过程中,社会工作者仍应在法律允许的范围内保护案主的机密。倘若未经案主同意揭露这些机密或资料,以及泄密会伤害到案主,即使这是法庭的要求或是其他法定代理人的命令,社会工作者也应要求法庭撤回命令,或是尽可能限制命令的范围,要求保持记录是密封的,或是使记录在公开调查中不会曝光。

（k）在面对大众媒体时，社会工作者应保护案主的隐私权。

（l）社会工作者应保护案主书面、电子或其他敏感性资料。社会工作者应采取可行步骤确保案主的记录存放在安全的处所，并确保其他未被授权的人无法接触到这些记录。

（m）社会工作者对于运用电脑、电子邮件、传真机、电话、电话答录机，以及其他电子或电脑科技所传送的机密资料时，要注意确保其安全性。必须避免在任何可能情况下泄露可供辨识的资料。

（n）社会工作者在传送和清理案主记录时，应保护案主的隐私权，也应合于国家法令规章和社会工作者的执照规范。

（o）社会工作者在面临终止服务、停业或死亡时，应采取可行的防备措施以保护案主的隐私权。

（p）社会工作者为教学与训练目的而讨论到案主时，除非案主同意暴露机密资料，否则不可泄露任何可供辨识的资讯。

（q）社会工作者在做资讯而讨论到案主时，除非案主的同意或有强制性的需要，否则不可泄露任何可供辨识的资讯。

（r）即使案主去世，社会工作者也应以上述一致的标准来保护案主的隐私权。

1.8　记录的接近

（a）社会工作者应提供案主合理地接近与其自身有关的记录。如果案主在看到自己有关的记录时，可能会有严重的误解或受到伤害，社会工作者应提供适当的协助以向案主解释或给予资讯。只有在明显的证据显示可能造成案主严重伤害的例外情况下，社会工作者才可以限制案主取得全部或部分的记录。在案主的档案中必须记载清楚案主对记录查看的要求以及限制案主查看全部或部分资料的理由。

（b）当提供案主接触其记录时，社会工作者必须采取行动保护记录中被提及或被讨论到的其他人的隐私权。

1.9　性关系

（a）社会工作者无论在任何情况下都不可以和当前的案主发生自愿同意的或是强迫性的性行为或性接触。

（b）当对案主有剥削的风险或潜在的伤害时，社会工作者不可以与案主的亲属或案主有亲密个人关系的他人发生性行为或性接触。与案主的亲属或与案主有亲密个人关系的他人发生性关系或性接触可能会伤害案主，也会使社会工作者和案主间难以维持适当的专业界限。社会工作者应负有全部责任去建立一种清楚的、适当的，以及符合文化敏感度的关系界限，而不是靠案主、案主的亲属,或是与案主有亲密个人关系的人负这样的责任。

(c) 社会工作者不可以和以前的案主发生性行为或性接触,以免潜在地对案主产生伤害。如果社会工作者的行为违背了这项禁令,或是声称在某些特殊情况下可以例外,那么是社会工作者而不是案主,应负有完全的责任证明先前的案主并未遭受到有意或无意的剥削、强制或操纵。

(d) 社会工作者不可以对以前曾与自己有性关系之个人提供临床服务。对先前的性伴侣提供临床服务有可能对其产生伤害,并使得社会工作者与个人之间难以维持适当的专业界限。

1.10　肢体接触

如果肢体接触的结果有可能对案主产生心理上的伤害(例如:轻抱怀里或抚爱案主),社会工作者不应与案主有肢体的接触。社会工作者在与案主有适当的肢体接触时,有责任设定一个清楚的、适当的和具文化敏感度的界限以约束类似的肢体接触。

1.11　性骚扰

社会工作者不准对案主性骚扰。性骚扰包括:性的示好、性的诱惑、要求性行为以及其他含有性本质的语言或肢体的接触。

1.12　诽谤的语言

社会工作者在与案主沟通或提及案主的文字或语言中,不应使用诽谤的语言。社会工作者在与案主沟通或提及案主时,都应使用正确且尊重的语言。

1.13　服务的付费

(a) 对于服务付费的决定,社会工作者应确保收费的价格是公平的、合理的,并且相当于所提供的服务,也要考虑案主的承受能力。

(b) 社会工作者应避免接受案主的礼物或服务以作为专业服务的报酬。交易(特别是牵涉到服务的交易)制造了社会工作者与案主间潜在的利益冲突、剥削及不适当的关系的界限。社会工作者只有在极其有限的情况下才可以去探索和从事这类交易,如:当地专业人员已接受的做法、对服务的提供而言是重要的、没有强制的交易协商,以及由案主主动提出并得到案主的告知同意。社会工作者在接受案主的礼物或服务以作为服务的报酬时,其负有完全的责任以表明这项安排不会伤害到案主或专业关系。

(c) 社会工作者经由雇主或机构的安排为案主提供服务时,不应请求私人的费用或其他报酬。

1.14　缺乏决定能力的案主

当社会工作者必须代理无决定能力的案主时,社会工作者应采取合理的步骤以保障此案主的利益和权利。

1.15 服务的中断

社会工作者在面临如服务缺乏、搬迁、疾病、身心障碍或是死亡而导致服务中断时,应尽合理的努力来确保服务的延续。

1.16 服务的终止

(a) 当服务与专业关系不再有需要时,或其不再符合案主需要或利益时,社会工作者应终止对案主的服务以及专业关系。

(b) 社会工作者应采取合理的步骤以避免对仍有需要的案主终止其服务。社会工作者只有在非同寻常的情况下才可仓促地撤回服务,并要审慎思考各项因素,使得负面影响减至最低。当有必要进行后续服务时,社会工作者应协助进行适当的安排。

(c) 社会工作者在付费服务的机构中,如果事先曾与案主有清楚的财务合约说明,如果案主没有对自己或他人有立即的危险,以及如果曾与案主说明和讨论未付款所造成的临床上与其他的后果,则社会工作者可以终止对逾期未付款的案主服务。

(d) 社会工作者不应为了与案主建立社会的、经济上的或是性的关系而终止其服务。

(e) 当社会工作者预备终止或中断对案主的服务时,应立即通知案主,并且依照案主的需求和意愿寻求服务的转案、转介或延续服务。

(f) 社会工作者如果需要要离开受雇机构,应该告知案主适当选择延续服务以及这些选择的优点与风险。

2 社会工作者对同事的伦理责任

2.1 尊重

(a) 社会工作者应尊重同事,并且正确而公正地陈述同事的资格、观点和职责。

(b) 社会工作者在与案主或其他专业人员沟通时,应避免对同事的不当的负面评论。不当的负面评论包括对同事的能力水准或是其个人特征如民族、种族、国籍、肤色、性别、性倾向、年龄、婚姻状况、政治信仰、宗教信仰或身心障碍等的贬低和批评。

(c) 社会工作者应与其他社会工作者同事或其他专业同事合作,以增进案主的福祉。

2.2 保密

社会工作者对于同事在专业关系和转介流程中所分享到的案主资料,应予以保密。社会工作者应确保这些同事了解社会工作者尊重隐私权以及有关隐私权例外情境的职责。

2.3 科学间的合作

（a）社会工作者担任跨学科团队的成员时，应基于社会工作专业的观点、价值与经验，以参与并贡献于影响案主福祉的决策，应清楚地建立跨学科团队和其成员各自的专业及伦理职责。

（b）社会工作者所处的团队决定若引发伦理的顾虑，应通过适当的渠道来尝试解决分歧。如果这些分歧无法解决，社会工作者应寻求其他的途径来表明与案主的福祉相一致的关切。

2.4 同事涉入争议

（a）社会工作者不应利用同事与雇主之间的争议，以谋取职位或其他个人利益。

（b）社会工作者与同事发生争执时，不应使案主受到剥削，也不应不恰当地与案主讨论社会工作者与同事间的冲突。

2.5 咨询

（a）社会工作者为案主最佳利益着想，应寻求同事的建议与咨询。

（b）社会工作者应了解同事的专长领域与能力，在向同事咨询时，应仅就那些拥有咨询主题相关知识、专长和能力的同事为限。

（c）社会工作者在向同事咨询有关案主的问题时，在达到咨询的目标之下，应尽量减少信息的透露。

2.6 转介服务

（a）当其他专业人员的特殊知识或专长，对提供案主完整的服务是必要时；或是当社会工作者认为自己的服务没有效果时；或无法与案主有合理的进展但需要更进一步的服务时，社会工作者应将案主转介给其他专业人员。

（b）当社会工作者要将案主转介给其他专业人员时，应采取适当步骤以有助于依序地完成责任的转移。社会工作者将案主转介给其他专业人员时，在获得案主的同意下，要将所有适切的信息提供给新的服务提供者。

（c）当转介的社会工作者并未提供专业的服务时，社会工作者禁止在转介时给予或接受报酬。

2.7 性关系

（a）社会工作者在担任督导或教育者时，不应与受督导者、学生、受训者、或在其专业权威之下的其他同事发生性行为或性关系。

（b）当有利益冲突的可能时，社会工作者应避免与同事产生性关系，社会工作者已经或是即将与同事涉及性关系，必要时有职责转换专业责任以避免利益冲突。

2.8 性骚扰

社会工作者不应对受督导者、学生、受训者或同事进行以下的性骚扰：性的示好、性的诱惑，要求性行为及其他含有性本质的语言或肢体的接触。

2.9 同事之个人问题

（a）当社会工作者直接知道自己的社会工作同事因为个人问题、心理社会压力、物质滥用或心理健康的困难而损及他们的表现及影响他们的实务工作效果时，如果可能的话，应与同事咨询讨论，并帮助其采取补救的行动。

（b）当社会工作者相信同事的个人问题将影响其实务工作效果，而这位同事并未采取充分的步骤去面对和处理时，社会工作者应通过由雇主、机构、美国社会工作者协会、执照和管理委员会以及其他专业组织所建立的适当途经来采取行动。

2.10 同事之能力不足

（a）当社会工作者直接知道其同事的能力不足时，如果可能的话，应与同事咨询讨论，并帮助其采取补救的行动。

（b）当社会工作者相信同事是能力不足的，而这位同事并未采取充分的步骤去面对和处理时，社会工作者应通过由雇主、机构、美国社会工作者协会、执照和管理委员会以及其他专业组织所建立的适当途经来采取行动。

2.11 同事之不伦行为

（a）社会工作者应采取适当的规范来劝阻、预防、揭穿和纠正同事的不伦行为。

（b）社会工作者应知晓处理同事不伦行为的现有政策和程序。社会工作者必须熟悉联邦、州和地方政府处理伦理申诉的程序。这些包括由美国社会工作者协会、执照及管理委员会、雇主机构和其他专业组织所制定的政策和程序。

（c）当社会工作者相信同事的行为不伦时，如果可行或讨论是有用的，应与其讨论大家的关切并寻求解决。

（d）当社会工作者相信同事的行为不伦的情况下，必要时，社会工作者应通过一些适当的正式渠道来采取行动（例如：联系州政府负责执照的委员会或管理机构、美国社会工作者协会的调查委员会、或其他的专业伦理委员会）。

（e）社会工作者应该替那些受到不公正的指控为不伦行为的同事辩护并给予帮助。

3 社会工作者在实务机构的伦理责任

3.1 督导与咨询

（a）社会工作者必须具备适当的知识和技能以提供督导或咨询，但应仅限于自己知识与能力范围内提供督导与咨询。

(b)社会工作者在提供督导与咨询时,有责任设定一个清楚的、适当的和具文化敏感度的关系界限。

(c)社会工作者不应该和受督导者发生双重或多重关系,以避免对受督导者产生剥削或潜在伤害的危险。

(d)社会工作者在担任督导时,对于受督导者的表现应予以公正与尊重的评估。

3.2　教育与训练

(a)社会工作者在担任教育者、实习督导或训练者时,应仅限于自己知识与能力范围内提供指导,且提供的是专业中最合乎潮流的、有助益的咨询和知识。

(b)社会工作者在担任教育者或实习督导时,对于学生的表现应予以公正与尊重的评估。

(c)社会工作者在担任学生的教育者或实习督导时,若是由学生提供对案主的服务,则有责任采取行动确认案主已依程序被告之。

(d)社会工作者在担任学生的教育者或实习督导时,不应该和学生发生双重或多重关系,以避免对学生产生剥削或潜在伤害的危险,社会工作教育者和实习督导,有责任设定一个清楚的、适当的和具文化敏感度的界限。

3.3　绩效评估

社会工作者应以公正而周全的态度对其他人的表现加以评估,并依据清楚且明示的评量标准而为之。

3.4　案主记录

(a)社会工作者有责任确保记录的正确性并且能反映出所提供的服务。

(b)社会工作者应确保记录的内容是充分的且合乎时效的,以利于未来服务的提供和确保服务的延续性。

(c)社会工作者的档案应尽可能地、适当地保护案主的隐私权,且仅记录与服务直接相关的信息。

(d)社会工作者在服务结束时应保存记录以供未来需要时的使用,并依州政府法律或相关契约要求保留记录若干年。

3.5　付账

社会工作者应建立并维持能准确反映与所提供服务本质和内容相一致的付费方式,并能指明实务机构中由谁提供了服务。

3.6　转案

(a)当案主正在接受其他机构或同事的服务而来寻求社会工作者的服务时,社会工作者在同意提供服务之前应谨慎考虑案主的需求。为了降低可能的混淆与冲突,社会工作者应与未来可能的案主讨论他(她)与其他服务提供者关系的本质,及与新的服务提供者建立关系后的含义,其中包括可能的利益与风险。

(b) 当新的案主曾接受其他机构或同事的服务,社会工作者在考量案主的最佳利益下,应与这位案主讨论是否向他(她)先前的服务提供者提出咨询。

3.7 行政

(a) 社会工作行政人员应在机构内外倡导为案主需求提供充分的资源。

(b) 社会工作者应倡导资源分配程序是公开且公平的,当并非所有案主的需求都能被满足时,应建立一个没有歧视、适当且原则一致的分配程序。

(c) 身为行政人员,社会工作者有责任确保机构或组织有足够资源以提供员工适当的督导。

(d) 社会工作行政人员有责任确保他们所负责的工作环境是符合且遵守美国社会工作者协会的伦理守则,也有责任消除他们组织内违背、抵触或不鼓励遵守伦理守则的情形。

3.8 继续教育与员工发展

社会工作行政人员和督导有责任为他们负责的所有职员提供或安排继续教育与员工发展。继续教育与员工发展应讲授有关社会工作实务和伦理的新的知识与未来发展。

3.9 对雇主的承诺

(a) 社会工作者一般应坚持对雇主和受雇组织的承诺。

(b) 社会工作者应致力于改进受雇机构的政策、程序及服务的效率与效果。

(c) 社会工作者有责任确保雇主能了解社会工作者应该遵循美国社会工作者协会的伦理守则的义务,以及这些义务所赋予社会工作实务的意涵。

(d) 社会工作者不应让受雇组织的政策、程序、规定或行政命令抵触他们的社会工作的伦理实务。社会工作者有责任确保受雇组织的实务工作是与美国社会工作者协会的伦理守则一致的。

(e) 社会工作者应采取行动以预防或消除受雇组织在工作分派、雇佣政策和做法上的歧视。

(f) 社会工作者仅在组织实行公正的人事制度下受雇或安排学生实习。

(g) 社会工作者应尽心地管理受雇组织的资源,适切且明智地保管基金、绝不滥用基金或不依指定用途使用基金。

3.10 劳资争议

(a) 社会工作者可以参与有组织的行动,包括组织工会和参与其活动,以提升对案主的服务和改善自身的工作条件。

(b) 社会工作者应在专业价值、伦理守则和标准的指引下投入劳资争议、抗议行动或罢工。在实际或可能具威胁性的罢工或抗议行动发生时,社会工作者在考虑他们身为一个专业人员的首要义务时,可能存在各种不同的意见。社会工作者应该在决定投入行动前,审慎地检视相关的问题以及对案主的可能影响。

4　社会工作者作为专业人员的伦理责任

4.1　能力

(a) 社会工作者在接受任务或受雇时,应仅立足于现有的能力,或是具有取得必备能力的意愿。

(b) 社会工作者应致力于达成与维持熟练的专业实务和专业功能的发挥。社会工作者应批判地检视与取得最新的社会工作有关知识。社会工作者应经常地阅读专业文献并接受与社会工作实务和社会工作伦理相关的继续教育。

(c) 社会工作者应根据已有知识来提供服务,包括与社会工作和社会工作伦理相关的实证基础知识。

4.2　歧视

社会工作者不应从事、包容、推动或配合各种形式的歧视,包括源自于民族、种族、国籍、肤色、性别、性倾向、年龄、婚姻状况、政治信仰、宗教或身心障碍等的歧视。

4.3　个人行为

社会工作者不应允许其个人的行为干扰到自己执行专业职责的能力。

4.4　不诚实、欺诈、诱骗

社会工作者不应参与、宽容或涉及有关不诚实、欺诈或诱骗等行为。

4.5　个人问题

(a) 社会工作者不应该让自身的个人问题、心理社会压力、法律问题、物质滥用或心理健康问题影响他们的专业判断与表现,或是危害到社会工作者对其负有专业职责的人之最佳利益。

(b) 当社会工作者自身的个人问题、心理社会压力、法律问题、物质滥用或心理健康问题影响他们的专业判断与表现时,应立即寻求咨询,并采取适当的补救行动,包括寻求专业协助、调整工作量、结束实务工作或采取其他必要措施,以保护案主及其他相关人员。

4.6　失言

(a) 社会工作者的语言和行为,应清楚地区分是代表个人自我或是代表社会工作专业、某个社会工作专业组织或社会工作者的受雇机构。

(b) 社会工作者若代表专业社会工作组织发言,应正确地代表其在组织中正式的与被授权的地位。

(c) 社会工作者确认他们对案主、机构和社会大众所表述的专业资格、证书、教育程度、能力、会员身份、所提供的服务和可达成的结果都是正确的。社会工作者只能表述他们实际拥有的相关专业资格,并对其他人任何不正确或是欺骗的资格陈述采取行动更正之。

4.7 招揽

(a) 因为潜在的案主之特殊情况,而使其较容易受到不当诱惑、操纵或强制的影响,所以社会工作者不应对潜在的案主进行强制招揽。

(b) 因为案主或其他人的特殊情况而较容易受到不当诱导,所以社会工作者不应要求案主或其他人为自己提供表扬信的签名(包括要求案主同意使用案主先前的陈述作为表扬信而签名)。

4.8 承认功绩

(a) 社会工作者仅对于自己曾实际执行的工作与贡献过的实务享有责任和功绩,这包括了著作权。

(b) 社会工作者应诚实地承认其他人所做的努力和贡献。

5 社会工作者对社会工作专业的伦理责任

5.1 专业的正直

(a) 社会工作者应致力于维持并提升高标准的实务工作。

(b) 社会工作者应支持和促进专业的价值、伦理、知识与使命。社会工作者应透过适当的调查、研究和积极的讨论,及对专业负责任的批判来保护、提高与增进专业的正直。

(c) 社会工作者应贡献时间和专长,以促进对社会工作的价值、正直与能力的尊重。这些行动包括教学、研究、咨询、服务、立法公正会、社区中的演说,以及参与专业组织。

(d) 社会工作者应对社会工作知识基础有所贡献,并且和同事分享自己在实务工作、研究和伦理方面所得的知识。社会工作者应寻求对专业知识的贡献,并且在专业会议和研究会中分享知识。

(e) 社会工作者应采取行动以预防不被认可和不符资格的社会工作服务。

5.2 评估与研究

(a) 社会工作者应监督和评估政策、方案的执行和实务工作的介入。

(b) 社会工作者促进与催化对知识发展有益的评估和研究。

(c) 社会工作者应批判地检视与取得最新的社会工作有关知识,并且在专业的实务中充分地使用评估与研究所得到的证据。

(d) 社会工作者在从事评估或研究时应审慎地考虑可能产生的后果,而且应该遵循已有的保护评估和研究参与者的指引。并适时向机构的审查委员会提出咨询。

(e) 社会工作者在从事评估或研究时,应获得参与者的自愿参与和书面的告知后同意;对于拒绝参与的情况,应该没有任何潜藏的或实质的剥削和处罚;也不能不当地诱导参加。应对参与者的福祉、隐私权和尊严予以适当的尊重。告知后同意的信息包括请求参与的性质、范围和时间以及阐明参与研究的危险性与利益。

(f) 当评估和研究的参与者没有能力给予告知后同意时,社会工作者应对参与者适当地解说,获得参与者能力范围内的同意,并且取得适当代理人的书面同意。

(g) 社会工作者从不设计和执行未经参与者同意程序的评估和研究,例如:自然观察法和档案研究。以下情况例外:对研究加以严格和负责任地审查而发现它对未来具有科学性、教育性、应用性的价值;同时除非同等效果的替代方案并不需要告知后同意和告知后同意并不易得到。

(h) 社会工作者应告知参与者,他们有权利在任何时间退出评估和研究而不会得到任何惩罚。

(i) 社会工作者应采取适当行动以确保评估和研究的参与者有权获得适当的支持性服务。

(j) 社会工作者在从事评估和研究时,应保护参与者免于不当的身体或精神的痛苦、伤害、危险或剥削。

(k) 社会工作者在从事服务工作的评估时,其讨论应仅限于专业的目的,而且只能从专业的角度关心此咨询的人讨论。

(l) 社会工作者在从事评估和研究时,应确保参与者和从他们身上所获得的资料的匿名性及保密性。社会工作者应告知参与者保密性的任何限制、为保障保密性所采取的行动、记载研究资料的记录何时将被销毁。

(m) 社会工作者早报告中评估和研究结果时,除非获得适当的同意授权揭露,否则应除去足以辨识身份的信息以保障参与者的隐私权。

(n) 社会工作者应准确地报告评估和研究的发现。他们不应该伪造或曲解结果,对于经标准发行程序出版的资料中发现错误,应采取行为校正之。

(o) 社会工作者在从事评估和研究时,应留意和避免参与者有利益冲突和双重关系。当有真实的或潜在的利益冲突发生时,应告知参与者并采取以参与者利益为优先的态度解决问题。

(p) 社会工作者应该教育自己、学生和同事有关研究实务的责任。

6　社会工作者对广大社会的伦理责任

6.1　社会福利

社会工作者应促进本土社会及全球的整体福祉,并增进人们及其社区与环境的发展。社会工作者应倡导与人类基本需求满足有关的生活条件,并促进社会、经济、政治和文化价值与制度能符合社会正义的实现。

6.2 公共参与

在社会政策与制度的发展过程中,社会工作者应促进社会大众了解如何参与公共事务。

6.3 公共紧急事件

社会工作者应尽最大可能地为公共紧急事件提供适当的专业服务。

6.4 社会和政治行动

(a) 社会工作者参与社会和政治行动,确保所有人们都能公平地得到其所需要的资源、就业机会、服务和机会,以使个人基本需求获得充分的满足与发展。社会工作者必须知晓政界对实务工作的影响,应倡导政策与立法的改变,以改善满足人类基本需求的社会条件,并促进社会的正义。

(b) 社会工作者应采取行动以扩大所有人群的选择和机会,并对于弱势人群、处于劣势者、受压迫者、受剥削的个人和团体给予特别的关注。

(c) 社会工作者应促进人们对美国境内及全世界的多元文化与社会的尊重。社会工作者应促使政策与实务工作均展示对差异的尊重、支持文化知识与资源的扩展、倡导展示文化资产的项目与制度、促进保护所有人群权益并确认其社会正义与公平的政策实施。

(d) 社会工作者应采取行动以防止和消除那些源自于民族、种族、国籍、肤色、性别、性倾向、年龄、婚姻状况、政治信仰、宗教或身心障碍所造成的支配、剥削和歧视。

后　记

我给社会工作专业的大学生讲授《社会工作概论》已经有 6 年多了。在授课过程中,我参考过多个版本的教材,而且对各种版本的教材进行了比较与综合,并编写了较为详细的讲义。但是,随着教学与研究的深入,我越来越觉得,我国目前现有的社会工作教材在理论方面阐述得有些简单、杂乱,不够深入也不成系统;在方法与实务方面又有些死板与单一,尤其是教材中没有融入"案例"来阐释方法与实务。这几年来,我收集了较为丰富的方法与实务的"案例",而且在理论方面也有了些许体会,因此,产生了编写新教材的想法。

非常感谢中国矿业大学在教材出版上的支持与扶助!感谢中国矿业大学出版社王德福恩师、周丽编辑及孙景校对员对该教材的不弃与勘校!感谢文法学院院长池忠军教授的勉励!感谢书记段鑫星教授的关怀!感谢社会工作系的原系主任王超教授为教材出版的申报以及大纲审定所付出的辛苦与努力!感谢社会工作系尹保华教授在教材写作方面所给予的启发!感谢系主任李全彩对本书写作所给予的关注!感谢社会工作系教师李绍伟对教材中英文名字等的翻译与审校!感谢社会工作系教师马雅静和于海平对编写工作的大力协助!在这里还要特别感谢的是,社会工作系免试研究生卢进丽同学,在案例资料收集与整理过程中,她付出了辛勤的劳动!正是由于有了这些实质性的帮助,这本教材才得以顺利完成。

真心希望社会工作领域的专家、学者和教育界的同仁以及广大读者和同学能够对本书不吝赐教,作者在此不胜感激。

焦金波

2008 年 10 月 12 日夜于风华园